圣贤传

品中国文人 ⑤

刘小川 著

上海文艺出版社

卷首引语

颂其诗,读其书,不知其人可乎?

《孟子·万章》

目　　录

孔子（春秋　公元前551—前479）

1 ……… 孔夫子端坐杏坛，自知有限，向往着无限。超人般的意志力，化为举止悠悠然。人事万般复杂，历史文献纷繁，孔子撮其要，删其繁，探其根。"吾道一以贯之"，几十年不变的道，贯穿了两千多年华夏史，打通了一条无尽之路。历史赢得了一种言说方式，词语为行动提供方向。一部《论语》，关涉所有人，从庙堂大儒到深山老农。道是自身的无限展开。仁义道德依存于它的对立面。孔子精神有某种悲剧性。天下大乱数百年，他用轻描淡写的语言携带狂风暴雨。

庄　子（战国　约公元前369—前286）

11 ……… 无论居家还是远游，庄周都能抵达游的本质和最佳状态。这就无所不游其极了。庄子的逍遥，击中了古今绝大多数人的不逍遥，所以他合该流芳千古，矗立于东方文明的核心，对等映照西方大哲。"乘物以游心"，讲得多好。"得至美而游乎至乐"，可惜庄子享受的至美og乐，我们这些人享受不到。庄子能看见无，而拥有这般慧眼的人寥若晨星。

孟　子（战国　约公元前390—前306）

89 ……… 孟轲的问道悟道传道，六七十年如一日。真够倔，真血性，真有韧劲。少年野性之内敛，获得了重新喷发。他部分延伸了孔子之道，以其激烈抵达了平和，有些话比孔子讲得更透彻，例如民贵君轻。帝王们不喜欢他是正常的，到了北宋，他的身影高大起来，文庙配享孔子，明朝又被拿掉。清朝把他请回去，大抵是幌子，哪里能够民贵君轻。

墨子（战国　生卒年不详）

109 ……… 墨翟既是战国时期的思想家，又是中国工匠精神的始祖，2017年，世界第一颗量子卫星被命名为"墨子号"；墨翟对力的现象有深刻的观察，广泛运用于器物制作，充满了惠及百代的奇思妙想。他制造的守城器械阻止了几场大战。他的门徒遍天下，长期让孔门弟子相形见绌。他是管子、孟子、荀子、庄子隔着时空论辩的对象。他还是民间侠义精神的大宗师，"墨侠"一词南北流传，墨侠们"赴汤蹈火，死不旋踵"。

诸葛亮（三国　181—234）

129 ……… 诸葛亮治军、治蜀有口皆碑，"能攻心则反侧自消，从古知兵非好战。不审势即宽严皆误，后来治蜀要深思。"成都武侯祠的对联，让人印象深刻。成都成为一座历史名城，与诸葛亮大有关系。唐朝有"扬一益二"的说法，扬州的繁华全国第一，成都的富庶天下第二。诸葛亮做蜀相十几年，总揽政务军事，并重德治与法治，修水利，办学校，促农桑，薄赋税，生产工具的创新和生活世界的花样翻新，史料均有记载。

诸葛亮是智、德、美三者结合的完美典范。

阮籍（三国　210—263）

165 ……… 阮籍升任东平相，竟然拆掉了官府的围墙，让庶民参与政事。在士、庶截然分割的年代，士族视庶族为杂类，数百年不通婚姻。阮籍这么干是公然挑战霸权秩序，干了半个月就被调回去了。他驾长车狂奔野地，"见歧路，大哭而返。"为何大哭？心里缺一条康庄大道。阮籍夹在曹氏集团与司马集团之间，活得憋屈。

这个强悍的男人在逆境中苦苦修炼真身。现实几乎在每一个闪耀他的理想的地方击败他。

韩愈（中唐　768—824）

181

韩愈远远不是韩愈一个人，他是亲朋们共同仰仗的大人物，他是若干社会关系的核心。韩愈钓鱼，韩愈弹鸟，韩愈走马看尽长安花，回家喜滋滋，总抱着小女儿韩挐。温馨的后面还有更多的温馨。政事之余，他又是文章泰斗，诗坛巨匠，教育英才的宗师。韩愈有十二分的理由就这么过下去了，地位、俸禄、教书事业。然而，血液中流淌着一种源自童年少年的东西，他未必知道。潜意识支撑着意识，形成念头，催生意志，决定他的行为方式。

范仲淹（北宋　989—1052）

203

正直的官员挑战权臣，虽败犹荣，表明优秀的士大夫力量并不弱。宋仁宗后期，大批名臣涌现于朝堂，与范仲淹在景祐三年（公元1036年）呈百官图、斗吕夷简的举动是分不开的。
范仲淹名言："宁鸣而死，不默而生。"
身在高位而不忘忧患，以天下为己任，乃是宋学的主要价值取向。钱穆总结："这已是一种时代的精神，早已隐藏在同时代人的心中，而为范仲淹正式呼唤出来。"
朱熹称范公："本朝人物第一。"

司马光（北宋　1019—1086）

223

司马光抬眼便是百年，史笔逾千年，可是那些利欲熏心之辈，日趋活在眼皮子底下，利字当头，义是幌子。北宋官场流行"享国"一词，享受国家。享国一百年了，子子孙孙还要享国，这股力量极大。司马光对此有相当清醒的认识。高瞻远瞩与鼠目寸光的斗争是长期的斗争。
如果评选中国古代的十大道德模范，司马君实落选的可能性小。若是宋人投票，君实先生当为第一。

岳飞（南宋　1103—1142）

258……… 岳飞是历史上堪用伟大来形容的民族英雄之一。亿万民众崇拜他，形成历史大潮，岳王庙南北多有。不喜欢他的封建统治者也要利用他。

当中华民族面临外敌入侵之时，岳飞二字势同千军万马，鼓舞战士奋勇向前。爱祖国，恨敌人。爱与恨铸就岳飞，铸就抵抗侵略的钢铁长城。

岳飞这个符号的另一个意义是成长的坚实，童年，少年，青年。这对今天的启示不言而喻。岳飞是生存敞开的万年楷模，是灵与肉完美结合的人类典范。

每一秒钟都活得昂扬，这是什么样的生存姿态？

生活简朴而抵达生存的极致。

这话说的是什么？简朴方能抵达极致。

289………后记

293………附录：主要参考文献

孔　子
（春秋　公元前551—前479）

孔夫子端坐杏坛,自知有限,向往着无限。超人般的意志力,化为举止悠悠然。人事万般复杂,历史文献纷繁,孔子撮其要,删其繁,探其根。"吾道一以贯之",几十年不变的道,贯穿了两千多年华夏史,打通了一条无尽之路。历史赢得了一种言说方式,词语为行动提供方向。一部《论语》,关涉所有人,从庙堂大儒到深山老农。道是自身的无限展开。仁义道德依存于它的对立面。孔子精神有某种悲剧性。天下大乱数百年,他用轻描淡写的语言携带狂风暴雨。

孔子

本文或可叫《论语断想》，阐释孔子的经典言论，兼叙其事迹。

孔子的生平不复杂。公元前551年，他生于今之山东曲阜，比道教创始人老聃小几十岁，比庄子、孟子早百余年。古印度的释迦牟尼，古希腊的柏拉图、巴门尼德、苏格拉底、亚里士多德也活动于那个时期，二十世纪德国哲学家雅斯贝尔斯称之为"文明的轴心时代"：人类文明历经两千五百多年，仍以不同的方式返回到那个轴心。

《论语》中的许多话，听上去像是昨天讲的。《道德经》在全球的发行量仅次于《圣经》。迄今为止的人类智慧，尚处于仰望先哲的漫长的历史进程中，知识累积与技术进步，并不一定意味着智慧朝着更高的方向发展，有时候倒相反。七十年前，伯特兰·罗素称："人类要警惕两种权能，人对人的权能和人对自然的权能。"这些年，轮椅上的科学家霍金对未来忧心忡忡。

人类最难克服者，只两点：自私与贪婪。

"己所不欲，勿施于人"，这个境界是如此之高，找到靠近它的路径又如此之难。而"道法自然、天人合一"，八个汉字高悬太空，堪与日月争光，却正好照着千疮百孔的蓝色星球。

再过千百年，人类还是被笼罩在这些词语下，如果我们的文明尚能延续的话。

肇始于孔子的仁义道德的宏大叙事，滚滚滔滔的词语潮流，愈是宏大，愈留下反思的空间。为什么百代都讲仁义道德，而不是讲它的反面？为什么全世界都不遗余力提倡真善美？看来，答案只能是：它们的对立面足够强大。如果人类的语言持续宣讲非仁义,持续传播非道德,那将是什么样的人间地狱?笔者一念及此,不禁倒抽一口冷气。

孟子追问:"人之所以异于禽兽者几希?"几希,犹言稀少。

西方有原罪说,中国有性恶论。

孔子的学说不是这样。

孔子自言:"吾十有五而志于学。"十五岁以前志于其他,放过羊,看管过仓库,替人驾过马车,当过婚丧仪式的吹鼓手,兼做家里的杂活,喂猪劈柴担水。《论语》:"吾少也贱,故多能鄙事。"孔子有九个姐姐和一个跛足的哥哥,小时候的家庭气氛说不上温暖,父亲叔梁纥,大约在他两岁时便去世,享年七十。母亲颜氏系三房,面对正房和二房难免低颜色。她是宋国人,十七岁嫁到孔家。叔梁纥六十八岁左右得子不凡,可见其遗传基因优于常人。

《论语正义》:"男子八八六十四阳道绝,女子七七四十九阴道绝。"

这是古代的一般情形,个体有差异。

孔子的童年多有隐忍的辛酸,姐姐们多半会驱使他,变着法子捉弄他,不断嘲笑他异类般的长相。据说他由父母野合而生,脑袋四周隆起,中间命顶凹下,望之如丘,故名孔丘。这是司马迁的说法。孔丘临盆奇丑,叔梁纥差点不要他。父亲开始疼爱他的时候又撒手人寰。从此,母亲过着忍气吞声的日子。孔丘作为家里唯一的四肢健全的男孩儿,本该是个宝贝,却落得像个奴仆、"听用"、不分昼夜干这干那的受气包。众多姐姐的不友好,想必注入了他的潜意识,影响他日后对女性的印象与价值判断。远祖孔父嘉,贵为宋国的大司马,漂亮妻子却被宋国更上层的贵族夺了去。这件事,恐怕又使孔子对女性生偏见。

迁到鲁国的孔氏家族走着下坡路,虽然孔家男孩儿的个头迅速上长,后来超过一米九。古代的有钱人家一般吃牛羊肉,春秋战国尤甚。西安出土的秦始皇兵马俑,马高剑长。

孔子十二三岁,长得像一根竿子似的,他又弯着长身子走路,越发成为嘲弄的对象。这位"长人"的两条腿并不长,上半身占去大半,粗脖子上面架一颗硕大的脑袋,脑袋本身奇形怪状,而且它还在朝那个奇怪的方向长。也许连他放牧的牛羊都要多看他一眼。

干不完的鄙事,受不尽的奚落,驱不散的郁愤。

自卑与超越的心理模式弥漫孔子的早岁时光。全民族百代聚焦的人物,孩提生活的记载只寥寥几笔。五六岁,他的游戏似乎主要是摆弄祭器,穿着小号祭服,"尝设俎豆"(豆,细腰祭器),如大人般走来走去,三拜九叩,念念有词。想象庄严肃穆的西周祭礼,想象生发更多的想象,一年年着迷了。"入太庙,每问事。"

据说三千曲礼是周公亲自修订,由周公的儿子伯禽带到封地鲁国。数以千计的大小诸侯国,鲁国最讲礼了,吃穿住行睡,规矩数不清。单是不同场合走路的姿势,就有很多规矩。

孔子的识字念书,不知起于何时,破落士大夫的子弟要念书的,希望重返贵族阶层的荣耀。山坡上看书,仓库里看书,树杈间看书……宁愿多背几斤竹简,少带咸菜窝窝头。

十五岁,孔子向学的意志力集中了。

为何志于学?大抵因为屈辱生活中对周公的无限向往。贱,鄙,于是憧憬高贵。孔夫子的一天,胜过常人十天,而且属于"累进制",中后期成长的密度更大。

劳力兼劳心,方能够备足身心的可能性,古今中外的杰出例子多如牛毛。少年孔丘大概未学稼穑,劳力不至于压弯脊背,消耗过多的能量。劳力以不妨碍大脑的思索为界限。重活累活干多了,人就只想上床睡觉。孔子放牛羊,练御射,守仓库,算收支,吹吹打打,尚有足够的余力去对付一车又一车的竹简。干杂活,走神是常态。劈柴顺了,思绪就从手指间飘出去。身体的灵动与脑子的灵活有内在联系,而联系的基础性情态尚待考察。

思想家们通常爱干体力活,干手工活,比如我熟悉的鞋匠庄子、铁匠嵇康、钟表匠莱布尼茨、木匠海德格尔和园丁维特根斯坦。维特根斯坦干园丁活挣钱养家,一夜间把巨额遗产送个精光,挥锄浇水很起劲,剪枝叶双手交叉,仿佛用大剪刀思考复杂的哲学问题。

四肢动起来,往往有意想不到的奇思妙想出现。鲁迅先生写作累了,下楼去砸煤,长柄铁锤的起落间,大脑照样高速运转,转出书房里没有的东西。

孔子骑马,射箭,驾车,弹鸟,都是一把好手。"弋不射宿",不射归巢鸟。他到河边去钓鱼,"钓而不纲",不撒网,怜悯河里的小鱼小虾。也不学姜太公钓鱼。他想吃鱼。

高高的个头,长长的渔竿,静静的水面。

子曰:"吾不试,故艺。"

李泽厚译文:"我没做官,于是学了很多技术。"

少年孔丘赢得身心的灵动饱满,这个判断应该是成立的。而历代学者鲜有这个层面的阐释。自卑正好,否则孔子无从超越。鄙事,赋予他摆脱鄙事的冲动,志于学,勤于思,大约开始梦见周公,追怀尧舜与夏商周三代。看来鄙事不鄙,卑贱者聪明而善良。

孔子暮年说:"吾不如老农,吾不如老圃。"

儿童期对人的一生有着难以察觉的重大影响。迄今为止,人类有两点看不清:1.遗传基因如何作用于人。2.童年以何种方式、在何种程度上决定人以后的念头、情绪、意志和行为。孔夫子的难题依然是今天的难题。钱穆的《孔子传》,对其幼年仅用几句话带过就跳到了十五岁。"吾日三省吾身",这句话的另一个阐释方向,是叹息反观自身之艰难。

《庄子》:"行年五十,而知四十九年非。"活到一百岁,知九十九年非。

潜意识是如何点点滴滴地渗入意识呢?这个细微到毫厘的过程,精神分析学的创始人弗洛伊德也看不清。大数据云计算难以问津。

孔子说:"知之为知之,不知为不知,是知也。"

西哲云:我知道我不知道。

有一天,青年孔子穿上士的服装、迈着士的步子、露出士的笑容去赴"飨士宴",阳虎拦着不让进。阳虎是季孙氏的管家,身高也超过一米九,膀大腰圆有武功,眉目隐隐有杀气。两个曲阜的"长人"面对面,趾高气扬面对文质彬彬,引来市民的围观。

市民议论:原来孔丘并不属于士啊,进不了季孙氏的阔门庭。

鲁国三大家族,季孙氏居首,他家的"飨士宴",聚集鲁国的士和士大夫,排场很大,闹得国君皱眉头,又不敢去干涉。曲阜庶民只能看热闹,闻闻酒肉香,隔墙听歌舞。

那一天,衣冠整齐的孔子当众受辱,恨不得扔掉士衣裳。丢人现眼啊!全城都认为他抬高自己的身份地位,嘲笑他的"士作派"。面子丢大了,孔氏家族的荣耀灰飞烟灭,这位天生的梦想家辗转无眠,披衣下床发愤,挑灯一气读书,试图筑新梦于旦夕之间。由来已久的自卑感再一次发力,把他弹向不知处:内驱力通常有此特征,目标不明确,先冲了再说。

孔子转身快。"君子欲讷于言而敏于行",应该是早年粗鄙生活的经验之谈。《论语》:"刚、毅、木、讷,近仁。"

兴冲冲赴飨士宴,灰溜溜吃闭门羹,是个发生在曲阜的标志性事件,表明孔夫子沉溺于贵族的美梦有多深。看上去他也不生气(史料多如此)。孔子流布于史籍和传记中的形象,大都温文尔雅,而真相未必。他要生气的,要瞪眼,要骂人,要跺脚,要指天发毒誓。

瞬间雷鸣电闪,转眼风和日丽。

这个从两三岁就备尝家庭歧视、饱受街头嘲弄的苦孩子,情绪的暴发与控制,一日三循环,是谓千锤百炼。天资寻常的孩子也会敏感周遭气息,何况这位孔仲尼。母亲抚慰的温暖,门外女人尖酸的冷言语加冷脸子,二者落差之大,不知道会生发什么。复杂。干活干活干活,读书读书读书,中间插入生闷气,扯头发,攥拳头,摔东西。

我猜想孔夫子的情绪锤炼迥异常人,自卑与超越,较之一般优秀者也大大提前了。修身的过程中五味俱全,欲说还休,于是,木讷生焉。沉默是什么?沉默是能量的聚集。

当超越显现为常态,自卑就剥离,犹如送卫星升空后的火箭。

孔夫子有野性。牧、射、御,连同气冲冲狂奔野地,野性与野草一并疯长,年复一年野性内敛,表面上温文尔雅,地火却在运行。

抵达了野性的边界,才能触摸野性,"质胜文则野。"后儒阐释:质比文好。中庸之道的前提是叩其两端。历朝历代数字庞大的酸儒腐儒,哪里懂得两端为何物。

两端的恒久对撞,生风生雨生雷电。中庸的内核有原子裂变。

孔夫子内力绵长,历时两千多年,非但不衰减,还在向人类的未来发力。

孔子十九岁娶宋国的丌官氏为妻,次年,生子曰孔鲤。后来鲤鱼成了吉祥的鱼类。母亲颜氏去世,他把母亲的遗体置于大路口,借此询问父亲的殡地(浅埋为殡)。他让父母合葬(深埋为葬),垒起一座四尺高的坟。父母合葬,据说是孔子开的头。土葬垒坟的风俗始于他,不知道是他的独创还是源自古礼。三年丁忧也始于他,理由是小孩儿由父母抚养到三岁,方能言语行走,于是,儿子的守孝以三年为期。这是两千年以仁孝治国的源头。

尊母,又不大尊重女人,很可能源于孔子的儿时心态。

《论语》:"唯小人与女子难养也。远之则怨,近之则不孙。"不孙:不谦恭,引申为装怪。近她,她装怪;远她,她抱怨。

《论语》中的小人有时指平民,有时指品行不佳者。孟子以后,尤其宋儒、明儒以后,多指坏人。孔子对女子心理的评价,李泽厚教授是认同的。笔者未敢苟同。汉武帝独尊儒术,董仲舒搞三纲五常,"夫为妻纲",使古代中国的男尊女卑成为定势。全唐诗,全宋词,赞美母爱者寥寥无几,妻子且不论。士大夫讳言家中事,在历史进程中将家里的女性匿名。

丌官氏和孔子生活了多长时间无考。她生下一子,再无生子的记载,而孔子的生育能力有他的老父亲为证。也许丌官氏受不了"食不言寝不语",跑掉了。柴米油盐不能唠叨,情话绵绵不得枕边一吐,她受得了吗?吃饭不许说话,饭菜也不香,胃口要减半。孔夫子食不厌精,脍不厌细,对中国人的食物精细化,以及与此相连的味蕾发达有贡献,却忽视了吃的精神附加值。猫狗吃东西也要玩玩。孔子"克己复礼",克过头了。汉儒宋儒又在这个基础上往前推进,极端的形态是"存天理灭人欲"。清代思想家戴震斥曰:"以理杀人。"

丌官氏一去不回,身强力壮的孔夫子陷入性苦闷。

没有第二个女人出现在他身边的记载。长夜难眠啊,梦中抱枕头。"吾未见好德如好色者也!"薄薄一本《论语》,唯有这句话一字不漏地重复。孔子本人好色否?子路是怀疑老师的,老师一大把年纪,还去见风流妖娆的卫灵公夫人南子。另外,孔子这个加感叹词的短语,直接把好色与好德对立起来,铸就人性遮蔽。

尊孔是好的,疑孔驳孔也很有必要。中国历代思想家,艺术家,反礼教的潮流并不亚于礼教本身的潮流。孔子一直是庄子挖苦嘲笑的对象,当然,前提是孔夫子值得嘲笑挖苦。黑格尔说《论语》不过是一些处世格言而已,李泽厚《论语今读》加以反驳。反驳却不见力度。

李教授针对中国古典文献的议论可谓精辟,涉及西哲,多见语焉不详。

《论语》是格言式的,断想式的,本文尝试以相应的风格去配它。我拜读西哲三十年,陆续拜读孔子四十余年,从孔老二读到孔圣人,不知道能否写出一点点新意。试试看。

自春秋战国以来,涉及孔夫子的文章是天文数字。

西周学在官,东周学在野。西周权力的崩盘导致长期战乱,也使学问在民间强劲生长。春秋无义战,倒把仁义的空间凸显出来,天下大乱,于是人心思治。乱世治世的思考盛于春秋,波及长远。孔夫子在礼崩乐坏的时代追求秩序重建,这是他一生不变的总方向。他是反潮流的源头性人物,是政治理想主义的代表人物,举目悠远又平易近人,博大精深又浅显易懂,对苦于汉字门槛高、汉语典籍浩繁而难懂的普通人(永远的大多数)是个福音。

周天子暗弱,鲁国的国君(鲁昭公)受制于三大家族,孔子切齿痛恨,但他去季孙氏家吃飨士宴是何动机呢?恨权臣,又要趋奔权贵门,为什么?青年孔丘的矛盾心态由此可见。小时候的受驱使,受压迫,受侮辱,透出一些端倪。两岁失去父亲,生母又是三房。孔子的自我压抑,很可能在儿童期就埋下剧烈反弹的种子。反弹再三受阻,权宜悄然登场。后来孔夫子跟匡人签了协议又撕毁协议,向困惑的弟子们解释"权"(权宜),面对恶势力要灵活,"小不忍,则乱大谋。"孔子撕协议的动作,在显现妥协、委曲求全的政治智慧的同时,也给机会主义者留下了空子。

恨权臣又奔权臣,目标明确:要进入士大夫阶层。"学而优则仕",不仕又能怎样呢?老待在江湖,能辅佐国君、抑制乱臣贼子么?

进与退,仕与隐,行与藏,用与舍,庙堂与江湖,几千年都是问题,尧舜时代就已经彰显了,许由洗耳,拒绝尧帝的禅让。自孔子孟子以后,这个结构性矛盾显得更突出。"邦无道则愚",暮年孔子又说:"道不行,乘桴浮于海。"

唐朝的李白"酒隐安陆",王维还发明了"吏隐",长期隐于官场。苏轼:"长恨此生非我有,何时忘却营营?小舟从此逝,江海寄余生。"

孔夫子对隐者是尊重的,《论语》中提到接舆、长沮、桀溺等人,盖因真的隐者抱着不变的价值理性。事实上,孔子的心思一辈子都在仕与隐之间。他带了这个头,后世优秀的士大夫排着长长的队伍,其心正,"其行方"(苏轼),原则不丢,秉性不改,走向官场又背向官场,强对流永不停息,生风雨,生雷电,生虹霓。生文化大师,生艺术巨匠。

这几乎是个力学定律。笔者《品中国文人》思及这一层。

青年孔丘穿戴整齐去赴飨士宴,另一种可能是:他对权臣认识不足。充满理想的脑袋头一次撞在现实的南墙上。好在理想主义者一般头皮硬,孔丘的异形脑袋将越撞越硬。

孔子吃了闭门羹,回家独自生闷气,喝闷酒。《论语·乡党》专讲孔子的日常生活,其中一条,提倡不喝醉:"唯酒无量,不及乱。"也许孔子喝醉过若干次,意识到酒要乱性。不限量,是因为每个人的酒量有大小。中国历代酒徒多,民间饮者众,但酗酒乱来的人较之其他国家要少,与孔圣人的告诫是有关系的,不过,华夏族也因之而缺少酒神精神,和平时间一长,民族血性衰减,唐朝、宋朝、明朝,均有惨痛教训。

《论语》对中华民族的心理塑造的影响深不可测。近现代西方列强虎视狼噑,妄图吃掉中国,唤起民族的血性刻不容缓。五四运动要砸烂孔家店,有其合理性。今日之世界依然奉行丛林法则,而中国人早已懂得用刀枪保卫和平。

孔子作为开端性人物,融入历史进程的方方面面,光明如日月,阴影也多。他厌恶杀戮,终身拒绝学习军事,"孔子西行不到秦",他对秦帝国的崛起或有预感,但决不认同。我猜想,孔夫子真以为人性善终有一天会占上风,从源头上去掉人间的杀戮。

成都武侯祠有一副对联说:"自古知兵非好战,圣人不得已而用之。"这不妨视为对孔夫子的一种匡正。荀子强调人性恶,孟子洞察了人性恶,对孔子的遮蔽有解蔽之功。

仁义道德的滚滚潮流,因其逆流而浪滔天,而岔道支流纵横。

海德格尔名言:"善是恶的善。"反之亦然。

天体的运动只服从万有引力。人类命运又如何?

孔子学而优不仕,杏坛讲学,也是为生计,收取学生的十斤干肉或几只大雁。

《左传》引用孔子:"天子失官,学在四夷。"周王室的士大夫失掉官职到了民间,民间学问爆炸式增长,自由思想的触角到处延伸,这是权力松动的典型效应。春秋战国几百年,自由的花朵结出自由的果子,在古代具有唯一性:思想以自身为根据,以自身为推力,谋求更多的思想。思想在君权之外找到了它的广袤沃土。秦汉以后,思之大道收窄为小道。宋代思之活跃,乃是得益于先秦诸子,所谓回思三代,并不把汉唐当一回事。汉晋唐一千年,堪与孔孟老庄比肩的思想家半个都没有,尤其唐朝。针对唐朝的繁荣,当有严格的追问。

先秦板块大松动,持续漂移,剧烈挤压,思想家们幽灵般地穿梭五百年。西周数以千计的大小诸侯国,东周越打越少,春秋五霸,战国七雄。秦始皇一统天下,秦王朝只有十几年。项羽灭秦,建立西楚国,"都彭城",只七年。司马迁《史记·项羽本纪》以嘲笑的口吻,引用项羽自刎于乌江的叹息:"非战之罪也!"

项羽式的刀枪逻辑,正在这个星球上大规模复制。

先秦百家争鸣,天下百姓涂炭。此系中国历史之悖论。士人的智力兴奋与庶民的生活痛苦形成对照,前者常常伴随后者。秦末、汉末、三国、西晋、东晋……二十世纪两次世界大战,打出了多少哲学家、科学家、文学家、艺术家?

孔夫子杏坛讲学,被称为空前规模的私人学堂,先后弟子三千,贤士七十二。孔子有制造轰动、标新立异的动机么? 也许吧,办学之初他二十几岁。贵族集团不屑于理睬他,他在曲阜城自家庭院大张旗鼓地干,"有教无类",什么人都收,头一回打破了贵族垄断,同时也让士大夫们瞧瞧他的本事,有朝一日货卖君王家,货卖权臣季孙氏家。

阳虎的当众侮辱,内化为他的意志。

葬母标新立异,办学与众不同。动机是一点点变得高尚的,理想的远大是一步步推进而成的,念头初来时,只有个模糊的向度。胡塞尔现象学致力于探索意识的向度。

孔夫子像个魔术师,刹那间变出新花样。我估计他的多能鄙事,多受压抑,多反弹,练就他自我更新的大能耐,妥协与决不妥协并存。农耕文明如何塑造人的年轮般的饱满度、坚硬度,至今是个谜。工业文明分工细,个体的体量缩小,生存碎片化,使靠近这个谜团都日趋艰难。

谁的多重喷发的生命张力,能与孔子庄子墨子或李太白苏东坡曹雪芹相提并论呢?于是,回望民族的文化先贤有了紧迫感。

而网络一代的大量回望正在变形扭曲。

如果变形被常态化,变形将从它自身脱落。

"苟日新,日日新。"太阳每天都是新的,这是孔夫子想要抵达的境界。杏坛教学相长,弟子质疑老师的事情时有发生。师道尊严又生动活泼,如此良性局面的形成委实不易。学生相同的问题,老师不同的针对性解答,以洞察学子的潜质为前提。孔子丰富的经历为洞察不同的人生情态提供了支撑。夫子阅人多矣,深烛人性之幽微。

少年的鄙事原来不鄙。卑贱者原来很聪明。

今日阐释孔夫子,不妨瞄准鄙与贱。

杏坛外更有大课堂,以书本学习为主,兼学别样,学射,学御,学数,学钓,学礼乐,学各种生活技能。"耕也,馁在其中矣。学也,禄在其中矣。"弟子们先要尝到有形的好处,"仓廪足而知礼仪",然后才靠近"道":看不见的价值体系。

野外的教学趣味横生,年龄差异大的弟子们有时候闹翻天,滚草地,爬高树,戏春水,驾车狂奔,弯弓射雕,野火烤野味,吃得嘴流油,星空下装鬼叫,悬崖边比尿高……

学生尽情释放天性,有利于大脑安静。

越过了分寸才知道分寸。既能学又能玩的孩子往往更有出息。

人类祖先的丛林野性何止百万年,而文明不过几千年,哪边的基因重,一目了然。

人不野,细胞难以兴奋。童年孔丘野不野?少年孔丘野不野?答案是明显的,远不止摆弄一堆祭器。钱穆教授的《孔子传》,称孔子摆弄祭器便是"好儿童",思未深也。

眼下男孩儿的雄性渠道普遍不畅,肌肉不像肌肉,才会出现形形色色的"小鲜肉",才会"女汉子"追打男生。这真是华夏族几千年来的大笑话。小鲜肉若是长时间引领潮流,阴盛阳衰将成定局。活得不男不女,上帝要皱眉头。

渲染小鲜肉的影视剧恶劣之尤,尽早收场吧。

《论语》:"子曰:觚不觚,觚哉,觚哉。"觚音孤。

李译:"孔子说:酒杯不像个酒杯,酒杯啊,酒杯啊!"

野性内敛才有文质彬彬,或者说,文质彬彬之下伏着野性。

孔子拒绝数百年的天下大势,谈笑间力能通神。想想圣人的内心吧。笔者关注经典背后的野火奔腾由来已久,有一点领悟,希望日后领悟更多。

野外的教学相长令人神往,师生的技能大赛,年轻的孔夫子多占上风。落下风也无所谓,从头再来,锤炼韧性。弟子们个个跃跃欲试。唯见宰予大白天睡草丛,老师并不叫醒他。

夜深人静,老师在灯下读书,坐姿永远不变。浓稠而漫长的漆黑夜,一灯如豆。

硕大的脑袋,深沉的叹息,由衷的愉悦。

《论语》:"子燕居,申申如也,夭夭如也。"

孔子闲居时的舒展放松,乃是不断向上的生命力的暂得休憩,亿万个体细胞氧分充足,享受造极也。闲适,闲而自适,与现代常见的闲得无聊、抓瘾头寻刺激有天壤之别。每一秒钟都像露珠一样圆满晶莹,孔子是榜样,成千上万的华夏先贤是榜样。诸葛亮二十多岁,已形成三分天下的战略性眼光,曹雪芹三十来岁,写堪比万里长城的丰碑式小说《红楼梦》。

物品与讯息铺天盖地,人在何处?

人与物的打交道,目前尚无推广开来的智慧可言。物品塞多了,人的主动性受阻,感受力下降,麻木感上升,占有欲膨胀。物的物性不能充分显现,物的物性难以受到人的尊重。网络讯息分秒不间断的轰炸式刺激,倒让事物的能量互相抵消,使人疲惫,阻碍人的深度关切,助推浅表性生存、快餐式生存、无根性生存、嬉皮笑脸式生存。

无根性是说:所有的喜怒哀乐,如同过眼云烟一闪而灭。

无根的极端者,六亲不认。

"君子不器",不被外在的东西(包括社会角色)所霸占,可见,异化是原始性的人生情态,随着人造物(有形和无形)的现代剧增,异化可能会愈演愈烈,情绪、念头、行为,均易被外力所掌控。海氏讲的"现实通道"庶几固若金汤,个体反抗的空间有限。

自由在现代的呼声高,也是由于缺啥喊啥。

《论语》开篇讨论学习,"学而时习之,不亦说乎?"说通悦。"温故而知新",好书不妨经常读,经典之为经典,就是因为它不可穷尽,有些书读了几千年,阐释它们的读物堆积如泰山,人们至今还在探讨,例如《道德经》《易经》《诗经》《黄帝内经》,唐诗宋词明清小说,再过千百年还是经典。人是匆匆过客,大师(这个词正在被滥用)们的著述不是过客。

"语言是存在的家",语言的抽象规定着一切具象。

人之为人,决定性的标志是语言。

孔子删《诗》,从三千首删到三百首,表明春秋时代的书籍已呈泛滥之势。十之八九的诗歌书籍要当柴火烧,类推其他。这是文化专制吗?老子:"五音乱耳,五色盲目。"

宰予上课打瞌睡,老师说:"朽木不可雕也。"但没有辞退过包括"朽木"在内的任何一个学生。子张老想当官发财,老师授以诀窍。子路的问题时常鲁莽愚蠢,老师捋捋小胡子不生气。只一回,老师急眼了,子路怀疑他迷恋妖艳的南子,板着面孔质问他。

子贡富,颜回穷,老师并不让富家弟子去帮助穷孩子,不搞平均主义,比如:不把颜回的陋室搞得宽敞明亮。颜回"一箪食一瓢饮,居陋巷,不改其乐",既是老师教诲的结果,又对老师有启发。士而怀居,非士也。知识分子不能把生活弄得过于舒适,否则大脑要犯迷糊。《论语》:"君子食无求饱,居无求安。"孔夫子赞成某种程度的不吃饱,赞赏陋室,为精气神腾出空间来,对后世的士大夫有巨大的影响。

高官苏轼待在汴京的华屋,"十年京国厌肥狞",却写不出好东西,贬黄州居陋室,率领全家人开荒种地,深度关切人事与自然,感慨、意绪何止千般,"天风海雨逼人",生存姿态叫作飘飘欲仙,日常丰富性远胜汴京过于舒适的生活,于是,佳作井喷:文学、艺术、学术。

人在天空之下,人在大地之上。这才叫"诗意栖居",海氏此言,几乎与一切豪宅无关。

饱食终日,便无所用心,脑满肠肥更糟糕,催生人的秋膘冬膘春膘,乃至夏膘。眼下,坊间有句难听的话,庶几值得借鉴:吃得好,死得早。

很多物欲是被虚构出来的(概念消费),是商贾挖空心思追求利润的一种结果。

"学而不厌,诲人不倦。"为何不厌倦?尝到学习再学习的甜头。学习最终的目的是悟道,"朝闻道,夕死可矣",其次学做官。孔门七十二贤士的做官、办学、经商,多不凡,而闻道者寥寥无几。另有二千九百余人,未能进入贤士的行列。也许到别处谋生去了。

青年孔子带领弟子们去齐国,受到齐景公的重视。一年后,孔子仓皇归鲁,因为齐国的士大夫想杀他,他的一套学说触动了别人的既得利益。这印证了杏坛孔子的"天下猜想"。

孔子长达一生的悲剧性奋斗拉开了序幕。

回曲阜,孔子继续从事教育,弟子不见少。鲁昭公又重视他,孟僖子(鲁国三大氏族之一)让两个儿子做了孔门弟子,杏坛上的杏子树越发果实累累,遥远的秦国学子、楚国学子也慕名而来。雪球越滚越大,大磁铁吸附的小金属越来越多。

孔子端坐杏坛直至暮年,令人联想佛陀端坐莲花,道家始祖微笑于三清殿。

"三十而立",此间的孔夫子,大约二十八九岁。

扩大思维的半径,强化思维的穿透力,形成持久的大脑风暴,因持久而为常态。孔子式的平和冲淡令人怦然心动,仰之弥高也。平静的海面下波涛汹涌。

笔者爬西哲之山,发现越爬山越高,宝藏的后面有更多的宝藏。

海氏在《尼采》一书中讲:伟大的思想只有伟大的思想家才能懂。

我辈凡夫俗子,一辈子努力再努力,岂敢奢望大道,窥得一二条林中小径足矣。

《论语》:"学而不思则罔,思而不学则殆。"

李泽厚译文:"学习而不思考,迷惘;思考而不学习,危险。"李教授注引程子曰:"博学、审问、慎思、明辨、笃行五者,废其一,非学也。"

不看书容易胡思乱想,老看书又可能变成书呆子。"吾尝终日而思矣,不如须臾之所学也",荀子这话有偏颇。好书乃是思考的弹射器,日常操劳亦然,童年的活蹦乱跳亦然。海德格尔名言:一切科学都源自前科学的领悟。

海氏把操心规定为人的同义语:人,就是操心。

海氏:人活着,总会有某种哲思。

不识字的农夫或工匠的思之力,未必在大学教授之下。学而不思,学得一堆乱麻他还道貌岸然。终日而思,总是因为有所思,思绪来找人,而不是人去找思绪。带着问题去思考,思维多半是展不开的。思维的展开,乃因其自身的推力,求诸意志的思考往往出岔子。

荀子想了一整天才回去翻书,足证其为想而想,失于"执"(佛学概念)。阅读的不时停顿,常因思绪的美妙袭来,读书人陷入遐思而不自知也。"抛书人对一枝秋"(曹雪芹),苏轼有短文《思堂记》。

学与思的自动循环乃得最佳值。最佳意味着:有次佳,不佳。

眼下,学者众也,思想者鲜也。

《论语》:"有朋自远方来,不亦乐乎?人不知而不愠,不亦君子乎?"

孔夫子十五岁志于学以后,有十余年不为人所知,还受到阳虎的侮辱性驱赶,满城传为笑谈。夫子愠怒在先,渐渐不愠了,课堂上把愠怒省略掉,描述君子不生气的特征。

子路或许问:老师,俺当初揍您,您也不生气么?

夫子笑而不答,算是默认挨打要生气,但不鼓励憨直的子路继续往下问。

远方来了朋友,夫子乐得一颠一颠的,大脑袋撞了门框还在乐。

"我有嘉宾,鼓瑟吹笙。"(曹操)

"良朋悠邈,搔首延伫。"(陶潜)

"花径不曾缘客扫,蓬门今始为君开。"(杜甫)

真高兴。朋友带不带礼物都无所谓啦,带一点也好,自古礼轻情义重。"有酒有酒",剧谈剧饮,问这复问那,夜里抵足而眠,或是风雨对床说它个通宵,不知东方之既白。

"落地为兄弟,何必骨肉亲。"(陶潜)

自然而然的亲情友情,不以利益算计为主导的朋友们,方有这般好光景。"悦亲戚之情话",多舒服啊。陶渊明讲他移居南村的理由:"闻多素心人,乐与数晨夕。"素心人一词,当为五柳先生首创,反衬形形色色的杂心人。

现代社会压力重重,素心人不得不学会与杂心人相处。单位,公司,也许杂素参半,杂素难辨。希望待以时日,素心人慢慢多起来吧。

单纯者,朴素者,快乐的空间大,这几乎是个物理定律。

小人同利为朋,利尽交绝。

钱穆教授称孔子追求三大板块:学,教,从政。首先是学而不厌自我完善,然后才诲人不倦,才去做个好官。几十年如一日,三个层面的追求不变。从政,屡从屡败,周游列国活像一只丧家犬,困于陈、蔡,绝粮饿肚子,而初衷不动分毫,焚香抚琴一派宁静,琴声盖由心声出焉。

孔夫子的意志力,不是一般人所能想象的。遑论企及。

《论语》:"子曰:为政以德,譬如北辰,居其所而众星拱之。"

李译:"以德行来治理国家,好像天上北斗星:坐在那个位置上,群星围绕环抱着它。"践行孔子的德政,古代当以北宋士大夫为最。尧舜、三代,有传说的成分。

苏轼二十一岁考中进士,发豪言壮语:"敢以微躯,自今为许国之始!"先有许国之心,有担当世界之志,便能学得美政的具体才干。德才兼备,德是第一位的,无德之才如李林甫、蔡京、秦桧等,释放超级病毒的能量,毁掉辉煌的唐宋王朝。苏轼五十九岁贬向岭南蛮荒,全家人凄凄惶惶,坡翁却说:"许国心犹在,康时术已虚。"康同匡。

德政与法治,二者并重才好。道德风俗若是大面积坏了,再严的法也治不了。

孔子不断向政治靠拢,让弟子们去从政。碰一鼻子灰,再碰一鼻子。鲁昭公在位二十七年,总是受三大氏族的欺负,活得窝囊。周天子不是更窝囊吗?乱套了,乱套几百年了,怎不叫人巴心巴肝思念周公,辗转反侧怀想周礼?秩序啊,秩序啊,孔夫子感叹复感叹,生气又生气,"惯于长夜过春时",气完了,复向黑暗政治靠拢,派弟子去乱臣贼子季桓子家做事。

孔子治理小邦井井有条,当上鲁国的大司寇(类似司法部长),想搞大动作"堕三都",借助国君的力量,拆掉三大氏族的城堡,结果,连自己讲学的杏坛都被权臣拆掉,被迫离开鲁国,颠沛流离几万里,传道问政十四年。夫子七十岁还乡,白发苍苍再登杏坛,蛮有把握地说:一个大国,只要给我数月时间,我就能理出个头绪来,给我三年,我能让它大治!

嘴硬,头皮硬,盖因孔夫子骨头硬。学富五车又怀揣理想,要"或大济于苍生"(陶渊明),要"致君尧舜上,再使风俗淳"(杜甫),还要"我以我血荐轩辕"(鲁迅)。

历朝历代的硬骨头,不妨视为孔圣人开的头,百折不挠,此之谓也。
我以为,这一点还是要追溯到孔丘的童年少年时期。
孔子为学第一,教学第二,从政第三。钱穆先生讲得透彻。
孔子对他身处的时代有相当清醒的认识。

孔子三十几岁到周王朝的都城洛阳去,拜见老子,手托一只大雁作见面礼。孔子见老子,是中国历史上的一件大事,引发学者无穷猜想。二人谈些什么,史料只言片语。孔子在国家图书馆埋头读文献,抬头问老子,不觉时光飞逝,学问又大大长进了。

老子送别孔子,说:有钱的人临别送财物,有德的人临别送言辞……老子对孔子的临别赠言,参见《史记·孔子世家》。海氏有名言:"语言是存在的家,犹如云是天上的云。"广义的语言保存着人类的全部智慧。

孔夫子从洛阳回曲阜，对弟子们感慨说：鸟飞，鱼游，兽走，鸟被弹弓射下来，鱼被钓起，兽被捉杀，真有大学问大本事的是天上的龙啊，老聃先生就是我亲眼看见的一条龙！

老子不仅是一条龙，而且是数千年绝无仅有的一条龙。孔子晚年，自视为麒麟。庄子则是扶摇八万里的鲲鹏。老子庄子高高在上，却是朝着人间万象："背负青天朝下看，都是人间城郭。"（毛泽东），城郭的一个庞然大物叫孔子，孔子首创的儒学衍生了两千多年的统治术。老子既处于文明的进程之中，又置身事外，以局外人的清醒指点中华文明的进程。孔子对学生提到鸟、鱼、兽，盖有深意存焉，一味纠缠于现实而不知抽身，往往被现实困扰，甚至被杀掉。后世杰出的士大夫懂得了这一点，能进能退，进知庙堂之高，国事之大，退亦知江湖之远，野地之逍遥，自然之无限丰富。这是中国文化独有的进退体系。

相反的例子亦多，变成了遭捕杀的鱼或鸟。

孔子游学洛阳，拜见神仙般的老子之后，杏坛的学生数量大增。

《论语》："子曰：三人行，必有我师焉。择其善者而从之，其不善者而改之。"

夫子拜访大贤，又不耻下问，向九岁的小孩子学习。一生谦虚谨慎，永远见贤思齐。这气度，这境界，确实古今稀有。孔子是博采众长的大师，总是把别人的长处看得仔细。这对一般人而言，真是谈何容易。人在成长的过程中要赢得自信，通常需要高估自己，看轻他人，这个心理模式起于幼年，强化于少年，固化于青年，偏执于中年。自我肯定形成源源不断的内驱力，动植物的生长大约也如是。而孔子留给人的印象，是反其道而行之，早年就能虚怀若谷，从善如流。何以如此？仲尼先生苦学书本知识，苦学谋生的手段，分秒必争，自卑，超越，再自卑，再超越，长期良性循环，如千年古木的年轮般扎扎实实。

一般说来，自身强大了，然后才能见贤思齐。古今人杰都具有这特征。否则，见贤就嘀嘀咕咕，麻雀般叽叽喳喳，急于挪开视线，甚或对贤者加以打压、讽刺、诋毁，群起而攻之。"木秀于林，风必摧之。"森林中的小动物善于自保，练就各式花招绝招，极端者如枯叶蝶，变色龙，它们受"遗传指令"的驱使,凑拢了开会,历数森林中大虫巨兽的种种不是……总之,人的见贤思齐,并非生活中的常态。当一个族群蓬勃向上时,学习他人的长处、克服自身的不足相对普遍,若是背离了中华好传统,利字当头,利欲熏心,利益纠缠,"利孔百出"(苏辙),名缰利锁,"利欲驱人万火牛"(陆游),他人的缺点就无限放大,自己的毛病就处理成盲点。那些个汹汹犯病者,私心严重者,恶欲嚣张者,妄自尊大者,还整天嚷嚷人不为己天诛地灭,俨然理论武装,撸衣挽袖去厮拼,拉帮结伙斗到底。

《论语》:"子曰:放于利而行,多怨。"放利,指放纵私利。

《论语》又云:"子罕言利与命与仁。"孔子很少谈利。

为什么罕言利?因为:利是本源性冲动,不需要强调,却需要严加防范。如果大家都变成乌眼鸡,"计算机","战斗机",谁有好日子过?

《论语》:"君子喻于义,小人喻于利。"

李泽厚译文:"君子了解仁义,小人了解利益。"

这里的小人指小民。民众了解自身利益是正常的,知识分子,为官者,则必须了解仁义,以仁义引领民众。孔子的仁义学说,在漫长的古代由统治者高调推行,维系王朝的运转,昏君一出,刹那崩盘。民间道德风俗的坏掉,则需要一代人乃至几代人。

仁义道德不是孔子或周公发明的,它的雄厚基础在民间,它的生长力来自生活本身,它是人际交往永恒的粘合剂。种田,做工,经商,亲朋邻里的朝夕相处,这粘合剂一日不可缺。普通人并无激烈的、影响全局波及长远的利争权斗,所以不存在道德瞬间崩坍的基础。

《论语》讲"仁者爱人",但是,仁爱首先是普通人之间的仁爱,包括孔子在内的君子们加以提纯推广而已。春秋礼崩乐坏,尤须大讲特讲。

爱的智慧在民间,"粘合剂"的专利属于天下百姓,这一点,《论语》有涉及,远未道明。

自孔子以降,学者们的阐释未能深思这一层。

历代昏君暴君学会了打出仁义旗号,高喊忠孝口号,蒙、瞒、骗,花样百般。蒙骗是有效的,于是鲁迅先生看出"吃人"。李泽厚赞同孔子与鲁迅的互补,眼光高人一等。

德国女哲学家阿伦特曾表示：世界上有两个人就会产生政治。政治是什么？是秩序，是甲乙二人争夺话语权。中国异于西方诸国的一大特征，就是长期奉行集体主义。汉语一万年，农耕文明一万年，形成源远流长的集体潜意识，形成华夏族在全世界历时最久的生活方式。

"从群众中来，到群众中去"，走群众路线乃是历史智慧的结晶。

这个决定性的大智慧与孔子无关。

孔子讲和为贵，试图让粘合剂粘得更紧，这对庶民不成问题，对官员才问题严重。官吏之间的不和是常态，权臣的犯上作乱也是常态。"君君，臣臣，父父，子子"，孔夫子不得已才强调这个。汉儒董仲舒将其衍生为"三纲"，使原本有弹性的秩序固化，使人性受遮蔽。

"唯上知与下愚不移""民可使由之，不可使知之"等等，这是知识精英治国理政的大盲区，不良之长风，一刮两千年。孔夫子有轻视底层的倾向，我们不必为尊者讳。弟子们请教农事，他要生气的。隐士嘲笑他的学生"四体不勤五谷不分"，他露出虚心接受批评的样子，却未见反思。看来，早年摆脱鄙事的无穷冲动，点点滴滴渗入他的价值观。

孟子强调民贵君轻，实为一大进步。可见孟子的尊孔，并不是无条件地盲从。宋代士大夫更有宝贵的疑古精神，比如：质疑汉唐的"士贱君肆"。余英时《朱熹的历史世界：宋代士大夫政治文化的研究》有详述。

多能鄙事赋予孔夫子的种种潜质（身心灵动，差异施教），他未能看清。意识的向度避开鄙事，肯定有其心理因素。孔夫子不想回首。情绪决定他的不想，朝着其他方向的多想，扩大视野的同时也延伸他的遮蔽。对底层，对女性，孔夫子遮蔽甚矣。

意识下面伏着支撑意识的潜意识，犹如海上冰山，八分之七在水下。顺便推荐一本小书：《从存在主义到精神分析》。

读者进入《论语》《孔子家语》的方式，通常是随便翻翻，翻到哪章是哪章，章与章之间并无严谨的逻辑关系。历代注家据说有两千多位，相关的学者和学子文章何止亿万。

我手头这部几乎翻烂的李泽厚《论语今读》，读来很爽，"注"、

"记"和译文明白晓畅,尽管"记"的部分,值得商榷的议论不少。

思想家的生平事迹,一般说来不太重要。海德格尔在课堂上讲尼采生平,著名的三个短语:"他出生,他工作,他死亡。"分分钟就讲完了。《尼采》的汉译两大卷,一千多页,作者严格限于阐释尼采的思想,不重复,不涉及尼采颇具传奇色彩的生平故事,只言片语也无,毫不理会读者的阅读兴趣。译者孙周兴感叹:"这就是大师作派。"

阅读在时下的语境中变成"悦读",真是华夏族阅读史上的天大笑话。卡夫卡、加缪、福克纳如何悦读?从屈原到鲁迅的百代文豪如何悦读?一切浅阅读都来自浅表性生存。

孔子一生,做些什么不太重要,说些什么很重要。

夹谷会盟显身手,帮助国君堕三都,是他五十岁前干的两件大事,见于《左传》《史记·孔子世家》,但《论语》一字不提。没啥好说的,鲁国的恶势力还是嚣张,从鲁昭公到鲁哀公。季孙氏不断冒犯国君,季孙氏的家臣阳虎又想自己当主子,上上下下乱作一团。

《论语》:"八佾舞于庭,是可忍,孰不可忍?"

季孙氏让六十四个女子跳舞,士大夫搞起周天子的礼仪,孔子气极,吹胡子干瞪眼。秩序啊,秩序啊。"一日克己复礼,天下归仁焉。"

谁在克己复礼?天底下唯有孔夫子。

"不在其位,不谋其政。"回到杏坛的孔夫子如是说。

夫子生气的时间短,但是这一回恐怕比较长。居然八佾舞!居然六十四个姹紫嫣红水蛇腰!孔子的生气当然是针对季孙氏,却也旁涉他自己旷日持久的性苦闷。

《论语》:"子曰:大哉尧之为君也!巍巍乎,唯天唯大,唯尧则之。荡荡乎,民无能名焉。巍巍乎,其有成功也,焕乎其有文章!"

李译:"孔子说,伟大啊!尧!崇高啊!天!只有尧能仿效!广大啊!老百姓简直不知道如何赞美他!崇高啊,他的成功!光明啊,他的礼制文采!"

杏坛上的孔夫子简直要振臂高呼。学院里的李教授用了九个惊叹号。

一个人的力量有时候要胜过兆亿人,归根到底是词语的力量。

仁义礼智信、温良恭俭让的对立面,使孔夫子成为孔夫子。

《论语》:"甚也吾衰也!久矣吾不复梦见周公。"老且衰,意志力下降。孔夫子犹如此,可见就个体而言,并没有严格意义上的恒定之志。"海沙变成石,鱼沫吹秦桥。"(李贺),长安秦桥的坚固号称天下无双,细微的鱼沫一点点将它吹垮。松柏傲雪一时,最终却要凋败。"几回天上葬神仙,漏声将相无断绝。"(李贺),时间的牙齿咬死天上的神仙。

"天若有情天亦老。"多情孔子自叹老矣,久不梦见周公。

孔夫子不梦周公却梦谁?梦见妖艳的南子?梦见"巧笑倩兮"的齐鲁女子?林语堂写过轰动一时的话剧《子见南子》。心理学家尝言:露宿街头的乞丐通常会梦见华屋豪宅。孔子的意识把身体处理成盲区,但潜意识他管不了,绮思艳梦防不胜防,梦醒了,复去嚷嚷周公,支撑他"求意志的意志"的遮蔽。

换言之,孔夫子跟人之大欲拧着来。

也许亓官氏生下孔鲤,没过几年跑掉了,否则她会生下二子三子。弟子们劝年轻的老师重新找个师娘,老师不答应,面部肌肉抽搐,心头恒有阴影。独子的危险性他宁愿视若无睹(孔鲤死在颜回前。孔子69岁丧子)。孔子长达数十年的性苦闷会衍生什么呢?《论语》注家们的注疏大抵避而不谈,延伸此遮蔽,固化此盲点,导致现代欲望的过度反弹。

孔夫子为何不续弦?这是一个谜。

本文尝试着:猜想孔子的儿童期,研究他的鄙事不鄙,揭示他的内蓄野性,逼近他的身体盲区。

"子在川上曰:逝者如斯夫。"

历史并不如同一去不回的逝水,相同者总是在回归。孔子作为中国源头性的文化巨儒,泥沙俱下,历史附着物数不清。非常重要的一点,是儒学变成了皇帝统治术,君王遵从它或利用它,汉儒宋儒明儒,按不同的时代需求阐释它。

孔夫子收学生,不收十五岁以下的,可能以他自己十五岁志于学为参照。弟子们来杏坛之前都读过私塾,不是从识字班扫盲班开始,可见他们的家境过得去,贫寒子弟寥寥。颜回穷成那样,但读书多,基础好,当为破落人家子弟,和孔子一样。

"有教无类",主要针对中等以上的家庭,似乎找不到一个农家穷孩子。无类,当指不分学生的天资与性格的差异。

《论语》:"富而可求也,虽执鞭之士,吾亦为之。如不可求,从吾所好。"追求富贵有个前提:"不义而富且贵,于我如浮云。"

亚圣孟子讲得激昂:"富贵不能淫,贫贱不能移,威武不能屈。"

孔子的衣食住行颇讲究,盖因他一直自视为贵族阶层。席不正,不坐;割不正,不食;无车不出门;隔夜酒不喝;衣冠要符合身份,包括鞋带的系法也是;肉食有一点异味儿就要扔掉……凡此种种,《论语·乡党》等篇章,记之甚详。但是他不怕饿肚子。昨天锦衣玉食,今日野菜充饥,处之泰然,这是夫子的可爱处。是小时候摔打出来的韧性。

"君子忧道不忧贫",弟子们谨守师训。这对后世士大夫影响甚巨,尤其对北宋士大夫。

孔夫子块头大,吃肉多,天天想问题,要及时补充大脑的能量。脑袋的高速运转比之体力活更费精力。收取学生的干肉,总计三万条(孔门弟子三千),日食一条,近百年才吃得完,还不算大量的新鲜肉和狩猎收获。也许老师和弟子们同享。杏坛没有收取蔬菜瓜果的记载。倒掉的肉食也多,为何不拿去救济吃不起肉的穷苦人呢?是不是周礼不允许?笔者二十年前就对此存疑。《论语今读》不谈这个,钱穆《论语新解》和《孔子传》也不谈,北宋理学创始人程颐程颢、南宋大儒朱熹也不谈。为何不谈?心系底层的苏东坡有《论语说》。苏东坡嘲笑二程的故事,士林皆知。

孟子的学生告子曰:"食色,性也。"现代学人针对孔夫子,不止这两个层面有追问的空间,有质疑的空间。这也符合孔子精神。"吾爱吾师,吾更爱真理。"子路、子张、樊迟、司马牛……弟子们常常在课堂上问一些奇怪的问题,惹老师不高兴。樊迟问稼穑,孔子很生气。李泽厚说孔子上课要骂人,而且骂得"很凶"。

九尺高的孔夫子,跺脚骂人挥戒尺,是何模样?

《论语》:"邦有道,谷。邦无道,谷,耻也。"谷:领官府的薪水。

冉求去季孙氏家帮富,帮闲,出馊主意,刮民脂民膏,领可观的薪水,孔子不理他。《论语》:"士而怀居,不足以为士矣。"

李译:"知识分子留恋安逸的生活,那也就不配是知识分子了。"

《论语》:"士志于道,而耻恶衣恶食者,未足与议也。"

李译:"知识分子有志于追求真理,但又以粗衣淡饭为羞耻,这种人不值得与他去讨论。"

笔者屡提这一类名言警句,乃因感慨良多。老一辈的学人,包括科学家,艺术家,文学家,不怀居者众也,朴素的生活与澎湃的激情共属一体。现在物品塞多了,吃住行舒适了,那些急于抛头露面的知识分子,身体的安逸与创造力的下降共属一体。

昂扬的姿态,沉稳的步容,朴素的欣悦,一些著名学府也成了稀罕事。谋求超越的人少了,一丝不苟的人少了,板凳一坐十年冷,让位给滚烫的名利欲。精致的自私自利,由教授们传导学子。这局面,但愿不要太久。

朴素的欣悦方能持久,燃点低才有高指数的幸福感,这同样近乎物理定律。抗战时期延安的窑洞,西南联大简陋的校园,聚集了多少优秀的中华儿女!

孔子洞察人性之幽微,说话的风格简之又简。有些话他开个头,我们尝试接着往下说。士而怀居为何不好?留恋舒适的生活难道有错吗?如果有错,错在何处?

一味的求舒适,肉身拖着精气下沉。一味的求舒适,舒适从它自身脱落,转化为百事无求,百无聊赖。"食无求饱,居无求安",为何要这样?无非是把握身体与精神的双重诉求。古今中外的优秀人物,包括商界人物,都是懂得身心之双重诉求的朴素者。

《论语》:"子曰:饭疏食饮水,曲肱而枕之,乐亦在其中矣。"

李译:"孔子说:吃粗粮,喝生水,弯着胳膊作枕头,快乐就在其中了。"

人,如果真是万物之灵,快乐就会无处不在。颜回居陋室一箪食,庄子六十年在陋巷,恒乐也。《品中国文人·苏东坡》尝言:试问古今之豪宅,何处堪比黄州简陋的临皋亭呢?

拒绝诺贝尔文学奖的法国作家萨特曾言:严谨的工作之余,生活应该是一连串的赏心乐事。请记住这个"之余"。操心操劳操持,工作工作工作,方有歌咏休憩漫游之乐。

"充满劳绩,但人诗意地栖居在大地上。"海氏把荷尔德林的诗句传遍全球。

朴素啊朴素啊,欣悦啊欣悦啊。

孔子吃得好,又强调不吃饱,的确是高人高论。学养修养俱佳的人,似乎永远是少数,从孔夫子到当下,再到未来千百年,还是要讲老子,孔子,庄子,墨子,荀子,孙子,屈子,苏子……大贤的智慧难以企及,更难普及。汉字门槛高,孔子紧紧抓住士大夫是可以理解的,舍此似无二途。君王们又抓住孔子,明君抓,昏君也抓,后者把孔子抓成幌子。

孔子仕鲁,仕齐,仕卫,加起来数年光景而已。五十几岁周游列国,过宋,过陈,过蔡,过匡,过蒲,过楚,状如丧家之犬。大犬还带领一群勇敢的小犬,舟车劳顿十万里。宁为丧家犬,不做豢养狗。

稍稍妥协一下他就荣华富贵了,弟子们也跟他当官享福。可是他偏不。不!宋国的司马桓魋砍大树,要砸碎他的脑袋和讲坛,他身手敏捷躲开了,快马加鞭逃掉了,喘息方定,微笑着宣称:"天生德于予,桓魋其如予何?"意思是说:天生大德于我,司马桓魋能把我咋地?

"人无远虑,必有近忧",人有远虑,近忧就少了。孔夫子怀揣远大理想,从少年揣到暮年,俨然稀世之宝。"在陈绝粮",吃糠咽菜扒树皮,露宿荒野无所谓。

子路气呼呼质问老师:"君子亦有穷乎?"

老师答:"君子固穷,小人穷斯滥矣。"

穷途末路的君子依然是君子,小人没办法就开始乱来。

蒲人追杀孔子,匡人把孔子捆起来,拘禁他五天五夜,反复折困其体,羞辱其心。孔子幸而被救,松开了粗绳子又放开歌喉,沐浴更衣弹琴,琴音一丝不乱。

据《论语》,他是弹琴解乐的天才,向师襄子学琴,学磬,几天就学得一手好琴。"在齐闻韶,三月不知肉味。"孔子把礼、乐相连。始终不忘老子的教诲:"五音乱耳。"

孔子听淫浪的郑声听得心头慌,大约不停地吃肉,让味觉抵消听觉。《乐记》:"郑声好滥淫志。"

《白虎通》:"郑国土地民人,山居谷浴,男女错杂,为郑声,以相悦怿。"

这些年的流行歌坛,郑声何其多也。唱歌的竞相逐奇争怪,不惜以千万次的嚎叫爱来糟蹋爱。如果网络一代连民歌民乐都不能欣赏了,日益隔膜了,那么我们,就无话可说。

水泥屋子能生出什么样的音乐呢?大地百花盛开,水泥开什么花?一切倾听,来自生活方式带来的心理积淀。

天堂上的孔夫子听到嚎叫爱,呻吟爱,作何感想?恐怕要大骂,在云端作狮吼。

孔子流布在原典中的形象鲜活有趣,腐儒们像匡人一般将他捆绑起来。孔子的民间形象不无酸腐气。民间的解读未必全错:大堆周礼缚住他的手脚。总的说来,孔夫子野性十足,对他的时代摆出大拒绝的姿态,首先是大拒绝,然后才是中庸、平和、兼容并蓄、海纳百川,才是仁义礼智信、温良恭俭让。理解孔子,这是紧要处。

《中庸》:"君子依乎中庸。遁世不见知而不悔,唯圣者能之。"

康有为:"圣人之品位,孟子以为在神之下,盖神人唯孔子。"

这个星球上,有些人抬眼便是数千年,令人觉得他们是外星人派来的使者。大贤与凡夫俗子的距离,远远超过亿万富豪与街头乞儿。

"德不孤,必有邻。"孔夫子好德胜于好色,却发现好色的人太多,于是给自己打气。孤独的智者要强调不孤独。"年少之时,血气未定,戒之在色。"他提醒年轻人少干男女事。此言应该是针对富家子弟,比如他的一部分弟子。穷家孩子能讨个老婆就不错了。纨绔吊儿郎当,恶少霸占民女,那些个摧花手猎艳手,随随便便地伸出去。豪族公子,弱冠之年就娶了二房三房。历代王公贵族子弟,玩女色致早亡的人数,是天文数字。例如宋神宗十几个儿子,少年玩女色,几乎死掉一半。宋哲宗十二岁便懂得扑倒宫女,二十四岁就淘虚身子去了西天。

孔门三千弟子,一些弟子大概是把自己玩死的。老师骂得再凶也无济于事。

孔子的谆谆告诫,对后世的儒生比较管用。小儒不戒色,老儒要吼他。明清戏台上的儒生却被弄得羞羞答答。讲礼讲过头了,戒色戒过头了。"过犹不及",有些书生还不如不戒色,不讲礼。"《诗》三百,一言以蔽之,曰:思无邪。"思,主要指男女之思。《论语》涉及这个话题真是不少。潜意识频频向意识发动进攻,组织渗透,使孔子的身心探索走到了盲区附近。

魏晋竹林七贤的狂饮,任诞,追美女,睡街头,刀砍蚊蝇,裸奔大街小巷,"郁然思妖姬"(阮籍),王羲之吃五石散,陶渊明写《闲情赋》,李贺偏爱齐梁的艳体诗,李清照情挑赵明诚,曹雪芹作《红楼梦》,书斋曰悼红轩,"千红一窟,万艳同杯"……都是延伸孔夫子的盲区探索,解蔽汉代以来腐儒们的人性遮蔽。历史循环,相同者永恒回归,此之谓也。

礼教与反礼教,都是百代大潮。

孔夫子吃得好,身体好,性格好。活了七十三岁,生命既有长度更有饱满度,他的一秒钟,庶几胜过普通人的一分钟。庄子和孟子享年八十四岁,老子可能一百多岁。

"智者乐,仁者寿。"孔子以自己的快乐与长寿昭示后世。

当代西方哲学家大抵长寿。海德格尔享年八十七岁,罗素近百岁,伽达默尔寿同老子,乔姆斯基今年九十岁,哈贝马斯今年八十九岁,尝言:"美国让世界失掉了安全感。"

如果孔夫子暮年重养生,而不是颠沛流离八方传道,那么,他再活十年不难。由于未能分到几块国君赐予的祭肉,他一气之下带着弟子们走人。鲁国是待不下去了,季桓子被齐景公送来的八十个美女迷住了,孔子被迫"去鲁"(离开鲁),很想大骂季桓子荒淫,囿于周礼忍住了。"五十而知天命",孔子年过半百才看见自己的奔波命,传道命。

放弃鲁定公,奔向五百年前的周公。

"岁寒,然后知松柏之后凋也。"由孔子作指引,岁寒三友,梅兰竹菊,成为画工们恒久的题材。写意画的鼻祖苏东坡强调"道技两进",

道在先,技术手段在后。欧阳修称:"废人间百事而专攻一书事,本末倒置矣……书法不可为怪!"

苏子与欧阳子的这些话,仿佛针对今日书画界的一些乱象:道远矣,技法追技法,有意和无意的装怪层出不穷。市井笑曰:"卖钱不卖钱,圈子先扯圆。"

孔子

"道可道,非常道。"在庄子看来,老子的道比孔子的道要高明。老子的道是天道,孔子的道是人道。"人法地,地法天,天法道,道法自然。"老子升天而为龙,孔子则为大地稀有之祥瑞麒麟。李泽厚说老庄禅学对他的吸引力大于孔子,把这句话放进《论语今读》。

汉代的画像砖,生动描绘孔子拜见老子。

海氏的"天地人神四元合一",融会了西方、东方智慧。

"玄之又玄,众妙之门",孔子敲不开老子的众妙之门,只说老子龙在天,他转而切近人事,问道,不问鬼神,《论语》:"子不语乱、力、怪、神。"此一层稍后谈。

《论语》:"子曰:志于道,据于德,依于仁,游于艺。"

李泽厚先生认为:"这大概是孔子的教学总纲。"

道,先于德,德,先于仁,仁,先于艺。孔夫子的关键词抓住了历史,或者说,历史显现在词语中。先有六艺,然后一步步推高。游于艺,恰似老百姓忙于柴米油盐。形而下预设了形而上。一般人活动于形而下,士人要往上走,依仁,据德,志道。

仁者得依托,有德者进退有据。求道艰难,需要非常之志。道的显现只能是局部的,问道之所问,求个向度而已。人类只是进化中的人类,断不可能具备终极理解力。倒是应该理解:人在宇宙中永远是微不足道的,"寄蜉蝣于天地,渺沧海之一粟。"苏东坡懂这个。

华夏圣贤都是谦卑者,天地间的自知渺小者。

近现代的西方人疯狂扩张,欺天攻地不休,威逼人类家园,所以,罗素针对这种宇宙式的狂妄曾有言:凡是不明白人在宇宙中所处的渺小位置的人,都不是优秀的人。

孔夫子端坐杏坛,自知有限,向往着无限。超人般的意志力,化为举止悠悠然。人事万般复杂,撮其要,删其繁,探其根。"吾道一以贯之",几十年不变的道,贯穿了两千年华夏史,打通了一条无尽之路。历史赢得了一种言说方式,词语为行动提供方向。一部《论语》,关涉所有人,从庙堂大儒到深山老农。道是自身的无限展开。仁义道德依存于它的对立面。孔子精神有某种悲剧性。天下大乱数百年,他用轻描淡写的语言携带狂风暴雨。

《论语》:"子曰:贤者辟世,其次辟地,其次辟色,其次辟言。子曰:作者七人矣。"

李译:"孔子说:有道德的人要避开社会,其次避开地方,再次避开不好的脸色,再次,避开不好的言语。孔子说:这样做的已经有七个人了。"

孔子的形象,总让我想起徘徊洞庭湖畔怒目问天的屈原。

"邦无道则愚。"而屈原投汨罗江自尽。

杏坛恰似铀矿,取之不尽的铀矿。

什么样的影像作品能够把握曲阜杏坛呢?能够还原至圣先师呢?也许千年后会有吧。

《论语》:"中庸之为德也,其至矣乎!民鲜久矣。"

李译:"中庸之为仁德,是最高的了,人们很久没拥有了。"

庸者,常也。儒学精髓重在日常关切,敬鬼神而远之。中庸的前提是执乎两端,而难度在此,一般人洞察两端的几率小,古今皆然。

《中庸》:"子曰:天下国家可均也,爵禄可辞也,白刃可蹈也,中庸,不可能也!"

戴震阐释:"均,谓分疆正域,平量财赋,有取于均之事。天下国家可均,则其人不私者也;爵禄可辞,则其人清者也;白刃可蹈,则其人刚者也;各成其一德而已。中庸必具众德,又非勉于一时,故难。"

《中庸》:"道不远人。人之为道而远人,不可以为道。"

柴米油盐寻常事,背后却有不寻常。何物不寻常?维系日常生活之意蕴层的风俗、道德不寻常。人是活在具体的操心中,忙这忙那,人又是"悬挂在他自己所编织的意义之网上的动物"(马克斯·韦伯),活着要有意义,否则就忙成一堆乱麻,像拔掉触须的虫子到处乱转。生活是具体的,意义是抽象的。抽象规定着具体,犹如语言道说万物。

庄子尝言:道在瓦甓,道在屎溺。道在瓦甓屎溺,道就无处不在了。

老庄追问天道,孔孟追求人道。在今天看,天道高于人道。

《论语》:"厩焚,子退朝,曰:'伤人乎?'不问马。"

孔子从朝廷回家,听说马厩烧了,只问伤人否,不问马。这事记了下来,表明它并非常态,贵族或大臣并不以为下人的命比马贵。上等人只问马,不问伤人乎。人命如草。

当年美国死了一些人,西方的媒体密集报道持续跟踪,立场一边倒,伊拉克、阿富汗、利比亚、叙利亚,这些年惨死了多少百姓?逃离家园的人数以千万计,包括大量儿童和妇女,然而,谁在统计?谁在细看?谁在怜悯?西方高调宣称的人道主义到哪儿去了?高调的背后有何玄机?杀人如麻者,还要占据道德高地,打着人权幌子对全世界指手画脚。哈贝马斯指控:"美国让世界失掉了安全感。"

二十一世纪德国头号哲学家的话,国内的某些学界精英掂量去吧。

黑格尔曾指出:国与国之间,只有自然关系而没有道德关系。

《孟子》:"春秋无义战。"

春秋末年的孔夫子看到太多了,只说:"仁者爱人。"《中庸》更直接:"仁者,人也。"

"头顶三尺有神灵。"中国有句老话:人在做,天在看。

二十世纪德裔美籍哲学家弗洛姆,有一部学术名著《爱的艺术》。爱需要学习,爱的基因要下功夫去调动,否则,相反的东西要从细胞中冒出来。

孔夫子在杏坛营造了一个温情脉脉的小环境,传道解惑五十年,包括暮年周游列国。大环境不好,夫子的身边倒是气场足。走到哪儿,把气场带到哪儿。宋代的高僧辩才法师善于"布气",治好了不少疑难病。孔夫子是采气的宗师,布气的圣手,有限的正能量抵御看似无限的负能量。弟子们没跑掉,一直在增加,表明了正能量的吸附力。

黑暗深处的一点亮光不灭,表明亮光以自身为根据,符合充足理由律。正不压邪未必就是永恒,以强凌弱,未必就是统摄一切的永久法则。亮光的渐渐变多变强,不是不可能。

海氏:哪里有深渊,哪里就有拯救。

《论语》:"知其不可而为之。"

释迦菩提有顿悟。达摩面壁图破壁。漫天风雨如晦,尺方杏坛光辉。孔夫子的迷人处,最是黑暗深处一个人的闪闪发光。天命不可知,一切尽人事吧。慢慢走,循循善诱,点燃其他人。一旦认准的东西,就一竿子插到底。

国事他左右不了,天下事遥不可及,那就从修身、齐家做起吧,延伸那点毫无疑问的光亮。反求诸己,推己及人,"老吾老以及人之老,幼吾幼以及人之幼。"孔夫子的善待他人、严于律己,是以尧舜为榜样的。舜帝姚重华,年轻时受父亲瞽叟、后妈和哥哥象的百般凌辱,乃至于几番遭到谋杀,他们的恶行耸人听闻,禽兽不如,姚重华反而一次次以德报怨。孔夫子的小时候,既是穷日子,又是苦日子。他抱怨过,怀恨过,却从怨恨中生长出宽恕与仁爱。烂泥池塘,生出一朵绝艳荷花。

就像耶稣左脸挨完耳光,还会送上右脸。

《论语》:"司马牛忧曰:人皆有兄弟,我独亡。"

子夏以老师的口吻劝导司马牛:"四海之内皆兄弟也。"

孔子只有一个跛足哥哥孟皮,《论语》中未见孟皮的身影。九个姐姐一个都不提。三千弟子,无一女生。四海皆兄弟,未闻四海皆姐妹。单靠刀枪争雄的时代,士子也靠边站,何况弱女子。强者拿弱者垫背,男权世界拿女人垫背。唐诗宋词几万首,歌颂母爱的有几篇?苏东坡的仁爱有口皆碑,他的诗词笔,却不写自己亲爱的母亲程夫人。

士大夫讳言家中事,导致人性遮蔽。

孔夫子轻视女性,补之以孝敬父母。孝在历史中的渐渐光大,起于传说的尧舜故事,盛于孔夫子。家庭,家族,家国,孝的观念维系了极宝贵的集体主义精神。忠孝相连,大局是好的,尽管有董卓、司马昭这类打着孝的幌子的篡权乱政者。

孔子讲礼制讲过头了,讲孝道讲过头了,父死,儿子三年不改父之道。"父母在,不远游"之类,但是,孔子是否有先走极端再来纠正偏颇的考虑呢? 礼崩乐坏几百年了,要以礼乐的极端反制极端。否则,力不能及。晚清的统治者拿孝字蒙骗天下,导致民族的血性衰弱。男人长辫子,女人裹小脚。鲁迅先生是大孝子,却反感流传于学校的《二十四孝图》。

家庭、家国观念,是华夏族生生不息的核心观念,这一点,孔子居功甚伟。百善孝为先。至圣先师孔夫子开辟了孝道,在民间的基础上提升了人性善。

眼下一些人私心重,使孝敬父母长辈的好传统受损。但孝道的大面积崩坍不可能。

何谓孝子? 总是觉得自己不够孝敬的人往往是孝子。

中国民间历来重两点:想得到还是想不到,想得粗还是想得细。这是衡量孝与不孝的永久性试金石。想得细会趋于更细,反之亦然。孝子干坏事的概率小。

孝与仁、慈、善、义、恭、俭、让的联系广。孝的种子生根开花,结出利他主义之果。

孝道,是传统社会行之有效的顶层设计,是压制自私自利的制度安排。《论语·学而》:"其为人也孝弟,而好犯上者,鲜矣;不好犯上,而好作乱者,未之有也。君子务本,本立而道生。孝弟也者,其为仁之本与。"这话是孔门弟子有子讲的。

汉字汉语何其多也,孔夫子锁定了一些字眼,述而不作,信而好古,举重若轻。不知道是否受老子的影响。老子骑牛出函谷关,关吏再三请求他留下文字,于是才有《道德经》五千字。华夏族文化的两大源头,似乎都具有偶然性。如果老子孔子都不留文字呢? 自然与历史的脉动,是否迟早会凸现那些词语? 天道,人道,迟早会在对立面中慢慢显现吗?

老子沉默地微笑,转身,骑牛远去,看上去真像神仙。

《论语》:"人能弘道,非道弘人。"也许老子在云端听到了,不置可否。后期海德格尔认为,不是人说着语言,而是语言道说人。"我们要倾听诗人的言说",诗人们是游走八方的神秘先知,能够倾听大地的诉说,追怀诸神的隐遁。

天道有常,人事无常。孔夫子的眼睛有时也要望天,说:"天何言哉?四时行焉,百物生焉,天何言哉?"天不说话,风雨雷有声。

孔夫子倾尽全身的力量瞄准仁义道德,他必须这么做。

天道有老聃,人道须孔丘。

《论语·宪问》:"南宫适问于孔子曰:'羿善射,奡荡舟,俱不得其死然。禹稷躬稼而有天下。'夫子不答。南宫适出,子曰:君子哉若人!尚德哉若人!"

李译:"南宫适问孔子说:'羿擅长射箭,奡力大可翻船,都没得好死,夏禹和后稷亲身耕种,却得了天下。'孔子没有回答。南宫适出去后,孔子说:'这个人真是君子啊,这个人真是尊重德行呀。'"

《论语今读》引用康有为注:"盖德与力,自古分疆,而有力者终不如有德。嬴政、亚历山大、成吉思汗、拿破仑之闻,必不如孔子及佛与耶稣也,此为万古德力之判案也。"

康有为试图将道德置于武力之上,其心可嘉也,书生之论焉。我们需要孔子、佛陀或耶稣,正是由于"力"的强势。权力,武力,词语的力量与之战个平手,达到均衡就不错了。

老子抬眼一万年,孔子举目亦悠远。

老子飘飘然"弃圣绝智",返璞归真,孔子的大手抓仁义礼智信。二者相反而相成。

《论语》:"子曰:众恶之,必察焉。众好之,必察焉。"

李译:"大家都厌恶他,一定要考察。大家都喜欢他,一定要考察。"

《论语》:"乡原,德之贼也。"乡原一词,锁定了是非模糊者。

孔子的眼光真厉害,一眼看透好好先生。夫子与人为善,却不是和事佬,远远不是。大家都喜欢的人多半有问题,是个不讲原则的骑墙派,是个八面玲珑的面团人,于是要考察。

德有刺,生活有是非,工作有斗争,学术有争论。

好好先生是个"两可":这也可那也可。是非观模糊的背后,肯定是利益图清晰。这种乡原人,孔子斥为德之贼。然而,生活中两可之辈何其多也,耿介正直者,常常是少数,他们不讨人喜欢是常态,受乡原人的打压是常态。耿介者何以成为耿介者? 1. 遗传。2. 儿童期的微波辐射。3. 环境。乡原人何以成为乡原人?也是这三条,只不过环境的影响要排在前面。

利孔百出之时,耿介者有吃不完的亏。生存的压力迫使人们竞相丢掉个性。乡原人成群结队也是没办法。乡原人扎堆了,谁来道德评判?道德本身会产生微妙的变化。利益图清晰,是非观一定模糊。弱势者不得不模糊。强势者制造模糊。

孔夫子七十年不模糊,得以迈向澄明之境。利益万古纠缠,词语指向仁义。仁义作引领,便有好光景,家庭的好光景,族群的好光景。粘合剂多于利益链条,便有社会的好光景。

"邦无道则愚",把自己隐藏起来。惹急了,乘桴浮于海。桴:木排。"危邦不入",危墙不过。孔夫子战战兢兢如履薄冰。谁要追杀他,他一定跑得比兔子还快,跑到安全的地方又开始他的豪言壮语。细想他那副狼狈相,笔者忍不住大笑。

大无畏又一生谨慎,遇事挺身而出,又能缩头缩脑,都是孔夫子。

《论语》:"子曰:奢则不孙,俭则固。与其不孙也,宁固。"

李译:"孔子说:奢侈的人不谦逊,节俭的人固执。与其不谦逊,宁可固执。"

骄奢淫逸者的这副面孔,看来是个恒久现象。暴富之辈的不谦逊几为常态,为什么?暴富之家很难形成良好的家风。天大地大不如钱大。暴富与富败显然有内在的联系。

今之中国富人,不妨多悟孔夫子,减少败家子,朝着既富且贵的方向努力。

节俭的人往往固执。节俭者的一味节俭,导致性格渐渐固执起来。孔子遵从老子,大力倡导"俭",俭以养德,又指出节俭者易犯的毛病。北宋司马光节俭到了抠门儿的地步,固然为了养廉以表率天下,他做了宰相,却固执得令人头疼。气呼呼的苏东坡呼之为"司马牛"。

孔夫子洞察人性之幽微,《论语》一书,也是心理学的好教材。笔者观书时有领悟:比如,脾气怪的人往往心肠好;性格好的人多半有问题。为什么?感情的平均分配源于自私,自私又源于自保……凡此种种,先秦诸子已将华夏族的人性吃透。

古今生活世界,都在先秦思想家的引力圈中。

《论语》:"君子坦荡荡,小人长戚戚。"
小人为何长戚戚?盖因小人算计多。

《论语》:"子不语怪、力、乱、神。"
《论语》:"未知生,焉知死?"

孔夫子七十年绵历世事,读过一百二十多个诸侯国的国史《春秋》,对力与乱的顽固结合印象深刻。力之舞总是展开乱局。天体的碰撞、地壳的运动有道德因子吗?恐怕没有。霍金惊叹宇宙大爆炸以来宇宙的匀称布局,倾向于上帝的存在(参见《时间简史》)。孔夫子紧紧盯住人世间。"祭如在,祭神如神在",自幼摆弄祭器的孔丘说出这种话,令人钦佩。"日日新",每天都在否定自己以谋求超越。

孔夫子敬鬼神而远之,李泽厚《论语今读》对此津津乐道,再三说他的"一个世界"。失掉彼岸,此岸焉附?人不去问天道,人道将从自身脱落。当价值理性退为工具理性,庸俗实用主义就会粉墨登场。现实会产生位移。现实收缩到眼皮子底下,例如:笔者熟悉的很多人,所谓生活早已收缩到两张桌上:酒桌加牌桌。两三个瘾头打发了几十年。

"一个世界"带来的动态性收缩,长居美国的李泽厚教授思未深也。孔夫子尚且强调"祭如在,神如在"。神若不在,人在何处?

对屈原来说,千年楚国的神鬼巫实实在在。神性,诗意,笼罩荆楚大地。

弟子们追问死亡,孔夫子回避。回避的原因尚不清楚。也许,因为他一直忙于打量"生"的领域。人的死亡意识几乎与生俱来,西方谚语有云:人一生下来,就足以老到去死。人是每一秒钟都经历着小死亡,头屑的散落看上去像死亡的舞蹈。死亡是西方哲学家的永恒主题,波及文学、艺术和日常生活,建立了普通人的宝贵的悲剧意识,危机意识。

人生的所有规划都是生命的长度给出的。预期寿命两百年,规划要推倒重来。向死而生,先行到死而反观生存,才能充分领悟短暂者(人)之为短暂者,渺小者(人)之为渺小者。

一切狂妄自大者,都是死亡意识不够充分的人。很有些商界、娱乐圈的大佬语气,听上去像个不死者。愚不可及也。

苏轼讲得好:"哀吾生之须臾,羡长江之无穷。"

宇宙无限,时间无穷,短暂者有限活动于其间,既知人的伟大,更知人的渺小,懂得(!)人在宇宙中永远的微不足道。建立这一意识,肯定比不建立要好。否则,宇宙式的狂妄要发生。西哲乔万尼奥里云:"只有最深刻的悲观主义者才能乐观。"这话反衬廉价的乐观主义。

时间意识,死亡意识,乃是孔子学说的短板。孔子看不见这个短板。钱穆称赞孔子避开死亡追问的"当下用力",盖不知先行到死为何物也。"当下",如何才是当下?当下这一时间维度从何而来?未来才是决定性的。研究儒学的人不妨读一点西哲。李泽厚希望儒学第四期能融入马克思、海德格尔的理论(参见《论语今读》)。

孔子系于人道的乐观主义,不是廉价的乐观主义,他的大拒绝姿态倒是凸显了悲剧精神。

"不知死,焉知生?"这是西方人的老生常谈。弗洛伊德同时展开生本能和死本能的研究。中国自庄子、屈子、李贺、蒲松龄、曹雪芹到鲁迅先生,都迎着死亡强劲思考。庄子抱着骷髅睡在茫茫旷野,盯着浩瀚星空发愣。鲁迅喜欢在坟前照相,把照片发表给人看。

中外艺术家们,天生亲近死亡。

孔夫子五十五岁伤心去鲁,七十岁归鲁,杏坛在望,百感交集。理想主义的大脑袋硬骨头,碰得头破血流,淬得如钢似铁。《论语·公冶长》:"子在陈,曰:归与!归与!吾党之小子狂简,斐然成章,不知所以裁之。"

李译:"孔子在陈国,说:回去吧!回去吧!我家乡这批学生有志向,有能力,有条理,有文采,我真不知道该如何剪裁培育哩。"

《朱注》:"夫子初心,欲行其道于天下,至是(至此)而知其终不用也。"

孔夫子颠沛传道十几年,困于陈,厄于蔡,终于发现道不行,传道难于上青天,对弟子们大喊:归去吧!归去吧!

大犬带领一群小犬,似乎一个都不少。颜回走丢了几天,弟子们把颜回找回来。孔子说:还以为你死了呢。颜回答:老师尚在人世,弟子不敢死。

孔子归鲁的第二年,颜回死了,享年四十一。"子哭之恸",孔子哭得非常厉害,哭曰:"天丧予!天丧予!"孔鲤之丧也未曾让他如此伤心,弟子们皆子孙辈矣,四海之内皆兄弟。

又过一年,勇猛的子路死于卫国,在被敌人乱刀砍死之前,犹端坐,微笑着正衣冠。三年,孔夫子的三块心头肉被活活割去。人死也就罢了,更可哀的是:道之不显。

杏坛上须眉尽白的孔夫子,发出从未有过的哀叹:"吾道穷矣!"

接下来的日子怎么过下去?这是普通人的问题,不是孔夫子的问题。身体是奔波坏了,连年伤逝,伤心伤肝不已,但夫子的意志力仍平稳运行。何以如此?还是要追溯到早年捶打出来的韧性。"千磨万击还坚劲",咬定周礼不放松。笔者忍不住要去细想暮年孔子的情与貌,那饱满度,那松散度,那自由度。思维不固化,情绪不偏执,生存不板结。

正乐,删《诗》,学《易》,著《春秋》……硕大而坚硬的脑袋,依然每日高速运转。散步时,却对乡邻开玩笑说:"老而不死是为贼矣。"孔夫子浑身上下布满了幽默感。

不能匡时救世,且做后世帝王师。天道不可知,尽人事而已。

《孟子》:"孔子成《春秋》,而乱臣贼子惧。"词语的力量焉能小视?

词语捕获历史的张力,瞄准人间正能量。乱世之乱,抛出治世之辉煌。大多数人的力量可能敌不过强势者,但君子与君子联合起来,组成道义军团,抗衡利益联盟,总会出现一些历史的好时光。孟子在孔子的基础上发出历史性呼唤:"民为贵,社稷次之,君为轻。"

过了一千五百年,范仲淹的一句话,为北宋士大夫奠定为官的基调:"先天下之忧而忧,后天下之乐而乐。"严格意义上的美政出现在北宋,不是偶然的。响应范仲淹的官员蔚为大观,从朝廷重臣到州县小官。治国就是治吏。北宋值得研究。苏轼私信曰:"吾侪虽老且穷,而道理贯心肝,忠义填骨髓……遇事有可尊主泽民者,便忘躯为之。祸福得丧,付与造物。"

苏子这番话,听上去像孔子语气。

《孟子》:"世衰道微,邪说暴行有作,臣弑其君者有之,子弑其父者有之。孔子惧,作《春秋》。《春秋》,天子之事也,是故孔子曰:知我者,其惟《春秋》乎,罪我者,其惟《春秋》乎。"暮年孔夫子连鲁国的臣子都不是,却动用史笔写周天子之事。这不合礼制,但他必须做。时间不多了。民间的知识分子要亮出民间的立场,希望有朝一日影响庙堂。

孔子学《易》,"韦编三绝"。孔子正乐,从源头上去掉郑声一类的坏东西。"子曰:不学《诗》,无以言。"

"子曰:小子何莫学夫诗,诗,可以兴,可以观,可以群,可以怨。迩之事父,远之事君;多识于鸟兽草木之名。"《朱注》:"学诗之法,此章尽之。"

李译:"孔子说:年轻人为什么不学习《诗经》?诗可以启发思想,可以观察事物,可以会合群体,可以表达哀怨。近用来事奉父亲,远用来事奉国君,还可以认识和记忆许多动物和植物的名称。"

眼下,古典诗词大量进入课本,真是令人欣慰。

杏坛孔夫子垂垂老矣,疾病缠身而手不释卷。夜沉沉旷野漆黑,唯见夫子双目如灯。

孔子以回思周公、回行周礼的方式踏响未来。

鲁哀公十六年,公元前479年,孔子卒于曲阜,享年七十三岁。

《史记·儒林列传》:"自孔子卒后,七十子之徒散游诸侯。大者为师傅卿相,小者友教士大夫,或隐而不见。"

司马迁曰:"余读孔氏书,想见其为人。"

作为个体的中国人要修炼到孔夫子的境界,难于上青天。"七十而从心所欲不逾矩。"从什么欲呢?心之欲为何物?孔子如高僧一般化解了肉身的欲望,迈向澄明欣悦之境。这是一个谜。携带了生活中的全部矛盾与遮蔽,却朝着化境。

颜回叹曰:"仰之弥高,钻之弥坚。瞻之在前,忽焉在后。夫子循循然善诱人,博我以文,约我以礼。"对中国人来说,老、庄、孔、孟这一类显现于数千年历史张力中的高峰,只会越望越高。一个巨大的文化符号要管一万年。

《孟子》:"子贡问于孔子曰:夫子圣矣乎?孔子曰:圣则吾不能,我学不厌而教不倦也。子贡曰:学不厌,智也。教不倦,仁也。仁且智,夫子既圣矣。"

《论语》:"子曰:十室之邑,必有忠信如丘者焉,不如丘之好学也。"

《论语》:"知之者不如好之者,好之者不如乐之者。"

自然赋予的身体的潜力,文明赋予的精神的潜力,今之国人,深思才好。

2017 年 10 月 12 日　改于四川眉山之忘言斋
2018 年元旦　　　　再改

庄　子

（战国　约公元前369—前286）

无论居家还是远游，庄周都能抵达游的本质和最佳状态。这就无所不游其极了。庄子的逍遥，击中了古今绝大多数人的不逍遥，所以他合该流芳千古，矗立于东方文明的核心，对等映照西方大哲。"乘物以游心"，讲得多好。"得至美而游乎至乐"，可惜庄子享受的至美至乐，我们这些人享受不到。庄子能看见无，而拥有这般慧眼的人寥若晨星。

庄子

马丁·海德格尔断言：西方思想从来没有让一朵鲜花绽放。而东方的鲜花两千多年漫山遍野。庄子的出神之思阻断了对象化思维，避免了主客体二元分离。无穷无尽的审美冲动使鲜花持续绽放，审美者恨不得变身为任何一朵花。

中国式审美的源头在此。

齐物，逍遥，古今多少人向往这一生存境界。齐生死，齐荣辱，乃得身心大自由。这太难了。庄子的境界几乎不可企及，他的永久性灵动逼近了神仙。没有生存的朝向，没有年龄的特征，一辈子保持生命如婴幼儿般的新鲜感。这是神的日常生活吧？凡间俗子怎么可能？意识的固化，生存的板结，虽古之大贤亦不免。自称老子学生的庄周是个例外。活得不沾，不滞，不固，"毋我"，孔子庶几能做七分，庄周能做九分，陶渊明能做八分。李太白苏东坡，五六分而已。窃以为，悟得生存的大自由，庄周先生是万年标杆。

肉身庄周要吃饭，要养家，大自由从何而来？本文尝试作一解。

庄子大约生于公元前369年，活了八十四岁，归于故乡尘土，葬于哲学符号般的歪脖子古树下。孔子晚年殇独子孔鲤，失去爱徒子路、颜回，又奔波操劳，享年七十三岁。老子飘飘欲仙，活了一百多岁。这三个人决定性地影响了中华民族，并且长寿。他们生命的长度和异乎寻常的饱满度，对后世知识精英乃至普通人的吸附力不可估量。

青年庄周做宋国蒙邑（河南商丘）的漆园小吏，当时漆器流行于周天下,漆树是官府最大的摇钱树,漆园由官方派人管理。漆园吏这样的肥缺,居然落到庄周的头上。我猜想是因为他读书多,又能口若悬河。"劳心者治人,劳力者治于人。"

司马迁《史记》说,庄周的学问"无所不窥"。《左传》:"天子失官,学在四夷。"西周学在官,东周学在野。思想的种子赢得了广袤沃土,到处都在生根开花。思想以自身为根据,思想生发更多的思想。思想的特征是原地打转,一竿子插向地心或指向宇宙。

思想所到之处,生活扑面而来。

古希腊哲学家苏格拉底也要吃饭,并且怕老婆。庄周善于哄老婆。漆园里"偶寄一微官",看上去悬挂于漆树的树杈,翻竹简哗哗响。庄周带可观的薪水回家,老婆田氏喜滋滋,笑曰:庄周啊,上班可别迟到哟。漆园来了上级领导,你要好言好语好颜色呀。

庄周掀帘子进书房,一面机械应声:不迟到,好颜色。

此间的庄周还住在蒙邑的富人区。他属于没落贵族,盖与孔子同。家里有大量藏书。

次日去上班,庄周追蝴蝶追进了乱坟堆。蝴蝶飞呀飞,围绕乱骨间的三色小花,庄周看入迷了,挪不动脚了。苏格拉底去当兵,长途行军的路上灵魂出窍,哲思忽然来自四面八方,队伍走出百十里,他还站在那儿,站成了一根木桩,"立尽斜阳"。又有一回,苏格拉底掉到枯井里去了,身体的下坠与思绪的上升同时生发,妙不可言。据说在井里想了一夜。

古希腊的柏拉图、苏格拉底、亚里士多德,奠定了西方文明的基础。哲学是万树之根,是一切自然科学和社会科学之母。

乱坟堆里的庄周想:蝴蝶轻盈啊,曼妙啊,蝴蝶到处飞,也不用去上班。

蝴蝶不上班,庄周要上班。这位哲学青年嘀嘀咕咕,转身抬腿时,脚被一根二尺长的优雅腿骨绊倒,差一点跌个嘴啃泥,嘴唇挨了骷髅的头盖骨,恰好也吻在了那里。一种甜蜜的发麻的感觉,迅速流布庄周的全身,哈哈,漂亮女人的艳骨!

刹那间闪过的直觉靠谱吗?比较靠谱。

二十来岁的庄周先生,钻坟包包老有经验了,对阳光下的男女骨头兴味盎然,对飘出棺材缝的发丝总是看不够,对啃尸蚁抱着一种复杂的观赏心情。"南山何其悲,鬼雨洒空草。"庄周的小时候,淋鬼雨却享受,追鬼火半夜三更。旷野里孤零零的一个男孩儿,每当爹娘找不到他的时候,家里的老仆就会说:兴许公子去了屋后的坟堆堆。

坟堆堆是个新鲜事物,起于百年前的孔夫子。孔子埋父,垒坟四尺。孔子去世,他的墓地被子贡和子思(孔子孙)弄得很大,于是,齐鲁贵族竞相刮起了厚葬风,小民细民也跟风。坟包包从北方垒到南方,从平原堆向山脉,从黄河流域延伸到长江流域。以前的殡葬风俗"不封不树",不显眼,如今,大大小小的坟头散见于树林子,豪华或简陋的坟茔开满了各色花。开门见墓园,推窗迎鬼风,仰头观鬼云,熄灯见鬼影。

走亲戚,串门子,往往穿过"三里三百墩","九里一千墩",死者与"终有一死者"(海氏术语)近在咫尺。死亡很亲切啊,床头窗边可以招魂,可以追忆,可以遐想。

儿童庄周始近坟,少年庄周已经熟悉了一百墩,此间的青年庄周想:普天之下,率土之滨,耸起于地面的万千坟冢呀,真是美如画!

中国式的墓园靠近家园,两千五百多年不变,称冠于全世界。精心造墓园,不分贵与贱。房前屋后别呈景观,天文数字般的死亡意绪衍生的鬼故事,恐怕连鬼都数不清。

华夏地域的巨大差异,生长人的差异、风俗饮食的差异、鬼神幽灵的差异。

阳世,阴间,总是纠缠不清,阴阳恒久交流,一万年蓬蓬勃勃。

不过,随着春秋末年坟冢的高出于地面,盗墓者多起来。"奸尸汉"层出不穷。有些个盗墓汉子,兼搞伏艳尸的勾当,或是原本光棍一根,或是倾慕艳尸生前的艳姿太久,"美人如花隔云端"(李白),阳世与她做不成夫妻,在幽幽暗暗的墓穴中也要快活几回……

庄周盘腿坐于乱坟堆,轻抚那根二尺长的大腿艳骨,目注鲜艳的野花与轻盈蝴蝶,不觉呆定。"绝艳易凋,连城易脆。"(李煜)。生与死,交织为旷野的一股回旋风。艳阳高高照,大地永远生机勃勃。即使在肃杀之秋,枯草衰杨也埋下了又一个春天。

死神直接携手美神,凌空而下。

茫茫原野上的交响曲迷死人哪。少年庄周就躺过棺材了,想象自己的四肢百骸正在腐烂,虫子万万千,吞吃庄周肉,棺椁中那密密麻麻的小嘴巴,大快朵颐。

同一时期的苏格拉底在万里之外说:"哲学就是预习死亡。"

现代法国大诗人瓦雷里写《海滨墓园》。弗洛伊德研究"死本能"。海德格尔影响全球已近百年的《存在与时间》,将"向死的存在"列为专章。

笔者十六七岁时,一觉醒来伸懒腰,脑子空空如也,刹那间袭来的第一个念头,却是想到举向空中的两条手臂,终有一天要变成灰。灰如烟,飘向有紫罗兰的窗台,飘向窗台下的黄码石井台……念头来自何处,我是搞不清的,早晨在床上,连日闪念若干回。

早晨醒来的几秒钟,大脑能自动清空么?能直抵灵魂么?能观乎本真性生存么?

萨特的好友尼赞,二十岁就忧心忡忡,每天走过香榭丽舍大街,那副愁眉苦脸的模样,俨然奔赴死亡:未来的五十年,袭击尼赞的当下。他恨不得抓住所有的美妙之物。

萨特讲,巴黎的超现实主义诗人们,把死亡通知书贴满了房间。

人生百年,每一秒钟都在死去。先行到死而反观生存,西方人要智慧一些。

"四月是最残忍的季节,荒地上开满了丁香花。"艾略特《荒原》的名句我一再引用。鲜花的怒放撩拨记忆,又直指衰败。原野撩人哪。艳阳下的思绪情绪如歌如酒,雨雪天、雷雨天亦复如是。黑云压千里,枯草铺天际,倒是一回回激动人心。人类祖先的野性基因作祟吧?荒凉美叫人沉醉,荒凉美的基础性因子,来自数百万年前吗?

"枯藤老树昏鸦,小桥流水人家,古道西风瘦马。"(马致远)

旷野深处,最宜思庄周。

庄周去漆园上班的途中迷上了死人骨头,盯上了几朵芳香野花,跟死亡和美艳如此亲近。思接孔夫子,巡视坟包包,一念未已再生一念,追赶那些个昼伏夜出的盗墓者,摸摸自己麻酥酥的嘴唇。又来了。这叫作思绪与情绪的双重饱满(自然科学家思绪饱满,而情绪未必饱满）。庄周叹曰：心与智乐陶陶兮，居然在此地，居然在坟地！

庄周立地要生根。大半天一晃而过，错把燃烧的晚霞当朝霞。

这个男人迷瞪瞪朝着晚霞走，走到薄暮时分才发现不对头。空气中隐约有黄昏的气息，于是掉头回家，把漆园抛在脑后。这是第几回了？懒得算。旷工一天，扣米一石。扣就扣吧，全家人少吃几碗干饭罢了。庄周在这方面想不远的，只因思绪往别处飘得太远，思绪天天都在自动飘。暮色四合了，星空灿烂了，庄周再次穿过乱坟堆，复迷那低空飘忽不定的鬼火，摸摸那双唇熟悉的艳骷髅，寻思：以后再来好好搂她一搂。

要珍重美妙啊，要尊重造物主。月光下孤单单的艳骷髅，幽幽诉说着她的往日娇艳……"还有我久欲一尝的红唇，还有那轻盈紧束的腰身。"西方诗人唱这个。"燃情的美目啊，惹火的酥胸啊，今何在？今何在？"东晋书法家王羲之《兰亭集序》："向之所欣，俯仰之间，已为陈迹，犹不能不以之兴怀……死生亦大矣，岂不痛哉！"

英国诗人莎士比亚，写哈姆雷特王子走进墓穴，手拿叔叔的枯骨下巴，大发感慨：叔叔，你的两片灵动嘴唇，当年是多么幽默啊！

妙语连珠的下巴。

庄周回到家，老婆侦察他。闻他身上的漆树气味儿超淡，杂树杂花的气味儿蛮多，依稀还有乱坟岗人骨头的特殊气味。于是，田氏"眉立"，贤妇欲作悍妇吼。忍庄周不是一天两天了，忍得他水滴！夫妻之间，往往不是东风压西风，就是西风压东风，"一微尘内斗英雄"（白居易）。田氏紧握一双粉拳，暗暗发誓，今日要把庄周处理成"小鲜肉"，一锤定音，把他搞成听用，"答应"（宫女的某个职称），软耳朵，退退虫，跟屁虫！

田氏叉腰喊：庄周，我今天偏要惹你一惹！

庄周轻言细语：惹吧，反正惹不死。

田氏抵近丈夫的鼻头问：今日在漆园干了些啥？

庄周答：躺树杈看书啊，太阳照着暖洋洋。

田氏纤手一挥：蒙我！你钻了一天的坟堆堆，野花野草味，人骨头味！

庄周笑了：你我都是人骨头嘛，阴阳骨头相混，气味儿比较浓郁。

田氏再挥玉手：我说的是死人骨头！

庄周微笑着凑近老婆的鼻息：你仔细闻闻，死人骨头还是活人骨头。

田氏细闻庄周，目光转狐疑了，她闻到的分明是活人骨头。气味儿变了吗？依稀还有点特殊的骨头味……庄周轻挨老婆柔软的红唇，惹她微颤、越发入了迷宫，身体要去主宰大脑。家里的小狗丁当直愣愣望着她，她又望庄周，丁当与她，梯次弄不懂。每日里她柴米油盐酱与酒，弄不懂那些堆成山的文字竹片片。厨房与书房，似乎隔了千百里。但是，有一点她相当明确：庄周要保住漆园吏的位置。这可是一家子的吃饭底线！

清早，庄周又去上班，田氏猫腰猫步跟踪了一段路，掠过了那个乱坟堆，目送丈夫进漆园，然后放心地转身往回走，绕开那些黏人的乱骨头。一副怪秀气的骷髅架似乎冲她笑了笑，闪出她当年的红唇玉齿，"巧笑倩兮"，"一笑倾人城"。田氏叹气：唉，嫁鸡随鸡嫁狗随狗，丈夫啥都好，就是爱钻坟洞洞，爱追鬼火，让她这个正常女人也熟悉了新坟旧冢，识得许多骨头，想听死人的缠绵故事，还鬼使神差爱上了坟头小花。"恨血千年土中碧。"逝者生前有多大的恨啊？千年血作土花（青苔）碧。

"鬼灯如漆点松花。"好像鬼的世界到处都是灯与花。

新坟旧冢散发的气味是不同的，人骨头也如是。二十年的骨头跟五十年的骨头，气味以及颜色的差异，比较明显，它们反射阳光，吸纳月光，招呼缤纷的花朵。

1970年代的川西坝子（成都平原），杂花纷披的古老坟地随处可见，城里的男孩子们钻进钻出是常态。小女生远远地瞧，她们又害怕，又不肯走开。

清瘦的漆园吏庄周，越过墓园进漆园了，熟悉的"工作气味"扑面而来，树皮，树叶，树汁，割漆的刀子，装漆的袋子，工人们喝水盛饭的陶罐子。清新的风刮来一张张友好的脸，预示着美好幸福的又一天。庄周先生最喜欢百工了，总爱凑近各种各样的匠人，木匠，石匠，铜匠，金

庄子

匠,漆匠,改匠,皮匠,篾匠,鞋匠,花匠,泥水匠,捣药匠,剃头匠,杀猪匠,卖油匠,解牛匠,风筝匠,花圈匠,棺材匠……

北宋学者汪洙说:万般皆下品,唯有读书高。

庄周先生只是高高地吊在树上,随风摇晃,看书噼啪响,绳子断了,竹简掉到树根隆起的根系,《道德经》《黄帝内经》《易经》《诗经》《齐谐记》(一本专讲齐国鬼怪的书),工人们拾了竹简抛上树去。树杈间的手和地上的手,日复一日玩儿似的。

上班时间有杂耍。

庄周先生吟诵诗篇,得意忘形,忍不住手之蹈之,不留神从高空垂直掉下来,业余习武的汉子眼疾手快,这个"鲤鱼打挺",那个"旱地拔葱",腾空五尺接先生。

庄周眯眼思考,看上去像睡觉。文字把思绪弹向万里碧空,文字又把思绪收缩成盈盈一握的鲛绡帐。文字太神奇了,难怪仓颉造字,能使十万夜鬼同声哭。

思绪与情绪的双重饱满,年复一年须臾不断。哈哈!

庄子在树上仰面大笑,工人们习以为常地跟着笑,嗬嗬嗬,嘿嘿嘿,哈哈哈,嘎嘎嘎,哇哇哇,嗒嗒嗒。工人们各笑各的。不同的笑声,相同的欢乐,脸花儿纷纷绽放。那些个不乐的"垮脸",一定是来漆园督察监工的领导。

庄周先生睡着了,看上去像眯眼思考,侧身,鼾声均匀。长长的书卷"哗"地垂下,宛若一条青黑双色扁平蛇。年轻的思想者做啥梦呢?

笔者五六岁开始爬树看书,从线描连环画到一本又一本的厚字书,躺在三米多高的柚子树杈,连月磨来磨去,磨出来的位置比床还舒服。枝丫有弹性,能旋转身位,腰臀恰好卡住,哦,春日里看书看书看书,疲倦了,美美地打呵欠,爽爽地入梦去也。《红岩》《红字》或《红楼梦》掉到有土花的泥草地上。凭它东风乱翻书。忽然醒了,那弥漫四周的柚子花香,携同小蜜蜂的嗡嗡嗡,携同枝叶间的鸟唱、蝶舞、虫子飞,混淆了梦境,逼近了仙境,旁涉了魔境。四月的柚子花香是要浸入骨髓的,是要萦绕灵魂的。

就是这一类场景,百年消不尽。百年如昨。每一秒钟都像悬挂树叶的晶莹露珠。小学,中学,我一半的课外书是在柚子树上看完的。那枝丫胜过全世界的席梦思。

汉语艺术有着极强的弹射功能,把意绪弹向高空。意绪的散落又飞珠溅玉。文字敞开世界,电脑收缩世界。

电脑向何处收缩?电脑向瘾头收缩。

制造瘾头的电脑掌控人脑,很可能是眼下最大的异化。数以亿计的生命宅着,而窗外的虫鸟天天在飞,连蚊子都在黄昏滑翔,连丁丁雀儿(小鸟)都在欢呼新的清晨。

网络瘾头恰似乌贼的吸盘。互联网的循环刺激使人麻木,木然于活生生的户外世界。

整天宅着,摸来摸去地活着,摸向何处呢?摸向瘾头。试问:那个最后的瘾头是什么?宅于钢筋水泥互联网,断不符合(!)主命的本质。

实验证明,初生的婴儿无一例外喜欢到户外去。

活着要像撵山狗,焉能变成圈养鸡?

天上都是脚板印,触屏满是手指印,两种生命形态,何止相差十万八千里。

迷途者归来吧。悟得圣贤两三家,胜做网虫一亿年。

庄周做漆园吏的时间可能不长,几百个工作日。疏于管理也就罢了,他还早退,迟到,旷工。领导批评他,他唯唯诺诺,却三番五次当成耳边风。漆园俨然成为庄周的别样书房,他不止吊在一棵漆树上,摇晃,运思,吟哦,打瞌睡,到梦中去请教老子先生。

领导慢慢出现在庄周的梦外,庄周醒了,脑子里还装着老子。

领导的白面孔显得奇怪。领导说:庄周,上班时间很享受啊。

庄周抱着树干梭下来,拍掉漆树皮,对领导赔笑脸。

领导含笑拍拍庄周的肩膀:待在家里更享受嘛。

领导似笑非笑,领导开口夹枪带棍。庄周盯着领导的白净面皮走神了,想:领导总是话里有话,领导一般脸中藏脸。领导之为领导,就是话里要有话,脸中要藏脸。

诗佛王维《漆园》:"偶寄一微官,婆娑数株树。"

王维称庄子"傲吏"。王维行走于长安庙堂,首创了"吏隐",映照李太白的"酒隐"。

庄周先生鹰一般的双目太有神,即使自敛神光一半,也看得那位领导有点发怵。区区一个不入品秩的微官,居然敢对顶头上司用这种眼光!工人们边干活边看热闹,一个个表情活泛,有些人互相挤眉弄眼,戏耍劳动工具。抓紧时间乐一回,劳动人民最能抓……领导终于吃不准庄周,心想:这个漆园的小吏有大背景么?有一张蒙邑的护官符么?他为什么敢盯我?他,居然敢!

这个领导转念又想:常言道,多一事不如少一事,日后再与他计较。

庄周目送领导的背影想:领导眼观六路,领导明哲保身,领导才一直是领导。

这是"前现象学式"的日常领悟。古今皆然。

领导曾以为庄周是个管理人才,管理就要讲纪律。然而庄周不喜欢讲纪律。割漆的工人消极怠工他也懒得去管,只躺在吊床上晒太阳,伸脚丫,挠头皮。上级来检查,他虚与委蛇,编故事搪塞上级。城里的体面人他一概不深交,说是君子之交淡如水,小人之交甘若醴。看来,漆园不是他的交际平台,不构成利益链条,他不把别人、更不把自己处理成"人脉资源"。蒙城的官吏们一致认为:庄周是个怪物。这个怪物最大的特征,是"不"多而"要"少。举例来说,漆器和玉器、银器、铜器是可以交换的,打通几个渠道,层层巴结领导,弄出一条暗接多方的利益链条,皆大欢喜,额手称庆。

可是,怪物庄周对这些摆在明处的好事听而不闻,视而不见。

官员对官员说:庄周脑子有毛病。

庄周的辩友惠施常到漆园来,找他辩论各种各样的抽象问题。官吏偷听,奈何听不懂。太阳下山了,工人下班了,庄子与惠施还在辩论,点燃公家的烛火夜辩。

有一次,这位漆园吏想出了新问题,一拍脑门子,"载欣载奔",直奔二十里外的惠施家,把本职工作忘到爪哇国去,激辩三天三夜,黑咕隆咚摸黑辩。上级忍无可忍了,查实了庄周并无背景,立即现场开会,宣布庄周是个傲吏,把他开除。漆园吏的肥缺,给了能讲纪律又善于巴结的"吮痈舐痔"者。

庄周的脑子有点炸了。那些风中摇曳的漆树,头一回像摇钱树……玩思百家者,原来并不是一个玩世者。不玩世,却把好工作玩丢了。

被开除的那一天正值春暖花开,哲学青年心里郁闷,盯一只轻盈的蝴蝶盯半天,发现了自己的肉身沉重:说话的嘴巴原来要吃饭。失业了咋吃饭?全家人如何填饱肚子?

一路上他心里堵得慌。回头再看空中翩飞的蝴蝶,觉得有些异样。回家时,庄周还在想蝴蝶的轻盈,发现自己的肉身不那么沉重了。

嘀,这是咋回事儿?"我"与"物"能互相转换么?心境能改变处境么?问题忽然来得比较多,何以如此?庄周做不成晒太阳拿俸禄的漆园吏了,失业丢饭碗,受刺激,脑子自然比平时转得更快。古代的大贤是不是都这样?逆境中方能修炼真身?孔夫子临盆奇丑,差点被老父叔梁纥扔进粪坑,夫子几岁就做了放羊娃,小小年纪咬牙发愤……

庄周抬头想低头想,一头撞在自家的门框上。

自家揉揉包包散,喃喃:撞死算了!

思想家回家了,耷拉着脑袋瓜。妻子田氏柳眉倒竖,宣称要绝食,儿女们不知所措。左邻右舍奔走相告传新闻……为了维持家里的生计,思想家学编草鞋,大半天练就编草鞋的技术,三天三夜不眠,"目如射",精于此道,能用谷草麦草野草编织很多东西,包括草美人、草仲虺、草虫子、草首饰、草玩具、草骷髅。漆园的肥差丢掉了,庄周先生摇身一变成了编鞋匠,妻子先是埋怨他,继而躲在门后观察他,慢慢地笑脸表扬他,夸他熬夜干活,夸他的双手双脚够灵巧,夸他终于懂得了生活,从此务实不务虚。

家里清静了,雕门后监工的那双眼睛不见了,庄子继续想那些抽象的问题,手上的活儿慢了下来。田氏忽从不知何处跳将过来,纤手挥作利掌,声声数落他,他便加紧干活。夫妻以这种民间常见的方式配合默契。庄子善于雄辩,但从来不跟妻子吵架。

庄子从蒙城的富人区搬到穷人打堆的陋巷,田氏的好颜色又丢了,俏脸拉成垮脸。庄子有心理准备,连日哄老婆,哄出了几缕好颜色。赞美她貌比西施,夸奖她理家教子,鼓励她施展好口才推销草鞋,在她略露喜悦时又补上一句:前任几个漆园吏,巴结领导爬上去了,却另觅新欢,有了二房还寻思三房,狠心肠抛下了糟糠之妻……

田氏大悦,摸摸庄周的硬耳朵,决定让耳朵保持原样。

深夜里,庄周软语温存,温存未休,下床坐板凳干起活来。田氏嗔怪夫君,拥布衾,噘红唇,旋转水蛇腰……干活走神的庄周抬头瞥去一眼,把青春老婆瞥作艳骷髅。

陋巷穿草鞋的人多,以庄子的编织技术,草鞋自是供不应求。可是随着他脑子里的抽象物越来越多,产品的数量就下降,米缸子空了他才加班加点。逢了连日阴雨,穷人们惜鞋打赤脚,草鞋不好卖,庄子家里就断顿了。米缸子显现为空。庄周盯上了空。伸手去抓米,又抓了一个空。盯空,抓空,空空如也,空荡荡的米缸子却亮出了某种东西。

王维悟庄子:"空山新雨后,天气晚来秋。"苏轼悟庄子:"静故了群动,空故纳万境。"禅宗的静空概念与庄子不谋而合。

庄周断顿也有办法,打鸟钓鱼的本领高。他的桑木弹弓浸过三次桐油,光滑而漂亮。他在五十步之外穿叶射鸟,乡里小儿呼为神射,摸一摸他的神弓便惬意良久。

顺便提一句,小时候我的桑木弹弓浸过两次桐油,光滑、轻便、顺手,隔三十步穿叶射鸟,十打九中。看来此风在民间,一刮数千年。孔子讲六艺,包括玩弹弓。

穿叶射鸟啥意思呢?弹鸟的人只见树叶晃动,不见鸟,凭着经验与直觉精准定位,弹无虚发,石子穿叶嚓嚓嚓,随后只听"噗"的一声,鸟从枝叶间倒栽下来……

草鞋积压在草房子,庄周的妻子挨家挨户去推销。庄子脚底抹油溜进山去,十天半月不回家,弹弓打来的肥鸟烤了自吃,夜里住山洞,躺悬崖,睡树洞,盯着浩瀚的星空想老子,批孔子,想出了某些结果就仰天长啸。后来,汉晋唐宋千余年,隐士们纷纷以他为榜样。李白隐于长安的终南山,最爱居树洞。王羲之爬江西的三清山,号曰升山。

中国古代的名山古木,挂满了各种各样的隐士。

庄子临河垂钓,"斜风细雨不须归。"他善于独钓寒江雪,自编的斗笠蓑衣裹成了一个雪男人,白茫茫,思邈邈,情悄悄。海德格尔尝言:一切思考都会伴随着情绪。

庄子上山下河"想饱"了,老婆儿子的肚皮饿瘪了。

没办法,饿就饿吧。听老婆的变调数落吧。庄子练就了一种功夫:不想听的话他就听不见。陋巷的日子歪歪扭扭、吵吵嚷嚷地过着,庄子的思索悄然上升,渐入佳境。编草鞋的时光可能长达五十年,时有停顿,但从未中断,表明庄子看得见妻子脸上的菜色。

中国的文化先贤,很难找到一个完全不顾家的人,而西方不难寻。

有一天,庄子家的土墙缺口闪过一匹白马,于是他想到时间的流逝,百年只在须臾间,犹如白马过隙。又一天,庄子讨酒喝,喝得半醉,靠着油漆斑驳的庭柱打盹儿,醉眼蒙眬,再次细看蝴蝶的翩飞,看得自身无限轻盈,恍兮惚兮。他灵魂出窍,宛如一缕青烟,追蝴蝶去了。青烟与蝴蝶在三月的艳阳下互相缭绕,一个崭新的念头仿佛凌空掷下,比柴米油盐更要紧:是庄生梦蝶,还是蝶梦庄生呢?

人类的一个新境界诞生了:物我两忘。

蝴蝶的轻盈飞升卸掉生存之重,富有审美意象。审美不伤物,人与万物共舞。

康德:"美是无利害的愉悦。"

尼采:"艺术是生命的兴奋剂。"

弗洛伊德:"艺术是欲望的升华。"

肉身庄周的此刻,似乎无限逼近轻盈的蝴蝶,思绪翩飞绕蝴蝶。人与蝶互相绕。

念头能够把灵魂瞬间清空,念头能够把生活累积的经验击碎,重启,改变生存的朝向。比如一夜间从漆园吏变成草鞋匠。比如注重个体的西方人,八十岁还要改变活法。

换句话说,人,就是自由。"人是虚无的占位者。"(萨特),虚无就是自由。人是充满着各种可能性的人,存在是个动词。一件东西是其所是,一个人是其所不是。

固化,板结,遮蔽,人就活得像一件东西。

人不激发潜能,人就变成物,甚至不如物,不像某个东西。

年复一年宅着活,身心灵动最小化。这是人类历史上的大笑话,是从未有过的生存收缩。网络一代,很可能面临集体失忆:几乎没有个体生存的鲜活记忆。人人是他人。

上帝赐福于人,决不是(!)叫人宅于钢筋水泥互联网之中。

"人在天空之下,人在大地之上。"天空,意味着神性的悠远,大地隐藏着无穷奥秘,启示无限的生机。生命是要讲强度的,而生存要讲密度。孔子庄子墨子屈子的一天,胜过寻常人多少天呢?

今日化飞蝶,明日变游鱼……庄周为自己的"毋固"、"丧我",兴奋得手舞足蹈,破院子飞来了大群蝴蝶,碰他逗他惹他,飞入他浓密的油亮黑发,祝贺他的灵光闪现。

陋巷的邻居们相顾曰:漆园吏疯了!编鞋匠完蛋了!

惠施闻讯赶来,一看庄子的奇形怪状,便知情形有变:此人又悟道了。

惠施曰:庄周,你那扁脑袋又想出啥了?

庄周微微一笑,得意忘言。

陶潜诗云:"此中有真意,欲辨已忘言。"

人活着,总会伴随着某种哲思。以西方哲学的标准来衡量,中国历史上并没有严格意义上的哲学,当年法国哲学家德里达来中国讲过这类话,《存在与时间》的中译者陈嘉映教授加以推广。这个话题大,后面有机会再详谈。2004年德里达去世,法国总统希拉克赞美这位哲学巨人:"一生中不断地置疑人类文明的进程。"

庄子编草鞋想问题,年年都在无中生有,以虚无统摄实有,在"不"的领域纵横驰骋,奇思妙想迭出,凝固在至今常用的一系列词语中,超过了孔子孟子,笼罩着中国人的日常生活。中国人两千多年来简洁的自然观,透彻的生命观,庞大的审美体系,更多受惠于庄子而不是孔子。

老子云:"道法自然;天人合一。"

庄子以曲径通幽的方式,创造性地延伸了这条康庄大道。

庄子说:"物物,而不物于物。"此言深得老子思想的精髓,直指现代生活无处不在的异化。人要驾驭物质,而不是相反,被人造物所掌控、摆布。

我个人近年才直接读《庄子》,若干年来断断续续间接读他,悟他,一似他的断想,楔子般打入事物,原子般产生裂变。思维的内爆使事物疏松,让事物显现它的多样性。

对于创造性的历史人物,唯有创造性的思维方能与之对接。

思想的核心要素乃是生发思想。

不要得鱼忘筌,不要急功近利,不要因小失大,不要一叶障目,不要画地为牢,不要作茧自缚,不要邯郸学步,不要做坎井之蛙,不要穷奢极欲,不要"吮痈舐痔"得豪车,不要"一微尘内斗英雄",不要"利欲驱人万火牛"(陆游)……概言之:不要物于物,不要伤害自然,不要鼠目寸光,不要异化太甚。要学庖丁解牛,同时把握事物的局部和整体,游刃有余。为官者要懂一点无用之用,无为而为。要做那只享受轻盈的、充满可能性的蝴蝶,从美丽中来,到美丽中去。以审美意象观照生活,创造生活,享受生活,最大限度减少生存的板结与固化,解构李泽厚教授奉为圭臬的所谓实用理性。

现实之位移,生存的敞开或遮蔽,生命的洋溢或固化,李教授知否?知否?

庄子式的形形色色的"不",本身就是"要"。

庄子是孔子的对立面,也许类似反物质与物质。运动本身会构成它的反运动,二者的能量都难以测量。世界各地的孔子学院当考虑这一辩证关系,不能让孔子独大。

请看毛泽东的神来之笔:"鲲鹏展翅九万里,翻动扶摇羊角。背负青天朝下看,都是人间城郭……"庄子飞得再高也是面朝人间的,逍遥,乃是人间城郭之上的逍遥。

人类一切有效的哲思都关乎人的生存,抵达生活世界,维系生活之意蕴层。

意蕴层看不见。臭氧层也看不见,却对地球生物极端重要。哲学家们凭借直觉领悟到或猜想到的东西,先于科学家的实验室。只怕二者距离渐大。只怕西方强势者自近代以来的疯狂扩张,使星球的生态危机不可逆,使人类愈演愈烈的贫富悬殊不可逆。

据央视新闻,2015年6月,联合国秘书长潘基文强烈呼吁:"人类消耗自然资源的速度,远远超过地球可持续提供资源的速度,改变目前的消费模式刻不容缓。"另据央视新闻,2017年末,新任联合国秘书长古特雷斯,罕见地以新年致辞的方式,向全世界发出红色警报:核战争和气候变化正威胁着所有的人。

气候变化生死攸关。冰川退缩铁证如山。美国人却长期拒签《京都议定书》和世界文化多样性条约,又悍然退出一百二十多个国家共同签署的、应对气候变化的《巴黎协定》。

这让我想起当代德国头号哲学家哈贝马斯的指控:"美国让世界失掉了安全感。"

两千多年前的庄子沉思死亡,解构权力,追梦蝴蝶,洞察无形。一个哲学青年的鲲鹏展翅九万里,无限的美妙飞升,与命中注定的孤独的兴奋(!)共属一体。幸好有个惠施,否则,全城的目光将他锁定为疯子。抬眼十年,举目五年,二者已有明显的区别,何况这位庄周先生,抬眼不止五千年。二者之间会发生什么呢?如果众人只对有形的东西趋之若鹜,那么,生活的意蕴层将会持续受损,进而危及每个人的柴米油盐。

《品中国文人·苏东坡》:"我对苏东坡总的印象是,他能看见生活。"这话是说,苏东坡既能看见有形的柴米油盐,更能看见无形的价值体系。微观,宏观,均胜寻常之辈多矣,多矣。价值体系是纲,纲举目张。是生活的意义使生活成为生活。

马克斯·韦伯:"人类是悬挂在自己所编织的意义之网上的动物。"

田氏的意义是生计,她不要什么五千年,给她她也抱不动。庄周的意义是灵魂出窍,吃个半饱,然后一叶扁舟去逍遥。两个意义同在一个屋檐下。你说你的,我想我的。

庄周先生盘腿坐地靠板壁,搓绳子搓绳子,双腿夹紧绳子,闭眼哼哼不差分毫,睁眼却观书,目光如电。编草鞋织草帽熟能生巧,麦草谷草无名草变化无穷,犹如语言的镶合,犹如阴阳之互生,犹如元气的聚散。草鞋匠兼思想家看见了有形之物,更洞察了无形之气。他随口讲一句"至小无内",就给现代原子物理学出了一道大难题。

"玄之又玄,众妙之门。"庄子和老子一样不能被穷尽。一种永在当下的思想会是什么样的思想呢?2006年我写下这个句子,献给马丁·海德格尔的三十周年祭。海氏的父亲是木匠,他自己也善于摆弄钉锤锯子,著名的托特瑙山上的小木屋,是大师亲手建造,那是一块冲向全世界的思想高地,早已进入人类文明的传承。

海氏洞察事物之幽微的"在手性"、"上手性"概念,就是在钉锤的起落间悟出的。

劳心之俊杰往往善于劳力。一切科学,源于前科学的日常领悟。

那位总是穿着相同款式服装的德国女总理迈克尔,骄傲地对全世界说:"德国是哲学家与诗人的国度。"这是德意志民族的国家宣传语。

嵇康打铁,为何二十年都打不够?诸葛亮为何躬耕南阳而抱膝长吟?苏东坡为何植树、酿酒、种药材、造桥梁、造房子、造园林、做农具、修水利永不疲惫?《庄子》一书中,有触类旁通之答案。

庄子的一生,大部分时间缺钱,却是富可敌国的一个人物。——无数富豪加起来,也不及他一半逍遥。他以一己之逍遥,提升了人之为人的境界,大大影响了中华民族。

缺钱的男人能逍遥么?我们来细看。

少年庄周的好日子比少年孔丘多一些,青年时期走了下坡路,饭碗突然丢了,"傲吏"被开除了。哲学青年心惊肉跳两三天,鼻头直冒冷汗。他不大可能上午被开除,中午就逍遥起来,除非他是神仙。庄子从富人区搬到贫民窟的具体时间也不详。

顺便提一句,思想家的生平事迹不重要。严格意义上的思想者只对思想本身感兴趣。张汝伦教授的巨著《〈存在与时间〉释义》提供了一个中文范本。

庄子编草鞋解决生计问题。手上熟练了,技术到位了,"得心应手","神乎其技",脑子又开始想别的,仿佛安装了思绪的自动弹射器。

不是一天又一天,而是一年又一年。

田氏侦察他,寻思他,惹他斗他跟踪他,但总的说来对丈夫是满意的,嫁鸡总得随鸡嘛,何况庄周不是一只鸡。田氏每天都在咬牙想:庄周这个人不切实际!

田氏像手拿一件器物似的,把这个判断明明白白攥在她的掌心,犹如手握真理。庄子听她唠叨千百次,练成了听而不闻。心理不知不觉改变了生理。

老婆一旦翻动嘴唇,他就条件反射想别的。

庄周笑眯眯的眼睛,把老婆的俏脸处理成盲点。

中国古代的思想家几乎都要成家,处理家庭问题也比较得心应手。西方哲学家独身的不少。当尼采考虑结婚时,朋友写信苦苦劝他:千万别让天赐的哲学大脑羁绊于家庭。

"不切实际"的胡思乱想一般起于童年,大多数人受阻于少年,思维板结于青年,日子干巴巴重复于中年。——现代常见病有它古代的苗头。仔细观察儿童是非常有趣的,儿童的生存最少板结与固化,儿童是现实与幻想、主观与客观的混成态。儿童是庄子的近义词。

百亿分之一的人永远胡思乱想,以不切实际的方式切于一切实际。这个人就是庄子。

思维高蹈于现实之上,然后赢得现实。而杜威的实用主义让现实动态性(!)收缩。对屈原来说,神鬼巫是现实的。对二十世纪五十年代的中国人来说,理想是现实的。1955年,萨特携波伏娃访问中国,讲过一句很有意思的话:"中国最直接的现实就是未来。"

而我熟悉的很多四川人,这些年的现实早已收缩到一张牌桌上。金钱偷走了牌客的灵魂,不打牌就打瞌睡:瘾头催生一连串的丑呵欠。生存,简化为拿牌出牌两个动作。人与人碰到一起,三分钟不进入刺激状态就要散伙。所谓人的眼睛,只反射钱币之光。

零度观察五花八门的牌馆赌馆,倒是可以作一些人类学田野调查。

庄子编草鞋养家糊口,贫穷而逍遥。问题出来了:何谓贫穷?家里人有饭吃有衣穿,隔三岔五还有一点肉吃,不亦乐乎?鱼肉,鸟肉,山林中的若干野味。庄子家也有揭不开锅的时候,他堂而皇之找富人借粮,背走了半袋粮食,还把人家劈头盖脸教训一通。哲学青年背米回家,优哉游哉,穿陋巷,进蓬门,坐地编草鞋,哼唱自编的草鞋歌。

总之,只要有人买草鞋,活下去是有把握的。只是问题想得多,产量始终上不去。

当田氏嗔怨时,庄周说:你来编啊。

这个年轻的老把式,干手工活跟玩儿似的,玩草,玩绳子,玩动作的巧妙。陋巷的后生纷纷来取经,羡慕他的享受干活,歌咏草鞋,苦于达不到他的神乎其技。他也不收弟子,不做强做大,不搞连锁店,不生产高档草鞋。庄子家的桑枝门连个招牌都没有。

庄子活到八十几岁,明显超过富人的平均寿命,快乐指数与生存密度,更是富人的千百倍。有个同乡曹商,闯荡了世界荣归故里,金车玉马一百辆,从庄子的桑枝门和破瓮窗前过,鼻孔朝天,甩响鞭停下豪车,斜睨正在门边搓麻绳的庄周。

庄周笑了笑,当众道出曹商的致富秘密:"吮痈舐痔得车。"众人哄然大笑,一百辆豪车落荒而逃。陋巷中的瓦匠、漆匠、棺材匠、改木匠……纷纷说:吮痈舐痔得车啊?曹商舐谁的痔啊?吮谁的脓包啊?我不干我不干,不如把这手头的干净活儿来干。

干干净活,挣干净钱。

从古到今,挖空心思钻营、不择手段弄钱的人,都是不同形式的舐痔者。

劳工神圣。劳动光荣。

劳动者向来不乏幽默感,车间,地头,河边,山林,码头,脚手架上……

庄子三十多岁悟道后,开始雄赳赳周游列国,一袭破衣衫气宇轩昂,衣大布(粗布),用绳子捆绑破草鞋,见那些不可一世的国王,滔滔不绝,指手画脚,才大而气粗,布大而潇洒。他真不想当官,比一心想当官济世的孔圣人逍遥多了。他想干啥呢?首先是"往来一虚舟,聊从造物游。"(苏轼),其次,传播他的所思所悟所乐。

悟道多美妙啊,但是陋巷的独乐乐,终不如普天下的众乐乐。君王悟道,苍生有福。

传道士庄周朝朝暮暮在路上,一般不坐车,通常要骑马,骑青牛

（老子喜欢的坐骑）。独自面对无边的旷野,鲜花遍地或是枯草连天,黑云千里或是霞光万道。

沉醉啊,沉醉沉醉真沉醉。美国小说家格特鲁德·斯泰因:"一朵玫瑰是一朵玫瑰是一朵玫瑰。"

《庄子》有云:道在稊草。道在屎溺。道,能在瓦甓稊草,道就无处不在了。"无中生有""至小无内""大巧若拙""吹万不同""不齐之齐"……那是什么样的超人般的智慧啊?《庄子·庚桑楚》提到的"全人",庶几近于尼采讲的超人。

旧话重提:庄子没有年龄,八十岁就像七八岁,始终保持了生命的新鲜感;他是板结固化的反义词,是异化的天敌,是千篇一律的死对头,是生活遮蔽的最有力的解蔽者。

谁的目光足以穿透一万年?谁能看破一切又在乎一切?哦,这个男人名叫庄子。

有一天田氏吵吵嚷嚷,庄子闹罢工,去了河边的古槐下钓鱼,花正嫣红,柳正新绿,天蓝蓝,云悠悠,小鸟漫天舞,大小虫子满地爬。阳光射出的金箭穿过槐树的叶子。天地间一庄子,不饮酒而自陶醉。万物向他奔袭。哲思泉涌……爽啊爽啊,妙哉妙哉。

这种好时候,却来了楚威王派来的高级使者,带了大堆金子和玉制聘书,想让庄子放下渔竿,到楚国去拿起权杖:丞相的位置为他空着。楚威王说了,天下的智者庄周第一,惠施第二。惠施先生已出山,做了魏国的丞相,丞相府占地千亩金碧辉煌……

庄子正在河边无限幸福,使者一番屁话,空气顿时不新鲜,眼瞅着上钩的鱼儿跑掉了。庄子一阵鬼火起,头也不回地扔下几句狠话:楚王叫我去做祭坛上的神龟么?死硬了的神龟供起来有意思吗?你瞧瞧这河里的千年老龟多么自在,想爬就爬,想睡觉就睡觉,想吃东西就吃东西,想晒太阳就晒太阳,想缩头就缩头,想骂人就骂人……

可怜的携金特使,蒙头蒙脑挨一顿骂,溜向了荒野。特使至死都想不通。

诸侯国那些个冠冕堂皇者,成天绷着一张垮脸,委实不好玩儿。上午做老爷鼻孔喷气,下午巴巴地陪上级,装不完的乖孙子,打不停的小算盘。皮里阳秋。"肉食者鄙。"

庄子发脾气赶走了楚王特使,回思那一堆发亮的真金,自嘲地拍拍草绳子腰带下的瘦肚皮。人为财死,鸟为食亡,漫长的陋巷时光,庄子是否犹豫过?当他几年高官,挣他半座金山,再回江湖逍遥岂不更好?事实上是做不到的。贪欲一起,驷马难追。欲望有个相关系统……河边的庄子发了一回呆,鸟儿飞来逗他,风儿抚摸他,花儿拿芬芳惹他,老龟探头嘲笑他,云儿飘成思绪的形状启示他。他定定神。钓鱼竿又拿稳了。

一年年的,河边赐予庄周的奇思妙想数都数不清。哲学家观鱼自乐,鱼儿乐其所乐,双方永远不知道对方的快乐。"植物朦胧的欣悦",拒绝任何科技手段的探测。陶潜:"平畴交远风,良苗亦怀新。""微雨从东来,好风与之俱。"审美之眼让鲜花成为鲜花。

从陋巷到河边的交叉小径是庄周的"林中路"(海氏哲学代称),"思到中途"(海氏),生发了后世无限的思索,惠及中国式生活的各个领域,包括医药,建筑,园林,服饰,器皿,音乐,书画,酒道,茶艺,武术……在庄子,思绪与情绪的双重饱满,是其逍遥的前提。

思想呼啸如飓风。思想劲射如火箭。思绪袅袅如炊烟。

中国历代的士子与庶民持续仰望他,苦于测不出他的高度,索性叫他南华老仙。

鲁迅:"我们挂孔夫子的招牌,却都是庄周的私淑弟子。"

庄子的奢望是同时拥有万物的勃勃生机,奈何肉身做不到,于是他想摇身一变而为风,为雨,为雾,为牡丹,为蝴蝶,为游鱼,为溪水,为瀑布,为一天星斗。拢集万物,探索差异。庄子的生命冲动是这样,生存的向度是这样。我也想成为庄子,从古到今很多人都想成为庄子,于是,我们得以触摸他的生命冲动,分享他七彩斑斓的思维喷发。

金钱这东西,真是不该独大。人类智慧,应该不会受阻于资本逻辑吧?精神分析学创始人弗洛伊德表示怀疑:人在童年期的金钱欲望是非常有限的。单一膨胀的资本逻辑势必形成空前的遮蔽:经济规律挑战自然规律,压制社会规律、情感规律、艺术规律。

《庄子》有一则寓言说:有个人不顾大庭广众,见了大金子抱着便走,当场被捉拿。众人问他:这么多人,你这家伙怎敢伸手?他回答:我眼中只有金子啊!

金钱在生活中越界久也,占位甚也,希望不要恶性占位。

庄子吃个半饱亦逍遥,吃七分饱就十分逍遥了。这里有个肉身或养生规律:不宜吃得过饱。眉山有句老话:少好吃。——少才好吃。彭祖养生术,首重七分饱。要保持味蕾的敏感。要避开饲料业加养殖业、加餐饮业、再加广告业的连环算计。

很多疾病都是吃出来的,坊间有个流行语,不太好听,但值得胡吃海喝的食客们参考:吃得好,死得早。

适当的物质匮乏反而有助于精神的飞升,古今例子多如牛毛,包括一些商界精英。

饱食终日与无所用心具有逻辑关系。心不用,心不灵也。这是铁律。脑满肠肥者,只是活个嘴巴。长期活嘴巴他也不兴奋,味蕾混乱,舌头迟钝(老子告诫:五味浊口)。他混个吃货而已。除了吃,还是吃。胃肠道就是他的"现实通道"。

现代物欲在很大程度上是被虚构出来的,所谓"概念消费",符号消费。

一百块钱一盒的香烟,比十块钱一包的香烟香十倍吗?杂心人扎堆的豪华包间高级宴,比农民工回乡坐院坝痛饮烧酒快乐吗?眉山的一些村酿不输给五粮液,十元半斤。

这话题不小,容后展开谈。是时候了,在全球生态日益毁坏、自然资源面临世纪枯竭的今天,在拜物教导致生活贫乏单一的当下,人类必须回到庄子:"物物,而不物于物。"

既要懂得舌尖上的美味,又要警惕舌尖上的罪恶。

餐桌上浪费了多少食物啊,倒掉的美味足以填深海。央视的公益广告年年敲警钟。

毛主席教导我们:"贪污和浪费是极大的犯罪。"

追求小物质(吃穿住行),不可伤害大物质(水土林气);营造小环境,不可破坏大环境。生态文明早已纳入我们的国家战略。文化战略乃是国家意志。

庄子临河垂钓,入林弹鸟,爬山坡看闲书,二郎腿跷得高高。老婆田氏盯他的梢,想当场捕捉他的狼狈相,实时指出他的穷酸相,抖搂曾有过家族荣耀的庄公子的破落相,预言他即将到来的乞丐相。一旦盯出这几种相,便有可能把庄周盯回漆园去。

语言有力量。语言改变生存的向度。庄周试图改变所有人,老婆却只想要改变庄周,"两个意义"缠斗不休。庄周的思绪在风中,思绪像风一样看不见,思绪不实在。伸入米缸子的手抓住了一把米,米实在。庄周钓鱼,鱼跑了;庄周打鸟,鸟飞了。神钓手和神射手必须跑到更远的河边去,跑到陌生的林子去,否则陋巷的百工都会钓鱼打鸟了。

庄周先生饿了,捡栗子,吃虫子,生吞活虾又呕吐。齐物先要对付具体的东西。矢志不移,于是吞也吞也。弹弓打伤了一只肥硕的野物,野物窜入荆棘丛,庄周奋力而追,那可是全家人的一顿美餐啊!爬了又爬,扑了再扑,手足脸都被锋利的植物割出血了,他还在奋战荆棘。那只肥美野物带伤逃进了深草丛,庄周的最后一扑,扑到老婆的一只脚。

田氏哈哈大笑。庄周急忙解释:我捉住它,你解解馋。

田氏笑道:你这个人不自私,我,是认可的。

庄周:所以你吃粗咽菜也不离开我。

田氏:我一介细民小女,敢离开你这宋国的没落贵族么?说不定哪一天你又当上了漆园吏。你呀!你自视为当代智者,其实你不如一头蠢猪!

庄周:何以见得我不如一头猪?

田氏:猪有猪的福气,猪脑袋拱到花生地。你爬荆棘追野物,野物溜走了,你呢?你爬得一身是血!

庄周认错:今天是有点晦气。

田氏叉腰:仅仅是今天吗?快十年了吧。

庄周作无奈状。

田氏的美目陡变恶目,嗓门提高八丈:庄周!回回你都是这样,没道理就不吭气,拿一团蓬蓬草给我撞。忍你庄周十年了,朝朝暮暮忍得你水滴!从富人区搬到贫民窟,我忍了你。从米笋篼儿跳进糠笋篼儿,我忍了你。吃了上顿愁下顿,我还是忍了你。可是儿女们多可怜呀,粗布衣裳打满补丁,出门上街丢人现眼;个个都是吃长饭的,顿顿学你七分饱,想肉想断肠!你不可怜我这个傻婆娘,你要可怜你自己的亲骨肉啊,呜呜呜。

田氏的一番话几管齐下,句句是肺腑之言,句句言之在理。庄周听哭了。家里的生活细节让田氏给调动出来,具象挤走了抽象。什么思维的圈子大、圈子小啊,什么抬眼千百年啊,人之为人,情义二字。孟子到处讲:"人之所以异于禽兽者几希?"虎毒不食子啊,庄周对老婆儿女起码的生活需求不管不顾,还算是个人吗?连禽兽都不如!

情,思,终于搅在一块儿了。

田氏花十年功夫练出的绝招,是心中窃喜而双泪长流,浑身颤动着悲情亲情爱情,山坡上迎风俏立,张开她那一向温香软的怀抱,要和亲爱的夫君抱头痛哭。

然而,夫君的双臂停在了空中。

老子先生在云端啊,先生缓缓说:"天地不仁,以万物为刍狗;圣人不仁,以百姓为刍狗。"老天爷从来不为一朵鲜花的凋零伤心。圣人让百姓做很多并不明白的事情。孔子说:"民可使由之,不可使知之。"孔子断言:"唯上知与下愚不移。"

三十来岁的庄周拍拍脑门,把思绪拍回了原轨道。老子孔子都来了,三个瘦男人站在野花纷披的草坡。田氏和她手中紧握的真理显得有点弱势。风中摆造型也不好使。

窃以为,情与思搅在一块儿未必就好。人是血肉之躯,血生情,情难禁。妇人之仁有其生存论基础,或曰基础性情态。念头的情绪含量高了,思之力就下降。一般情形是这样。而对生活中的善于运思者来说,情绪激烈,往往也是思的喷涌之时。

"愤怒出诗人。"苏东坡是个不惧皇权的"热血智者"。

尼采的哲学常作狮子吼。孔夫子杏坛讲课要骂人。温文尔雅是腐儒酸儒的发明。

情与思恰到好处的搭配,乃是人类永恒的稀有现象。

二者一旦妙合,便有原子裂变。

田氏俏立于春风春草中摆造型,庄子笑吟吟。

鼠目寸光是怎么来的？纠缠于眼皮子底下的事情,并且日趋纠缠,现实就产生位移,动态性收缩。这道理庄子自知,但田氏一套接一套,眼泪和肢体语言并用,动之以情,晓之以理,把丈夫拽回尘网中。弄走他的所谓天宽地阔,拽他回到柴米油盐,下一步,想办法回到漆园的肥缺。庄周的学问连楚王都钦佩有加,楚,大国也,宋,小国也……

田氏的如意算盘,碰上了丈夫的不算之算。

庄周含笑望碧空,目送师尊太上老君和儒学孔圣人。田氏愣在当场。

庄周拍拍老婆的香肩,说：老婆,放心吧,米缸子不会空的。

田氏气得双脚跳,一双粉拳紧紧地握在空中,未落下而大叫：我不要米缸子,我要金缸子！一缸金子万斗米！

庄周掉头下山去,碎步小跑,背影且作滑稽相,哄老婆笑一笑。生活啊生活,必须得这样。既然成了家,就得呵护她。年轻老婆追上来也,三千青丝挽成的"青步摇",摇摇过了外婆桥。夫妻咫尺之间,庄周忽然提速。须臾已在百丈外,他回头一笑。

田氏切齿道：你笑,你笑,你今晚睡墙角！

外婆桥的另一端,走来一个华服男人,拦住了庄周。庄周定睛一看,那贵族范儿的男子却是惠施。惠施深施一礼,笑道：老朋友,借用你的寓言,螳螂捕蝉,黄雀在后。

庄周说：惠兄,你不是在魏国做丞相吗？

惠施：回老家,带年薪休假半年,顺便会会你这个头号智者。听说楚威王的携金使者被你赶走了。

庄周：是啊。

惠施：我治理魏国两三年,政通人和。楚国江山五千里,你,庄周,你学富五车,你思如喷泉,你有经天纬地之才,辅佐楚威王易如反掌,为何不去楚国一试身手呢？

庄周晃了晃手里的渔竿和弹弓。

田氏跳过来抓他的桑木弹弓,漂亮指甲如同鹰爪横扫。庄周躲开她。

惠施：你讲了很多话,我远在魏国都听到了,但是,你的言语没有用。

《庄子·杂篇·外物》:"惠子谓庄子曰:子言无用。"

庄子曰:"知无用而始可与言用矣。"

惠施点头:请接着说。

庄子:天地广大么?

惠施点头。

庄子:天大地大,人只需容足的三尺地。若把容足之外的地方挖到黄泉,人所拥有的这块小地还有用吗?

惠子曰:"无用。"

庄子曰:"然则无用之为用也,亦明矣。"

据说惠施听了这番话以后,辞去了魏国丞相的位置,周游列国悟道去了。

庄子以天地万物为参照,无限越过柴米油盐。动物是没有环境的,动物的所谓环境,只是它的身体的延伸。人,能够反观自身,能先行到死,能思及宇宙、追问五行的相克相生。无为,乃是针对有为而言。无为就是懂得不盲动。无为就是洞察有为的边界。

盲动者都是短视者,干了蠢事还要接着干,于是,"不"的空间显现出来。生活中处处有无用之用。无为,并不是智者们的专利。敏感农时的老农知道在什么时节放下农具。然而短视者一旦多起来,掌握了话语权,干了蠢事还沾沾自喜,拿蠢事说事,词语层层叠叠,说得天花乱坠。儒、法、杨、墨又各执一说。词语的空间一片混乱。能与庄子对话的人,只有一个惠子。后来惠子死了,庄子去凭吊,发现自己形影相吊。

"念天地之悠悠,独怆然而涕下。"

无为者洞察了更多的无为,难免曲高和寡。魏晋时期的嵇康写《高士传》,列数千年之高士119人,显然,历史长河中的不高之士占多数。《道德经》说"大道至简",这意味着:中道复杂百端,小道复杂万端。诸侯国那些位高权重的小眼睛,把小道指为大道。庄子深知这局面,才守着他的弹弓和渔竿。楚王撼不动,田氏抢不走,惠施辩不赢。

道家之精髓:无为而为。

远古动物在获得视力以前,想必有一种看的冲动,于是进化出了眼睛(舍此别无更有效的猜想)。柏格森《创化论》讲的这个生命冲动的例子,科学实验室是观测不到的,近乎庄子的无中生有。生命冲动有用吗?几百万年才进化出一双眼睛,漫长的生命冲动哪有现实之用?而生命冲动须臾未停。以此反推,人类的朦胧冲动一直在进行中。

创化:创造性进化。庄子见了宇宙飞船是不会吃惊的,只微微一笑。我们重温费希特的见解:任何理解都指向更高。这意味着,一切理解都以更高的境界为前提,包含理解日常琐屑,包括理解鸡毛蒜皮。不上新台阶,就看不见旧台阶。

理解一之为一,以粗知二为前提,二又指向三。

然而,小眼睛见叶不见树,宣称叶子就是树。小眼睛没日没夜地复制小眼睛,形成群体性短视,囿于几片叶子而妄称树,妄称林子,是为"生命的阴暗麇集"(海氏)。

西哲云:"我知道我不知道。"这才是向上的生命形态。

孔子:"知之为知之,不知为不知,是知也。"

《庄子·外篇·知北游》:"天地有大美而不言,四时有明法而不议,万物有成理而不说。圣人者,原天地之美而达万物之理,是故至人无为,大圣不作,观于天地之谓也。"

明法:明显规律。成理:既定之道理。

《论语》:"天何言哉?四时行焉,百物生焉,天何言哉?"

天地有自己的言说方式,人类听不懂罢了,猜想天地的言说,乃是永恒之猜想。孔孟追问人道,老庄猜想天道。人道问不尽,天道更难觅。老庄之思赢得了一条离天道最近的路径。天不言,天无情,哲人们和诗人们在倾听。"天若有情天亦老。"

庄子像苏格拉底一样痴痴地望天,傻傻地想地。

人在神性闪耀的天空下,人在广袤的大地上。哲思引领更多的哲思。"吹万不同"的风从何处吹来?雨雪花朵诉说着什么?竹林里的数万只麻雀,每日黄昏开会,一开两三个时辰,它们叽叽喳喳说啥呢?诸如此类。庄子把脑壳想痛了,想不出一个所以然。

林中路真难走啊,岔道纵横,处处迷宫。

"人是一根会思考的芦苇。"一阵风把满世界的芦苇刮倒刮歪。

唯有庄子这根芦苇不倒不歪。

庄子

道法自然,如何法自然?无中生有,如何去深入虚无之境、开出实有之花?

阴阳互生吗?虚能致实吗?弱能胜强吗?柔能克刚吗?五行相生相克吗?

无中生有之前,是否连"无"都没有?

庄子的玄思,一个念头十万里,再一念,要以光年来计算。

我记得不久前,央视国际新闻说起宇宙大爆炸,千百亿光年的宇宙,大爆炸之前的奇点只有一个鸡蛋般大小。红移现象表明,我们的这个宇宙还在膨胀。

《道德经》:"道生一,一生二,二生三,三生万物。"万物:是她本来所是的那个样子。是河流的天然弯曲使河流成为河流。也许,河流与山脉的形状跟太阳月球的引力有关。

大规模改变山河,不知道会有什么后果。

海氏:"很可能,在自然背向技术的那一面,恰好潜藏着自然的本质。"

庄子是如何展开思考的?读书,漫游,倾听并领悟自然,接触各种人,尤其是质朴的底层民众,身体有残疾的畸人。长期仰望老子,恒思孔子墨子,不时激辩惠子,使他的思索在高位运行又广接地气。"行年五十而知四十九年非。"庄子这种不断把自己"清空"的能力,囿于周礼的孔夫子不及也。庄周的善变,大约举世无双。

明明活成了一棵树,转眼间他又活成了一股风。

唯有不断扬弃旧我的人,才能不断赢得新我。"无我"一词,或为庄周首创。"吾丧我",扬弃了小我。"苟日新,日日新。"这个太难了。孔子庄子的生存向度是这样。

再高明的工匠也会固化,不识字的老农也会固化。"人生识字糊涂始",汉语文献巨大的迷宫迷失了更多的人。经、史、子、集,浩浩乎如烟海,打得通是好汉,打不通则麻烦:读书人生存的灵动,明显不如工匠或老农。眼下的出版物每年几十万种;可怜的网络写手们,搜索枯肠一日万言。沙里淘金费功夫,且不谈嗜网者把沙子认作金子。

庄子守着他的小河边与树林子,拒绝把钓鱼竿换作显赫的权杖,一似孔夫子固守杏坛,"不义而富且贵,于我如浮云。"思想家恒在江湖,以行走林中路的方式注视着人间,参悟着万物。《庄子》一书几万字,讲了两百多个寓言故事,思之触角延伸到四面八方,"上穷碧落下黄泉",启发后人的思索。启人思,真好。

萨弗兰斯基在《海德格尔传》中写道,课堂上的海德格尔,毫不经意地越过他所掌握的近乎无限的知识,扑向思。

青年海氏是足球队员,中年海氏酷爱木匠活,七十多岁的海氏喜欢高山滑雪,穿林海,跨雪原,向下俯冲的身体与思之向上弹射同步,松风,松风!

熊伟教授在德国弗莱堡大学聆听过海氏的课,对大师的启人思非常感慨,佩服得五体投地。海大师讲课,大教室总嫌小,地板窗台也坐满学生……

以一己之肉身而拢集万物,随时都具备清空自身的能力。去年活向西,今年活向东。这可能吗?这条路上庄子走得非常之远。拓荒者留下了一些路标,后来者辨认路标。

远行者依稀留下了背影,后来者眺望背影。

"道可道,非常道。"道是自身的无穷展开。大象无形,大音稀声。道是看不见的,也不能诉诸言词。能够说出来的都不是道。这意味着,道是无限的生成。闻道乃是虚妄。孔夫子的所谓"朝闻道,夕死可矣",还是未能洞察道之为道,把"道"理解为某种现成在手的东西。语言能去捕捉千变万化的对象么?当你捉住它,它已经不是它。"人不能两次踏入同一条河流。"不过,问道之所问,把事物变动不居的特征问出来了,把追问者的生存向度问出来了,把人世间形形色色的愚蠢、固化、遮蔽与狂妄问出来了。

孔孟追求人道,老庄追问天道。

对自然界的探索要尊重自然规律,要抱着敬天畏地的良好心态。

你以什么样的方式对待自然,自然就以什么样的方式来回敬你。

《道德经》:"吾有三宝,一曰慈,二曰俭,三曰不敢为天下先。"

庄子有个寓言,说一个人很不喜欢自己的影子,于是拼命地跑,要甩掉影子,摆脱影子的纠缠。可是他跑得越快,影子跟他越紧。他来个急转弯,影子跟他急转弯。他跑呀跑呀,累得不行了,停下来喘口气,影子也做出一副喘气的样子,嘲笑他的无能。他怒而再跑,拼命往前冲,终于把自己累死在太阳下。其实路边就有树阴,这个疯跑的人到树阴下去歇息,影子不就消失了么?庄子讲的荒诞故事,颇似卡夫卡的小说。

这类故事,实用型脑袋是想不出来的。不妨参考卡夫卡《地洞》《变形记》。荒诞对应世事。卡夫卡是西方现代小说之父,他的主题只有一个:工业文明带来的人的异化。他揭示了四重分裂:人与自然、人与他人、人与社会、人与自我的分裂。

西方强势者自近代以来就一直自说自话(宣称上帝已死),在这个星球上趾高气扬,为所欲为。西方式的"求意志的意志"常态化了,加速度消耗资源,掏空文化赋予人的潜能。这种一根筋的狂奔,就像庄子笔下那个疯跑的人,一心要摆脱低碳的生活,冲向高消耗;一心要摆脱人的丰富性,冲向单调,冲向刺激、无聊、更刺激、更无聊的恶性循环。美国"有机马克思主义学派"尝言:资本主义让这个星球变得不可居住。

神经质的"疯跑跑",对自己的脚印万分厌恶,以飞速的奔跑摆脱它,岂知他逃得越快,地上的脚印越多。庄子总结疯跑跑:"不知处阴以休影,处静以息迹,愚亦甚矣!"

庄子的出神之思也会对应权力,权力无处不在,春秋战国尤甚。
《庄子·外篇·胠箧》:"圣人不死,大盗不止。"
礼崩乐坏催生了孔圣人。战乱频繁让思想家的脑袋高速运转。《庄子·让王》讲舜帝把天下让给善卷,善卷说:"余立于宇宙之中,冬日衣皮毛,夏日衣葛絺;春耕种,形足以劳动;秋收敛,身足以休食;日出而作,日入而息,逍遥于天地之间而心意自得。吾何以天下为哉!"舜帝的天下,如何比得了庄子的宇宙?天下苍生的福祉固然极重要,但以审美的目光洞察自然、以逍遥的姿态游于万物更重要,这是从源头上解决人世间的祸福循环。人欲汹汹,见利忘义,恃强凌弱,恰似病毒的肆虐。审美观照是一服解毒剂。

一支山歌,一首小诗,一轴画卷,一杯小酒,几句邻里问候……人就

庄子

兴奋起来。这样的人何往而不乐？手握低沸点欣悦的素心人，何往而不乐？

审美爱物不伤物。艺术是生存之镜。

笔者旧话重提：艺术的强度就是生命的高度。

海德格尔："艺术作为真理设入作品。"（引自《艺术作品的本源》）

庄子从来不消极。庄子非常积极。文明进程中的负能量有多大，庄子的意义就有多大，无穷生发盖指此焉。道高一尺，魔高一丈。二者数千年角力，相反而相成。魔鬼的力量，恶之花的永恒，庄子有足够的掂量。老实讲，古今研究庄子的书，大都无力思及这一层。北宋的黄庭坚曾对此发出感叹。闻一多先生喜欢谈论庄子，仅得皮毛。

庄子骄傲地说："帝王之功，圣人之余事也。"圣人的正事乃是悟道，文治武功，不过余力为之而已。道的显形乃是相当漫长的、循序渐进的过程。道因异化、因对立面的强大而趋于显形。此曰倒逼。当初的"道可道，非常道"，现在已经易于言说了。

西方知识分子的言说要多一些，包括众多的自然科学家。

庄子观鱼，乐游鱼之所乐。庄子登山弹大鸟，忽然停弓，化身为一飞冲天的鲲鹏。庄子命名的蛮、触两个小国，位于蜗牛角上，长期恶斗不息，伏尸数万，"一微尘内斗英雄"……孔子梦周公，庄生梦蝴蝶，前者追慕周礼三千，后者要将人生的樊笼彻底打破。大大小小的樊笼多得数不清，五花八门的生存之遮蔽，连圣人老子也辨别不完。

庄子逍遥游的秘诀是免于执，这与佛说不谋而合。佛陀的方丈内有大千世界。

无论居家还是远游，庄周都能抵达游的本质和最佳状态。这就无所不游其极了。庄子的逍遥，击中了古今绝大多数人的不逍遥，所以他合该流芳千古，矗立于东方文明的核心，对等映照西方大哲。"乘物以游心"，讲得多好。"得至美而游乎至乐"，可惜庄子享受的至美至乐，我们这些人享受不到。庄子能看见无，而拥有这般慧眼的人寥若晨星。

苏轼学庄子："谁道人生无再少？门前流水尚能西。休将白发唱黄鸡。"

晏几道学庄子，玩思百家，七十岁而"貌有孺子之色"。

蒲松龄学庄子,"至老同婴孩。"

庄子曰:"人有能游,且得不游乎?人而不能游,且得游乎?"

意译:具备游心的能耐,哪儿不能游呢?反之,你跑上十万里,不如人家原地打转。

庄子是原地打转而思接九天的巅峰人物。

活得不沾不滞,活得恍兮惚兮。实境幻景浑然一体,恰似儿童。

儿童的感觉世界未曾分割现实与幻想、实境与梦境。儿童个个是庄子。

从幼儿园到中学,我一直觉得小城眉山比四川省还要大。这念头傻乎乎,后来却发现它有感觉意义上的(!)真实。感觉的微波辐射,分解念头的固化,击破概念的板结。

感觉的丰富性乃是一切生活质量的前提。

笔者此言,重复十万次不为过。

眉山小城为何大?方圆十余里,好玩的去处永远数不过来,年复一年玩不休,每天疯玩七八个钟头,三分之一的时间交给户外,寒暑假更是"忙不抽展",从晨光初露耍到星星满天。环境,是从身体内部长出来的。单说亲近河流吧,玩野水,玩长澜,玩大江,玩激流,玩瀑布,玩鱼虾,玩水墙,玩竹排,玩轮胎,玩冲浪板,玩水葫芦船,玩悬崖跳"炸弹",玩高树上栽蛙式……戏水的花样真真无限多,躺水沉水踩水抖水,踏浪钻浪冲浪破浪。小学生七八月横渡岷江,击水两千米,水大胆子更大,浪高手段亦高,"说不尽,无穷好。"(李清照)"弄潮儿向涛头立,手把红旗旗不湿。"(潘阆)

何谓踩水?于深水中双脚使劲踩,使腰部现于水面上。男生个个是浪里白条,水中蛟龙,躺水看书复看云,浮波半天不动,呼吸和单手的摆动颇讲究,技术含量高,而游戏的兴奋点决不会轻易推高。一把弹弓,一块陀螺,一款风笛,一圈铁环,一只泥手枪,一根橡皮筋,一管吹油苔籽的细竹筒……几千个日夜玩不够。嗝,年年夏季烈日下,背心印子"白加黑",孩子们扎扎实实体验了阳光之为阳光,乳雾之为乳雾,虹霓之为虹霓,暴雨之为暴雨,晚风之为晚风,晚霞之为晚霞,暮霭之为暮霭,炊烟之为炊烟,狗吠之为狗吠,鬼火之为鬼火……夜里,疯玩的孩子

庄子

们忽然玩停了,安静了,抬眼盯上浩瀚星空,刹那间啊,思接宇宙之神秘。光年之遥远近在手边,恒星流星植入了体细胞。

星星月亮不是物质吗?亲切的亲爱的(!)春夏秋冬,有无限亲切的千百种物质。享受啊,享受的后面还是享受,而消耗的物质可以忽略不计。

试问:这说明什么呢?生命的快乐与资源消耗直接挂钩了吗?

从来只说一棵草,不说热爱大自然。

我们质朴的生活,跟草木鱼虫相亲相爱的生活,庄子先生会高度认可。

小孩就像庄子笔下的小动物般活蹦乱跳。身体的灵动无处不在。身心灵动的全部奥秘隐藏在主动性之中。多么宝贵(!)的生命主动性啊。

主动性是享受一切生命形式的最大前提。

有些人把白头翁关在笼子里,它宁愿撞死,也决不吃那些所谓的美食。撞笼子不惜千百次,血溅羽毛它还撞,直到撞死,僵硬……悲壮的白头翁啊,自由之神白头翁。

动物园里有肉有空调的狮虎豹,比它们饱一顿饿一顿的丛林"同类"幸福么?

《庄子·内篇·养生主》:"泽雉十步一啄,百步一饮,不蕲畜乎樊中。神(态)虽王,不善也。"意译:野鸡走十步才吃一点东西,百步才喝上一点水,但它拒绝被关进笼子。笼中鸟养得肥嘟嘟,但它不自在。

人类祖先的丛林野性何止百万年,文明不过几千年,哪边的基因重?

去掉野蛮是好的,但若去掉八方撒野的身心灵动,少年儿童如何能够幸福?如何能够生抗压力、避免心理脆弱?一群群疯玩的孩子抗压力强,找不到自杀的个例。

唯有质朴者才拥有丰富。唯有素心人才拥有欣悦的空间。

爱山、爱水、爱草木、爱鱼虫、爱天空……半点都不抽象。

人是自然的一分子。人在空气中活着,谁去讲空气呢?

自然一词的市井流行,直接来自数十年来自然界的重重危机。

今日患"自然缺乏症"的学生恐怕占了多数，患者怎么去爱自然呢？麻木于自然，不懂得亲近一草一木、一湾河水、一天星斗，又如何爱这个世界？又如何牵挂这个世界？

德国的小学生必须每天跟动植物待在一块儿。澳大利亚中学生的毕业仪式要放到森林里去，经受各种生存考验，日复一日让身体去体验，让大脑去追问：究竟什么是自然？

尊重生命的前提是要理解生命。

笔者重复：环境，是从身体内部生长出来的环境。面积是不存在的，周长半径也不存在。戏耍之多，感觉之丰，情感之细，联想之广，憧憬之远，让一方春水池塘大无边。

福克纳瞄准"一块邮票般大小的地方"，写出了获诺贝尔文学奖的《喧哗与骚动》。对福克纳来说，他的邮票般的家乡比美国版图还要大……哈哈！八方撒野的小孩儿，能与天底下的任何东西野作一团。小孩儿组建周围世界的能力，明显强于青年人中年人，他没有生活世界的人为切割，他不会活得吹糠见米，他拒绝活成可怜的圈养鸡。

胡塞尔现象学拆除意识与物质的二元论："意识总是关于某物的意识。"

哦，并不遥远的那些年哪，无论城市乡村，雄性渠道畅通无阻。男生亦有小鲜肉，全校两三个，可怜兮兮躲在角落里，惊叹学校的费头子们（孩子王）上树上房上墙，瞄瞄自家的白嫩手，垂下惭愧的头，暗暗下狠劲，不做温室里的花朵！亦有疯劲可比男生的短发假小子或"女儿王"，形不成气候的，她们更不能以此为骄傲。一说女儿王，一说野丫头，她们总是噘嘴生气，噘嘴完了复去野，野出属于她们的江湖。女生追打男生，一定是个新闻。女汉子这类词，完全没有传播的空间。

男孩儿四五岁就开始雄起，追随班上的费头子，争当小小男子汉，爬各种各样的树，翻各种各样的墙，钓各种形状的鱼，追各式羽毛的鸟，捉奇奇怪怪的虫，淋细雨、雪雨、雾雨、阵雨、"鬼雨"、偏东雨、"太阳雨"，享受草风、树风、河风、山风、熏风、旋风、麦田风、穿堂风、窄墙弯弯风、平旷卷地风、墓园妖鬼风、"高广下香风"。

顺便提一下打架：小男孩儿打架是常态，一个个攥了小拳头，怒目圆睁不退缩。道德底线在,决不朝脑袋扔石头。打来打去打成好朋友。这可是几亿男孩子的集体回忆。几亿个不知疲惫的孩子啊!男生天天伙起疯玩,天天"打体育"各展雄姿,下河摸鱼上房揭瓦……男生野出了雄性渠道,女生自会回归她们有基因支撑的温柔妩媚。反之,女生就会追打男生,打得男生钻课桌。如今,台湾的很多男性都不大长胡须了,嗓音在变细,喉结在缩小,举手投足像女生,忍不住要顾盼含睇……大陆的男孩正在步后尘?某些媒体连年渲染小鲜肉,想要达到什么目的?娱乐圈追捧小鲜肉是何居心?想要削弱大陆男孩的雄性激素,以迎合区区票房吗?

但愿阴阳人不要大规模复制。活得不男不女,上帝要皱眉头。

更重要的是:民族的血性充分调动,方能够应对这个世界的丛林法则。

何谓远方?一湾春水,一池秋水,一处园子,一堵断城墙,一幢老房子,一片杂树林子……足以构成远方,撩人心魄的远方,丰富得难以言说的远方,比大洋彼岸更遥远的远方。远方意味着丰富,神秘,魅惑,意外的东西每天都有。生命之树得以常青。

远方维系于周围世界之丰富。单纯的距离克服倒是容易指向单调。

人单调,走到哪儿都碰上单调。跑上一万里,跑来跑去碰上自己。

不能"吾丧我",便固化成一物。

童年的生活张力提示我们:五湖四海,小于一方春水池塘。

若干年来的出境游蔚为壮观,"占有式旅游"恐怕占了多数(参见弗洛姆《占有还是生存》)。去了某地,俨然占有了某地,微信显摆给人看。游客出远门,大抵只迷于两件事,购物,照相。动不动就拍照源于不自信,把心灵自动开合的窗户交给镜头。一群群地照完了,彼此扯呼走人。照相照多了,那些东张西望的眼珠子,类似机械滑动的玻璃球。

拍照千万张,把脑袋拍得空空荡荡。

照相和不读书,乃是浅表性生存之表征。心不远,你如何走得远?

人有内心纵深,山山水水才显现她的纵深。

一切扯眼球的东西都有枯竭心灵之效。(且不谈舞鳅鳝而号狐狸的演艺圈怪象。）

庄子一双慧眼,胜过亿万镜头。

眼下的情形正有好转,个性游、深度游、探险游、风俗游、先贤拜谒游、无目的地式漫游、结队穷游……尽管严格意义上的漫游永远属于少数人。

庄子式的神游漫游,深入事物的千姿百态,将低沸点的、朴素的欣悦发挥到极致。这与佛祖释迦牟尼的拈花微笑殊途同归。近代以来的西方人则类似疯跑跑,但愿是以远离庄子的方式接近庄子,触底反弹。东西方文明的大碰撞正在发生,未来几十年或可见分晓。测不准的是:备受折腾的美丽星球,她的承受底线在何处。

同样测不准的是:自然反弹的规模、速度、方式。

据2015年5月8日《参考消息》:全球二氧化碳浓度已达到一百多万年来的最高值。

我熟悉的千里成都平原,冬天早已不像冬天了。从前冻死猪狗的农历三九四九,现在的气温动辄十几度,路上行人衣衫薄,腊月里盛开着三月花。冬阳灼人皮肤。严冬忽又刮大风,下阵雨,百岁老人看不懂。强对流导致异常气候常态化,导致气温陡升陡降,连续的高温之下又伏着大雪灾。不知道老天爷作何打算。天不言。科学家们紧张注视着洋流变化、全球冰川几十年来的持续退缩……眼下(2018年初)已近大寒,气温却比往年还高,而城里人尤以高能耗的地暖为时尚,为夸耀。我辈夫复何言?立此存照吧。

低沸点的欣悦完全可行,中华文明已经证明了数千年。在漫长的历史进程中,贪婪只是极少数人的专利。欲望从来没有大面积疯长,节俭的美德从来没有弱化。物欲嚣张之辈,名缰利锁之徒,必定对大自然虎视眈眈。——这个且不谈,着眼于未来吧。

兴奋点迅速推高,强刺激恶性循环,制造了暮气沉沉的人,妄自尊大的人,伤害自然的人,自我放纵的人,自卑自傲的人,人格分裂的人,百无聊赖的人,嬉皮笑脸的人,邪趣横生的人,炫富斗阔的人,乱叫追星的人,忙于圈粉的人,竞相败家的人,不打牌就打瞌睡、不上网就上床闷卧的人,鬼头鬼脑的人,居心叵测的人,疯狂扫货的人,煽动浪费的人,沉迷投机的人,嘲笑劳动的人,恶搞英雄的人,唯利是图的人,算计亲朋的人,聚集起来共同释放无聊之能量的人……所有这些人,都在庄子的视线之内。

庄子去过许多诸侯国,身体活动的半径有几万里。盘缠大约由国君们提供,离开时又收下一些盘缠。春秋战国五百多年,士的漫游最是常态。楚君,宋君,鲁君,齐君,赵君,燕君……都是庄子游说的对象。老庄之道比孔孟之道更难传播。庄子名气大,国君们乐于接待他。往往孟子前脚走,庄子后脚到。两个哲学人物的名气在伯仲之间,却避免打照面,免得一言不合就打架。庄子总是批孔子,编造孔子的许多故事,不断安排老子教训孔子。而孟子火气大,论辩常激烈。

火气大的孟子活了八十四岁,寿同庄子,稍逊墨子。

思想家们的长寿,古今中外例子多多。身心的优游是一大因素。不执,丧我,毋固,毋必。"至人无己","圣人无梦"。看看雷锋叔叔的照片就知道了,什么叫至人无己:全身心融入了亲爱的祖国,"对待同志要像春天般温暖,对待工作要像夏天一般火热。"

雷锋叔叔的笑容有着婴儿般的纯净度,我是看不够的,看一次感动一次。无我,乃是分分秒秒的虚心接纳,年年岁岁的积极向上。

一棵数千年的不老之树,今天还在强劲生长,这棵树就是庄子。

圣人无梦吗?孔子梦周公,复梦美艳南子,周公与南子还奔入夫子的梦中去打架,仿佛相约单挑,专挑孔夫子的梦境,屡屡厮拼,打得难解难分。庄生梦蝴蝶,梦老子,偶尔梦见金子(缺啥想啥)。也许,唯有老子先生无梦。

牵挂一切又能了无牵挂,胸中万物又仿佛了无一物。绵历无穷世事,却能挨着枕头便睡,一辈子享受酣畅的睡眠,心不搁事儿,堪比我家总是三秒钟入梦的小狗丁当。

淡淡的梦,近乎无梦。

老子的历史性超强力地吸引着孔夫子,吸引百代的读书人。为什么?只因包括孔子在内的人们做不到。人们要做梦,要想事,要失眠,要叹息,要辗转永夜爬来爬去。

"若有思而无所思",苏东坡的黄州五年,生存姿态就像庄子,于是乎佳思泉涌,佳作井喷。他待在汴京住赐第(御赐宅子),千工床铺了宣州贡毯,反而不好睡觉。他宣称:"我坐华堂上,不改麋鹿姿。"事实上这个眉山倔男人屡请外放,急于离开朝堂的人事纠缠,抱怨:"二年之中,四遭口语。"上疏坚称:朝廷若再留臣,是非永远不解!

庄子没有类似的烦恼。见君王,三言两语便知端底,抬脚走人,不像孔夫子对君王们喋喋不休,赖着不想走。庄子修炼成大贤的过程是个谜。破落贵族的自卑感催他发愤么?这种可能性比较大。庄周学而不厌的初衷,盖与孔子同:要重返士的阶层,货卖王庭,货卖贵族之家。他孜孜不倦追随老子,境界大了,初衷变了。陋巷中与百工、畸人相善,发现了底层民众的生机勃勃,以此反观朝堂,洞察了诸侯贵族的卑鄙愚蠢固化。

托尔斯泰痛批俄罗斯贵族阶层的糜烂,狄更斯发现美好的事物多在英国民间。

定位于民间,逍遥于江湖,优游于万物。庄子的生存格局之大,谁能望其项背?"瞻之在前,忽焉在后",庄子像一团秋风中的鬼火飘忽不定。捉不住。

老、庄、孔、孟、杨、墨都是民间的知识分子,春秋战国的庙堂人物在干什么呢?他们的所思所言,为何不能进入历史性的价值殿堂?那些利益纠缠者注定是小眼睛吗?

几百年间,数以万计的庙堂大佬被历史抹掉,这个现象蛮有意味。为何被抹掉?

庄子游了齐鲁归故里,发现田氏有些异样。近一年的光景不相见,阔别胜新婚才是。然而,田氏淡淡的,眉宇间闪烁着寂寞。庄子带回家的齐纨鲁缟、几块金子,田氏只瞟了一眼,脸上不见往常的喜悦。庄子每隔一阵子要出远门,少则月余,多则一年。想家的时候他就回家,他知道妻儿也在想他。可这一回,田氏总是倚门望,不知道她望啥。

丈夫回家了,妻子还在望。编鞋匠编的草鞋堆在墙角,田氏懒得去推销。思想家唠咕齐鲁的见闻,却轮到老婆对他听而不闻了。平日里庄子要对田氏讲哲学,田氏听不懂,但模样在听。庄子对田氏讲哲学,比对着墙壁讲要好一些。田氏的眼睛有点反应。

有一天庄子歇工,步出柴门闲溜达,看见一个年轻女人使劲扇新坟,问她,她说扇干了丈夫的坟才好再嫁。庄子帮她挥扇,据说用了法术,少顷,新坟变旧坟,女子欢天喜地去了。庄子回家把这事讲给田氏听,田氏一改连日的慵懒情态,摆出了道德面孔,说,她才不会如此绝情呢。如果庄子死了,她肯定无限悲伤,为庄子守墓,思念庄子生前的好,对天下的好男人视而不见。庄子很感动。而田氏讲他的死掉,有点小激动。

三天后,庄子忽然暴病而亡,田氏果然悲伤,一把鼻涕一把泪的,抚棺不肯离开,对左邻右舍哭诉庄子的生前。夫君啊,编草鞋养家多么辛苦!到头七这天,一个楚国的"胭脂男"来吊丧。不几日,田氏的哭声便小,泪眼儿便有些顾盼,渐渐放出几缕妩媚来,走路摇着细腰圆臀。二人眉来眼去有意思了。忽然又来了媒人,替他二人说合,要做夫妻。田氏顿时喜上眉梢,巴不得庄子的丧事立刻就完。那楚国后生也是兴高采烈,恨不得一步进洞房,却又踌躇,有心事的样子。田氏赶紧问他,连问三次,还拉扯他的衣袖,凑近他细腻的奶油脸加胭脂唇,于是,这奶油脸开了口,说自己有一种疾病,需用人脑髓做药引子才能药到病除。可是到哪儿去弄人脑髓呢?他真是又爱又愁啊。田氏拍手道:这还不好办呀?一说爱,啥都不存在!我家庄周的脑子最好使了,连楚王都赞赏!用庄周的脑髓做药引子肯定没问题,拿斧子劈开他的棺材,再劈开他硕大的脑袋瓜……

一见钟情的狗男女说干就干,锋利的斧子抡得高高,砰砰啪啪砍棺材。单用斧子不好使,复用铁锹撬,用铁锤砸。猴急的狗男女配合默契,互相瞅颜值,劲往一处使。

邻居闻声奔来看,纷纷谴责田氏,其中有那个扇坟的年轻女人。田氏抹汗歇口气,瞪了眼批她:你也配来谴责我呀?你扇坟,我撬棺,还不都是为了改嫁奶油后生胭脂男?咱们放眼去瞧瞧,这十里八村的新寡妇、旧寡妇,哪个不思汉?没胆子放开手脚干罢了,我田氏敢想敢做,我田氏敢做敢当,我田氏说撬棺就撬棺……这半老徐娘越说越起劲,连比带画的,俨然理论武装了俏脸,马上要占领新道德的制高点。

邻居们开始产生分化,扇坟的女人挪脚到田氏的一边,已有几分站队的意思。田氏扬细眉,双手叉了水蛇腰,宣称:我最后一板斧,哼,劈开这棺材!

话音未落,棺材自动开了。田氏一愣,头皮随之发麻。棺材里边的庄子欠身坐起,还打了一个大呵欠,吐出一口"鬼气"。田氏惊叫起来,手中的板斧落地,她转身逃命,刹那间已在几丈外了,却被一只长长的"鬼手"轻轻拉了回去。田氏转而跪地求饶,发誓要和庄子永做恩爱夫妻。庄周先生一笑,赋诗云:"生前个个说恩爱,死后人人欲扇坟。画龙画虎难画骨,知人知面不知心。"田氏大哭,乞求,庄子说:"若重与你做夫妻,怕你巨斧劈开天灵盖!"

这是庄子休妻的故事。冯梦龙的小说写得精彩。那涂唇抹脸的胭脂男原是庄子化身。

从此以后,胭脂男(类似今日小鲜肉)就成了历史嘲骂的对象。英雄豪杰才受到普遍尊重。苏轼《念奴娇》:"遥想公瑾当年,小乔初嫁了,雄姿英发。羽扇纶巾,谈笑间,樯橹灰飞烟灭。"大乔小乔,会嫁给连胡须都稀稀拉拉的小鲜肉吗?

好女不嫁二夫,暗通忠臣不事二主,历代封建统治者玩这老把戏。庄子拿固化的道德说事,尽管狠批老婆变心太快,下手太狠,却也正视人之大欲:守寡的女人哪个不思汉啊?寡妇的门前,千百年来是非多。这是基础性存在。再是忠贞于亡夫的女人,心里也有微波荡漾。然而,她们只能把无边的情愫硬生生憋回去。白日里她们倚门呆望。漫长夜她们孤灯孤枕。梦里一时贪欢,醒来更孤单,泪湿罗衾寒。由于孔孟之道,由于汉儒以来的进一步发挥,贞节牌坊林立。中国古代,年轻守寡的女人人数是天文数字。

欲望的千年收缩预设了欲望的百年反弹,而反弹过度,又上演了无数的悲剧,悄无声息的悲剧。——若干年来,年纪轻轻独守空房的女人有多少?不敢嫁人的大龄女子有多少?半夜三更有多少流不尽的苦涩泪?"眼空蓄泪泪空垂",长夜漫漫哭向谁?

某些城市的街头流行语,道出她们下决心"孤独死"的无限辛酸……这个不提也罢。

田氏哭哭啼啼,惹得儿女俱伤心。庄子原谅了老婆。夫妻一场,不闹几回咋是夫妻啊?田氏闹过头了,知错还是好老婆。毕竟她寂寞难耐,有些事她羞于启口,"才下眉头,却上心头",怨不得也怨不得。尽管庄子高瞻远瞩了,但庄子仍然看得见自己的老婆。老婆推销草鞋很积极,老婆烧火煮饭很用心,老婆酿酒品茶渐入佳境,老婆还走进书房,揣摩那些文字竹片片,认真听庄周讲哲学,扑闪一双大眼睛(自恋少了,亮度反而增加)……"两个意义"相安无事了,不容易,二十年呐,真是不容易。庄子不动情,不发火,洞察人性之幽微,出离自己,将心比心,看见徐娘半老的老婆的浑身无奈。

若非庄子无我,焉能看见老婆隐忍的辛酸?他不出离自己,焉能将心比心?

哦,所有的花朵都是非常有限的花朵。芳香的浓度与花期成反比。

优秀者一般个性强,也容易囿于他(她)的个性,画地为牢。为什么?个性强意味着把自身裹得紧。裹不紧,个性便不强。这是关于个性的生存论阐释。

个性鲜明,又能够出离个性者,已是朝着圣贤的无我方向。

庄子在老婆的"舆论范围"内表扬老婆,田氏兴奋了,一把抓住自己的新优点。看文字听演讲,她露出若有所悟的样子,不觉生出新俊俏,有点优雅典雅的味道了。

从优美到优雅有一段长长的路。

今日女性欲优雅,需做些自我更新的功课。

由于田氏暗暗的努力,庄周越来越能讲了,屋里没人他也大讲特讲,斑驳的土墙上似乎人影多。有一天,田氏悄悄走到破窗下,听庄周安排老子给孔子上课:"天不得不高,地不得不广,日月不得不行,万物不得不昌,此其道与!"

书堆里的庄子又模仿孔夫子的腔调:谨受教,谨受教也!

田氏想:原来老天爷不得不高,原来日月星辰不得不行……

"不得不"的背后,是宇宙的第一推力么?霍金先生为宇宙第一推力绞尽脑汁。(昨天听到霍金去世的消息,这个星球上又少了一个能够质疑文明进程的科学家。)

田氏蹑手蹑脚走开,翻开一块瓦片,想把"道"找出来;田氏又去察看鸡屎狗尿,边看边寻思,忽然一拍大腿:柴米油盐也有道嘛!

庄子家里的饭菜越来越香了。小道因应寻常事,大道关乎天地间。

据说中年庄子始有弟子,弟子的数量保持在三十个以内,每年向老师献上一些狩猎之物。老师带领弟子们周游诸侯国,庙堂见君王,照例"衣大布",粗布,麻绳子,旧草鞋兼破草帽,压过满朝文武的冠冕堂皇。连日滔滔不绝,依旧才大气豪。

君王们惊叹:庄周先生的知识真是无比渊博呀!

掌握知识是为了越过知识,朝着思之虔诚,而不是囿于知识,一天到晚的学术腔。

庄子的学问"无所不窥",最终归向无。无生有。庄周讲:无背后的那个无,即是有。

我们这个宇宙之外的宇宙在何处?人之下的生命形式有千万种,那么人之上呢?人之上的生命形式是否也有千万种?人类,乃是漫长的进化过程中的人类,不可能具备终极理解力。但持续追问终极性的问题,会问出一些东西来。

《庄子·庚桑楚》:"学者,学其所不能学也。行者,行其所不能行也。辩者,辩其所不能辩也。"读者,读其所不能读也,摸高式阅读乃是阅读的最佳状态。不断向上的生命乃是生命的最佳状态。何谓向上?激发善与美的潜能便是向上。

鲁迅:"世上本无路,走的人多了,便成了路。"

荷尔德林:"思想最深刻者,热爱生机盎然。"海德格尔让这句诗恒传全球。

看的冲动绵延百万年,于是进化出了一双眼睛。这个现象揭示了生命冲动的模糊性,冲动者并不自知,却日益朝着长远的目标。这个现象道破杜威实用主义的短视。实用主义催生的眼睛,锁定于功利,纠缠于算计,把人钉死在图像化的世界。这个图像不是指影像(参见海德格尔《世界图像的时代》)。

《庄子·庚桑楚》描画了老子的得意弟子庚桑楚的形象,令人觉得,庄周就是庚桑楚。庚桑楚住在畏垒山,仆人但凡有精于算计的,一旦发现便辞退。侍妾但凡有标榜仁义的,一旦发现便写休书。纯朴勤劳者,留在畏垒山。三年,日子丰盈。畏垒人相顾曰:庚桑楚初来时,我们认为他是怪物,现在时间长了,我们认为他是圣人!"今吾日计之而不足,岁计之而有余,庶几其圣人乎?"畏垒人要推举庚桑楚做国君。

庚桑楚不悦,不表态。弟子们不理解庚桑楚老师,搬出了尧舜。庚桑楚正好拿尧舜作为他的批判武器:"且夫二子(尧舜)者,又何足以称扬哉?……举贤则民相轧,任知(智)则民相盗。之数物者(这类方法),不足以厚民。民之于利甚勤,子有杀父,臣有杀君,正昼为盗,日中穴阫(挖墙)。吾语女(汝):大乱之本,必生于尧舜之间,其末存乎千世之后。千世之后,其必有人与人相食者也!"

孔夫子高扬仁义,庄子去掉仁义。庄子想要连锅端,跳出仁义与非仁义的循环怪圈。庄子的崇高性与悲剧性均于此显现。孔子晚年,自知悲剧性,"知其不可而为之。"

此一层,庄子先生悟得更早,思得更远。

庄子去赵国燕国的路上,陆续抱着几副骷髅睡觉,不知一觉醒来,有何奇思妙想。他一个人躺在天地间,望着满天星斗一弯新月,哲思若有若无,心中如歌如酒。人的躯体,不过是"渐聚之形"罢了,形散了,生命归于一团气。物质不灭。能量守恒。

庄子能够放浪形骸,能够在尺方之内逍遥游。他已经越过了人间的尺度,看不见高低贵贱生老病死。思维不断地弹向高空,却又朝着人间烟火。八十岁的庄子啊,五十年的草鞋匠啊,筋骨犹健,双目如炬,两条铁腿走如飞,踏着野坟追鬼火,跟踪盗墓者的黑影,仿佛朝着自己的墓地前进。意外的收获常有。

有一天明月夜,在某个坟场,庄子发现盗墓者中间,哈哈,居然有两个衣冠整齐的儒生。儒生盗墓的手法很娴熟,表明是老手,惯盗,进入盗洞还互相礼让。一大一小的儒生配合默契,一面从死者口中慢慢敲出珠宝来,一面哼唱《诗经》,高雅而从容。类似的小故事,庄子讲了不少。小故事做出大文章,把那些道貌岸然的卑鄙者一网打尽。道貌岸然的家伙何其多也,从古代走到现代……

庄子先生冲着野地呼喊:无啊,无啊,你在哪里?你从何而来?你要到哪里去?

孔孟讲实在,老庄强调虚无。二者"打架",打了两千多年胜负未分,倒是不打不成交,不打不相生,形成百代互补的中华文明之大格局。

孔子见麒麟,"知死期近也",那模样有些凄凉。庄子不同,从二十来岁向死而生算起,他每天都在经历着死亡。他死了六十年还在死,花谢草枯鸟亡,如同发生在他自己身上。头屑的散去,头发的变少,指甲的剪掉……均是小死亡,朝着大死亡。

亲近死亡不是哲学家和艺术家的专利,中国民间习俗拿生死做文章,细节非常多,地域的差异非常明显。丧事自古隆重,墓园与家园亲如一家。墓地高低错落,不求整齐划一,分布于房前屋后,绿树修竹掩映着,逝者日夕在生者的视野内,思念中。一代又一代,生死大循环。中国式的墓葬笼罩着人间的温情。这对生者是莫大的安慰,因为有朝一日,生者会变成死者,会躺进棺材里去,会在阴间接受来自阳世的祭祀品。

上坟,扫墓,烧纸钱,一年总有三四次,维系着中国人的亲情,维系着极宝贵的家庭观念。几千年的好风俗,希望再传千百年。网络祭祀,偶尔为之可也,万万推广不得。

祭奠亲人必须到墓地。小孩子尤其要去,要跪着献花或是烧纸钱。

庄子在人伦的领域纠正孔子,补充孔子,在自然和审美的领域远远超过孔子。庄子盯死亡,盯虚无,创造了中国式的无中生有。盯死亡是说,意绪纠缠于形形色色的死亡。越是优秀的、强大的人物,对死亡越敏感。死亡袭来,叶落惊秋。有些昆虫的寿命极短暂,浮游生物一闪而逝……庄子年纪轻轻就注视着这一切,犹如孔子注视周公。

老庄先行到死无数次,死亡本能最大限度地得以发挥。

先哲们先是身不由己忧死亡,后来,美滋滋奔赴想象中的死亡。对死亡的恐惧人人都有,有些哲人把一己之身和万物的荣枯放在一处,于是参透了生死,反而活得欣欣然。当然,向死而生的过程颇复杂。盯各类死亡盯久了,反而洋溢着生气,豁达之气,庄子是这类人的总代表。陶渊明为自己写挽诗,盖由于脑子里的死亡画面挥之不去。苏东坡向死重生。曹雪芹悲红悼玉。蒲松龄常走乱坟岗。瓦雷里、里尔克的诗歌,托尔斯泰、海明威、罗曼·罗兰的小说,都充满了美妙的死亡意绪。哦,《乞力马扎罗的雪》……

庄子齐了生死,于是庄子不死。《庄子·大宗师》一文,他借笔下的人物子舆谈论死后的美妙:假如造物主把我的左臂变成公鸡,我就报晓;把我的右臂变成弹弓,我就天天打斑鸠,林中生火烤来吃;把我的臀部变车轮,我就坐车浪迹天涯……庄子一席话,把自己谈成了中国的死亡大宗师。死亡越谈越多,越看越细。

越是强大的生命体对死亡越敏感,中外皆然。

强大者的死,宛如狮子老虎的死,其惊心动魄,也是自然而然。

巨峰的倒掉可不是一般的倒掉。

庄子齐了生死,于是死也淡然,不似巨峰的倒掉,而是化入草木,化入由他所指认的那团生成宇宙之元气。我认识一老农,他把自己的骨灰视作有机肥,要撒在他亲手栽的一棵树旁。庄子有理论,懂宇宙,思之力绵延千万年。老农的临终安排与庄子无异。

八十三岁的庄周先生一病不起了,忍受病痛的反复折磨。大哲也呻吟,病榻上爬来爬去,曾经妙语连珠的嘴唇开合艰难,曾经无限幽默的下巴呆板如泥。弟子们连月哭守,准备后事。弟子们要厚葬老师,要有许许多多像样的陪葬物。

老师说:我是个编织匠,草席一卷了事,大地就是我的坟墓与棺椁,日月是价值连城的璧玉,满天的星星是珠宝,还用什么陪葬品啊?野兽、乌鸦、老鹰吃掉我,和蚂蚁啃咬我的骨头有何不同啊?孔丘搞厚葬,搞尊卑三六九等,繁琐的葬礼一大堆,官商仿效劳民伤财,贵族还陪葬活人,影响实在太坏,这些个蠢货物于物呀,这些个蠢货装模作样,像个不死者。老子的学生庄周能干那种蠢事么?庄子的弟子们、弟子们的弟子们能干那种蠢事么？尔等记住了：赤条条来去无牵挂！神奇化腐朽，腐朽化神奇。我庄周去九重天再拜老子，请教九个问题；再见老婆田氏，跟她絮叨絮叨，谈有说无……

弟子们谨受教，八方去传播。

一个弟子发疑问：老师的临终遗言是不是有点啰嗦？

据史料，庄子葬于故乡蒙邑的一棵不成材的歪脖子树旁。那高岗上的歪脖子树（庄子一生青睐的"不材之木"），根深叶茂，已经活了两千三百多年，根系强劲伸展，虬枝指向四方，树冠摇动着漫天风雨，仿佛旷古之大贤化作了有机肥，肥效长远不可测。

庄子作为文明的质疑者，作为古今异化的天敌，作为生活遮蔽的解蔽者，他是不会死的，除非人类像全能的上帝一样，有能力消除所有的异化与固化。

拜读《庄子》，意味着无限生发。

2018年3月21日　再改于四川眉山之忘言斋

孟　子
（战国　约公元前390—前306）

孟轲的问道悟道传道，六七十年如一日。真够倔，真血性，真有韧劲。少年野性之内敛，获得了重新喷发。他部分延伸了孔子之道，以其激烈抵达了平和，有些话比孔子讲得更透彻，例如民贵君轻。帝王们不喜欢他是正常的，到了北宋，他的身影高大起来，文庙配享孔子，明朝又被拿掉。清朝把他请回去，大抵是幌子，哪里能够民贵君轻。

孟子

孟子和孔子一样,一生中干了什么不是很重要,说些什么很重要。汉语的长河中有一些浪花万年不息,"永远在重新开始",其中一朵叫孟子。

"孟母三迁"的故事,古今儿童皆知,《列女传·邹孟轲母》讲:"邹孟轲之母也,号孟母。其舍近墓。孟子之少也,嬉游为墓间之事,踊跃筑埋。孟母曰:'此非吾所以居处子也。'乃去舍市傍,其嬉戏为贾人炫卖之事,孟母又曰:'此非吾所以居处子也'。复徙舍学宫之傍,其嬉戏乃设俎豆揖让进退,孟母曰:'真可以居吾子也!'遂居之。及孟子长,学六艺,卒成大儒之名。君子谓孟母善以渐化。"邹国是今之山东邹县一带。

儿童嬉戏于墓河间和闹市区都不行,孟母把儿子迁到学舍旁,儿子以俎豆揖让为戏,这一来,孟母放心了。可见环境对小孩子的重要性。前两次居住了多长时间无记载,应该有几年吧,小孟轲疯玩野地蹦蹦跳跳,似乎对墓葬特别感兴趣,对大小错落的坟包包,有一种说不清道不明的感觉。正在惊奇万物的小生命惊愕枯骨乃是天性,由此埋下追问死亡的种子。我记得1970年代,和伙伴们嬉戏郊野坟地,一次次玩不够,坟墓中的人骨头与坟头小花散发相同的气息。有男孩儿把死人大腿骨用来扛书包,用头盖骨作溺器,用头发丝拴弹弓的橡皮……总之,惊愕、惊讶、惊慌和炫耀胆量,都是亲近死亡的人生情态。乡下那些房前屋后的坟包包最吸引人了,任何小动物小虫子,都像是阴间派来的诡异使者,每一团移动的鬼火都惹人想去追赶,或是转身逃跑,发足狂奔。

瑟瑟秋风夜,在坟地里仰望繁星满天,相似的神秘感逼入灵魂。这神秘感生发的意绪无限多,指向生命的本质,诱发所谓不切实际的思索,所谓不着边际的遐想。孔子回避死亡追问,孟子早年的相关记载把他拉向孔子,包括玩祭器、习礼仪和远离商贾。这类代代相循的记载要打问号。我是存疑的。

顺便提一句,繁星满天正在变成一个书本上的词。现在的晴朗秋夜,星星减少大半。儿童盯着星空浮想联翩的发生率大大降低。这使天地之魅惑打折扣。

孟子的性格比孔子激烈,也许跟他小时候的疯玩有关。他三岁丧父,失去严父的管束,像个亢奋的、不知疲倦的野孩子。母亲每日忙于生计,不知道他野哪儿去了。士的家庭,家道中落,孟母既当爹又当妈,织布织布织布,辛苦辛苦辛苦,换来一点柴米度日。她大约对丈夫活着的时候的好日子印象深,士,次于士大夫,也算贵族阶层,尽管士分三等。孟子又跟孔子同,属于没落贵族。没落贵族子弟要发愤念书,野孩子怎么发愤呢?孟母讲大道理,孩子听不懂,听不进去,于是她下决心搬家。搬到闹市区又不行,野孩子还在野,野的名堂多,鬼点子层出不穷,天天有新花样。于是,孟母三迁。

孟母,岳母,苏母,历史上的几位贤母,对苏轼的母亲程夫人的记载比较详细。苏母教育了苏轼、苏辙两个好孩子,亲自当街卖布供三苏父子的花销,累坏了身子,早逝。司马光写《程夫人墓志铭》,盛赞这位知书识礼的贤母。程家是眉山首富,"门前万竿竹,堂上四库书。"两宋三百年,眉山一个县,及第进士多达909人,高居全国州县之首。

孟母三迁还是不行,野孩子孟轲野惯了,念书不认真,喧哗、闹腾,装怪,书桌下学小猫爬行,转眼间他爬到树上取蝉壳,踏树枝打闪闪,一副得意相。"孟母断机"是紧接择邻故事的第二个故事,孟母把织布机砸了,把织好的布也剪了。动作很大,虽然她不说一句话,意思却表达得很清楚,这日子没法过了。门边的野小子终于大惧,目瞪口呆。

孟母被列入《烈女传》,性情激烈如虎妈。孟子毕生激烈,看来得了她的遗传与身教。

孟轲的孩提时光受呵斥,挨耳光,大约是家常便饭。

男孩子在挨打中成长这一传统,一直持续到二十世纪七八十年代。

抗压力与雄性激素同步生长。多么宝贵的抗压力啊,多么畅通的雄性渠道。"当时只道是寻常。"

孟母断机,对孟轲有棒喝之效。响鼓不用重锤,孟轲显然不是响鼓。野孩子的野性收敛了,换个词叫野性内敛,变换了释放野性的方式。顽皮少年的读书,通常伴随着乖孩子所缺少的灵动,伴随着悟性。少年孟子野够了,安静了。这种安静是孕育着喷发的安静。读书摄其精髓,去其糟粕。战国时期的经典读物已经非常多,非大力者殊难穿透。"天子失官,学在四夷。"孔夫子十五岁"志于学",孟子发愤的时期可能相似。孔孟二人又有相似的孩提铺垫,一个是苦孩子,一个是淘气鬼。一个是自卑谋求超越的典型,一个是棒喝顿悟的模范。孔丘放羊,驾车,射箭,玩弹弓,做乡里婚丧仪式的吹鼓手。孟轲学六艺,又学得一身剑术。

圣贤们的精神与身体之力的双重喷射,乃是普遍现象。

少年孟子志于学了,但还有一个问题尚未解决:道德感的生成。坏人也在用功读书。孟母教子的第三个故事强调诚信,说话要算数。《韩诗外传》:"孟子少时,东家杀豚。孟子问其母曰:'东家杀豚何为?'母曰:'欲啖汝。'其母自悔失言,曰:'吾怀妊是子,席不正不坐,割不正不食,胎教之也。今适有知而欺之,是教之不信也。'乃买东家豚肉以食之,明不欺也。"东邻杀小猪,孟子问为何要杀猪,孟母随口说杀猪是为了让儿子吃肉。说完她后悔了。东家杀猪并不是单为孟子,人家原是卖肉的。孟母像孔夫子一般反省自己,不能说谎,不可自欺欺人。于是她买了东家猪肉,母子俱欢喜。

胎教一词,不知道是否起于孟母。

孟子在邹国修成大儒,四十三岁开始周游列国,七十八岁永归故乡,不复出游,居家授徒,著书立说。他可能生于周安王十二年(公元前390年),卒于公元前306年,享年八十四岁。二十二岁左右,孟子受业于孔子的孙子子思,这一点,学者争议大。《中庸》的作者子思活了八十二岁,提供了思想家长寿的又一个例子。

孟子带着众弟子去齐国的都城临淄,试图用他的儒家学说打动齐威王,发现很困难。人家对他客气,以客卿之礼待他,食有鱼出有车,宴乐有齐艳翩跹。他和齐国的知识分子辩论常常占上风,齐威王听得入迷,听完了,派人送他回馆驿。儒家学说对激活思维有好处,但没有一个君王愿意搞仁政。尧舜禹,文王,周公,孔子,这个价值谱系不足以撼动君王们的利益考虑。战国时代的战争频率高于春秋,"春秋无义战",战国更不讲道理。讲道理也是为了蛊惑人心,让势力更大。斗狠争利是几百年的常态,孟子想要终结这一常态,其心之大,一似孔子。孔子周游列国磨破嘴皮子,碰完软钉子复碰硬钉子,状如丧家犬,不做豢养狗。时隔一百多年,孟子步孔子的后尘。

列入"民国大师文库"的民国学者罗根泽的《孟子传论》(后简称《传论》)云:"儒家道术,盖衰微矣。"

《汉书·艺文志》:"昔仲尼没而微言绝,七十子丧而大义乖。"

《传论》:"杨朱墨翟之流,其身虽死,其学徒充斥天下,奔走号呼,宣靡一世。"

法家商鞅,兵家孙子、吴起,道家庄周,农家许行,纵横家张仪、苏秦,各种学说竞起,复与儒家争夺话语权。罗泽根说:"此外言之成理,持之有故,卓然成一家之说者,不可胜数。"百家争鸣盖指此焉。要比谁的声音大,比谁讲得明白,比谁能说动君王。儒家渐渐落了下风,于是孟子的嗓门高,情绪激昂,措词单刀直入。

一个人舌辩天下。几辆车周游列国。

《传论》:"一时诸国君相,又多急功好利之人。内之,聚敛民财,以供无餍之欲。外之,互相侵伐,置涂炭人民于不顾。"

汉代刘向《战国策·目录序》:"至秦孝公,捐礼让而贵战争,弃仁义而用诈谲,苟以取强而已矣。夫篡盗之人,列为侯王。诈谲之国,兴立为强。是以转相仿效,后生师之,遂相吞灭,并大兼小。暴师经岁,流血满野。父子不相亲,兄弟不相安,夫妇离散,莫保其命,泯然道德绝矣!晚世益甚,万乘之国七,千乘之国五,敌侔争权,盖为战国。贪饕无耻,竞进无厌……力功争强,胜者为右。兵革不休,诈伪并起。"

可怕。人性恶的表演以极端为常势。

天下大势如此,百国纷争催生百家争鸣。学者称,战国学术发达有七种原因,其中文字的趋简、交通的便利、诸国争人才、讲学之风盛,要排在前面。打仗要修路,交通发达,也利于思想家和策士们八方游走,强劲思索,奔走号呼。

人性善的呼声在战乱中抵达古代之最。

依愚见,春秋战国五百多年,各种极端性的东西都登上了历史舞台,表演之充分,空前而绝后,大恶大善,大愚大智,大伪大真,均在文献中留下取之不尽的能量。邪恶和愚蠢都是永恒。尼采"相同者的永恒回归"可能是指:基础性的人性情态都会重演。

《道德经》:"圣人不死,大盗不止。"换言之:大盗不止,圣人不死。

罗根泽《传论》:"士无定主,民无恒心,尚权诈而贱笃诚,趋淫泆而卑质朴。"

士无定主,朝秦暮楚。孟子亦无定主,齐国待不下去了,转游其他诸侯国。《传论》:"周慎靓王元年,梁惠王卑礼厚币,以招贤者。孟子至梁,梁王问何以利吾国,孟子曰:'亦有仁义而已矣,何必曰利?'于时……孟子盖五十余岁矣。"

为什么不说利?盖因逐利是本能,如果再去说利,会让本能的表演压倒人与人相处的规则。孔子一生罕言利,孟子把利字亮出来,加以审视和批判。

孔子:"学也,禄在其中矣。"孟子也需要梁惠王的卑礼厚币。

一般认为孟子持性善说,但罗根泽先生的议论却是:"即其言性善者,亦怵于战国人士之丧心病狂,奸险恶狠,倡言性善,冀以唤起其良心,而依仁蹈义耳。"

良心如何是良心?良心的基础性情态是什么?

孟子:"民为贵,社稷次之,君为轻。"民众福祉乃是天地良心。君王不想听,王公贵族不想听。孟子想说的是:长远的利益才是国家的最高利益。然而目注长远者总是少数,纠缠短期利益者总是要纠缠。二者的斗争从未断绝。

《孟子·梁惠王》:"孟子见梁惠王,王曰:'叟不远千里而来,亦将有以利于吾国乎?'孟子对曰:'王何必曰利?……王曰何以利吾国,大夫曰何以利吾家,士庶人曰何以利吾身,上下交征利,而国危矣。'"

《史记·魏世家》:"孟轲曰:夫君欲利则大夫欲利,大夫欲利则庶人欲利,上下争利,国则危矣。为人君,仁义而已矣,何以利为?"

孟子游说君王苦口婆心,领略了权势者的冷漠、傲慢、愚蠢。

知识分子又各执一词,派系林立。词语的空间看上去一片混乱,词语的能量互相抵消。《传论》:"乃至孔子惟不攻异端,孟子则大辟邪说,孔子且欲无言,孟子则哓哓争辩;亦因孔子之时,异端尚未大炽,孟子之时,则群说杂出,欲昌己道,必辟邪说。"

《孟子·滕文公》:"公都子曰:'外人皆称夫子好辩,敢问何也?'孟子曰:'予岂好辩哉?予不得已也!……圣人不作,诸侯放肆,处士横议,杨朱墨翟之言盈天下,天下之言,不归杨,则归墨。杨氏为我,是无君也,墨氏兼爱,是无父也。无君无父,是禽兽也。……杨墨之道不息,孔子之道不著,是邪说诬民、充塞仁义也。仁义充塞则率兽食人,人将相食。吾为此惧。闲先圣之道,距杨墨,放淫辞,邪说者不得作。……昔者,禹抑洪水而天下平,周公兼夷狄、驱猛兽而百姓宁,孔子成《春秋》,而乱臣贼子惧。……我亦欲正人心,息邪说,距跛行,放淫辞,以承三圣者。岂好辩哉?予不得已也。能言距杨墨者,圣人之徒也!'"

孟子以圣人之徒自居,倒是不谦虚。不得已而好辩,语速快得像子弹。

攻异端,辟邪说,然而什么是异端邪说?孔子不攻异端,孟子猛攻异端。

墨子讲兼爱自有他的道理,处于底层的工匠们要团结起来,方能摆脱受奴役的状态。"兼相爱,交相利"是墨家信条,从整体看,长期受奴役的工匠们的兼爱,大于父子之情,否则依然一盘散沙,依然受压迫。君王难以接受孟子,更难接受墨子。

孟子的价值谱系与墨子的价值谱系,着重点有异,而总目标一焉。全社会和谐的前提是各个阶层的抗争,尤其是受压迫的底层民众的抗争。孟子讲"民为邦本",他的这个民比较抽象,不如墨家、农家的民来的具体。

孟子描绘他的理想国:"保民而王,莫之能御也。……五亩之宅,树之以桑,五十者可以衣帛矣。鸡豚狗彘之畜,无失其时,七十者可以食肉矣。百亩之田,勿夺其时,数口之家可以无饥矣。谨庠序之教,申之以孝悌之义,颁白者不负戴于道路矣。老者衣帛食肉,黎民不饥不寒,然而不王者,未之有也!"

灾荒年怎么办呢？骄奢淫逸者贪得无厌怎么办呢？强势者之间争利斗狠怎么办呢？国与国之间大动干戈、战乱不休怎么办呢？

孟子叹曰："人之所以异于禽兽者几希。"

孔子晚年长叹："吾道衰也！"

孟子两次游齐，在齐国待的时间长，其次为梁。他又去滕、鲁、宋、薛、楚等诸侯国，最后归邹讲学。先去哪儿后去哪儿，学者争论数百年，费精神而未必有意思。思想家的生平还是少说为妙。繁琐的考证一如过度训诂，把经典搞得复复杂杂。一本本的大部头，直叫人皱眉头。一个历史人物，往往背负着几千万乃至几亿个方块字。人文学科以自然科学的研究方式来构架，来展开，来衡量自身，盲点生发更多的盲点，酸腐学者成群结队，并且，鱼贯入课堂。学术工业的海量产品有碍传统价值的流布。古代思想家、文学家系列传记，双引号和书名号连篇累牍，密密麻麻，直叫人生畏，生厌。

孟子数十年如一日，不辞辛劳，大讲特讲仁义道德。他认定自己拥有绝对真理。他是孔子的继承者，有一些洞见超越了孔子，例如格外强调民本。保民而王，才能立于不败之地。不保民，君王自身难保。但是，保民的过程复杂而漫长，君主照顾了大多数，少数强势者会百计阻挠，犯上，弑君，夺龙椅。君主的自保，常常是要先保住他的统治集团。薄赋税，减徭役，惠民生，统治者和士大夫的利益就会受损。

天下财物，不在民就在官。保民而王难于上青天。

有一些朝代的利益布局相对均衡，比如北宋的前期和中期。

孟子每到一地，"言必称尧舜。"

《孟子》一书，讲仁义最多。

他在王庭大论滔滔妙语连珠，"王顾左右而言他。""王勃然变色。"议论一环扣一环，合乎逻辑更合乎道义，君王们耐着性子听，还频频点头，听完了一切照旧。孔子做过鲁国的大司寇，搞过堕三都，孟子未曾有过一官半职的实权。他有话语权，一直在上层走动。享受客卿的待遇，生活大抵舒适。弟子们跟随他远游万里。他有一个移动的思想讨论班，在路途中、在豪华宾馆和鸡毛野店，一次次展开论辩。日常生活的细节记载少。《论语·乡党》专章讲孔夫子的衣食住行。孟子的形象浮现在他的言辞中。

据说他夫人姓田,和庄子的妻子同姓。

孔孟的意义是确立尧舜的价值。尧舜光明如日月,照着华夏大地,治世欢呼尧舜,乱世呼唤尧舜。自汉代以降,没有一个君王拿尧舜做相反的文章,昏君也打尧舜旗号。乱臣贼子嚷嚷尧舜周孔嗓门高,例如司马昭。连董卓、蔡京、秦桧也要大谈孝悌。

《传论》:"孟子之学,植基性善,而以仁义为归宿。《孟子·尽心》:'口之于味也,目之于色也,耳之于声也,鼻之于臭也,四肢之于安佚也,性也,有命焉。君子不谓性也。'则性有不善,孟子亦知之,特不言耳,恐言之而人借口于性而不行仁焉。"

海德格尔:"不是人道说着语言,而是语言道说人。"

孔夫子不言性,孟子讲性善,盖因后者身处的时代更糟糕。如果像荀子一样讲性恶,会让乱世变得更乱。庶民细民识字的不多,有阅读经典能力的人更少,如果知识精英们大多讲性恶,庶民百姓会觉得黑暗遮天蔽日,永无出头的一天。

朱彝尊《经义考》引文曰:"《孟子》七篇,专发明性善。"发明:发而明之。

提升人性善,词语是有效的。

民间的话语更有效,《论语》《孟子》未能思及这关键性的问题。他们紧紧盯住君王和士大夫,目光移向下层民众,看得少,看得浅,捕捉历史的张力有大盲点。高贵者常不屑于细察卑贱者。笔者重复:仁义道德不是孔子的发明,它的雄厚基础在民间,它是自有部落生存以来人际交往永恒的粘合剂。不特古今也,未来也如是。

"从群众中来,到群众中去",这个决定性的现代大智慧与孔孟无关。

《中庸》:"仁者人也。"

《孟子·尽心》:"仁也者人也。"

人就是仁,而不是仁的反面。实际上,这个关于仁的阐释来自其对立面。相反而相成,物极而必反。《论传》:"其志大,其取则远,故能蠹立于战国衰乱之世,俗愈卑而己愈高,众愈污而己愈洁。"孤标傲世的孟子。

傲世乃因他必须傲世，否则同流合污。

《孟子·滕文公》："古之人未尝不欲仕也，又恶不由其道；不由其道而往者，与钻穴隙之类也。"不由其道，当官就像鼠虫钻穴，这就把大量平庸者排除在外了，殊不利于团结更多的官员。唐宋优秀的士大夫也犯此病，自视过高，缺乏为官者必不可少的妥协精神，缺乏包容态度。像王安石、司马光，前后两位大宰相，意气用事而不自知。

《传论》："以当世之人，无足师效，尚友古圣，欲学孔子。案：孟子平日啧啧称道之古之圣贤，考之其书，盖已众矣。惟孔子以拳拳之心服膺，衷心而愿学者也；其他皆师其一端，学其一行也。"

孔夫子开源甚大，孟子足够激烈，因激烈而延伸了一些孔子开拓的路径。孟子周游列国的时间更长，对乱世的体验更深，这使他思考的每一步都返回到孔子。仁与不仁，义与非义，始终是他追问的出发点，是他的思绪弹射基地。

世事多变，追问不变。

一代又一代的士人追问下去，善的地盘会扩大，善的细微会显现。

《传论》："齐宣王问取燕。孟子曰：'取之而燕民悦，则取之。取之而燕民不悦，则勿取。'宣王取之。"《孟子·梁惠王》："孟子曰：以万乘之国伐万乘之国，箪食壶浆以迎王师，岂有他哉，避水火也。"

燕国的百姓水深火热，孟子赞同齐伐燕。伐无道成为发动战争的响亮口号，很不幸，也成为了所有好战者的借口。自古知兵非好战，圣人不得已而用之。谁是圣人？谁又是无道？战争的双方乃至多方都在发檄文，都摆出义正词严的架势。现代国际关系，民意调查通常是一笔糊涂账，战端一开，那些高唱自由透明的媒体集体噤声。

孟子提倡伐无道，应该是有事实依据的。燕民箪食壶浆迎齐师，避水火，当非虚构。

燕无道，齐伐燕。然而不久齐也无道，孟子就离开齐国。《传论》："孟子……叹王道之不行，叹民生之涂炭，喟然叹曰：'王如用予，则岂徒齐民安，天下之民举安。夫天，未欲平治天下也！如欲平治天下，当今之世，舍我其谁也！'"

天降大任于斯人焉,斯人就是孟子。

罗根泽先生叹曰:"悲天悯人之怀,济世拯民之志,百世之下,犹为之扼腕太息慨然兴叹也!"

同一个齐宣王,先有道,后无道。孟子叹民生之涂炭,拒绝高官厚禄,走得很坚决。可爱的形象跃然纸上。不过,以孟子的一双锐眼,看不出齐宣王的秉性么?齐宣王见孟子,自称:"寡人有疾,寡人好勇……寡人好货……寡人好色。"这样一个欲壑难填的君王值得辅佐么?孟子还叫他去伐燕,把他的军队称为王者之师。不特此也,《孟子》一书更记载下来。孟子抱着某种侥幸心理吗?罗根泽先生不追问这个。

齐伐燕,诚然是王师伐无道,讨伐的过程中却要失去多少无辜的生命?孟子说:"杀一无罪非仁也。非其有而取之,非义也。"这里显然自相矛盾。

齐取燕,在燕国推行了仁义、保民而王么?答案是否定的。

杀人盈城。杀人盈野。孟子如何反思自己对齐宣王讲的话?而学者讳言这个。孟子要让话语权最大化,不惜拿燕国的万千生灵作赌注?

后儒阐释孟子,把话语权拉向权势者。

孟子三十余年奔走于诸侯国,哪里有道就奔哪里去,包括去小国宋。弟子万章表示疑惑:齐楚要吃掉宋,宋该如何是好?他讲了一通大道理,说宋国若是行王道,"四海之内皆举首而望之,欲以为君,齐楚虽大,何畏焉。"到小国滕,也讲过类似的道理。讲道理不是为了吃饭,吃好饭却可以到更多的地方讲道理。

"得道者多助,失道者寡助。"

"富贵不能淫,贫贱不能移,威武不能屈。"

孟子几乎一个人去舌辩天下,舟车劳顿十万里。白发苍苍,还在不停地说。要让道理显现在阳光下,标榜于王庭,流布到市井。非仁义嚣张,仁义茁壮生长。秦汉重归一统,秦的国运短,汉的国运长。天下归一尽管有运行的新问题,而民生相对要好。国运长远成为天子的不二目标,包括以暴易暴的秦始皇。秦帝国二世而亡,历数只十七年,郡县制却贯穿两千年。汉代四百年,矛盾的累积使其走向开国智慧的反面。

唐宋亦然。

历史周期率的问题,在延安的一个窑洞中得到强有力的思考。人民群众创造历史,这样的历史判断,古代近代是没有的。如今,十几亿炎黄子孙,有足够的理由期待永久性的和平生活,永远告别华夏族之战乱。

以此观孟子,会看见孟子持论滔滔的伟岸身影。

《孟子·离娄》:"规矩,方圆之至也。圣人,人伦之至也。"

又:"三代(夏商周)之得天下也以仁,其失天下也以不仁。国之所以废兴存亡者亦然。天子不仁,不保四海;诸侯不仁,不保社稷;卿大夫不仁,不保宗庙;士庶人不仁,不保四体;今恶死亡而乐不仁,是犹恶醉而强酒。"

又:"人有恒言,皆曰'天下国家',天下之本在国,国之本在家,家之本在身。"

又:"民之归仁也,犹水之就下,兽之走圹也。"

又:"大人者,不失其赤子之心者也。"

"吾善养吾浩然之气。"豪言壮语而又能落到实处,盖孟轲肇其先也。类似的铿锵词语,古代以北宋为最,从范仲淹欧阳修,到司马光王安石,到范镇范纯仁苏东坡……

《孟子·告子》:"告子曰:'性无善无不善也。'或曰:'性可以为善,可以为不善。是故文武兴,则民好善;幽厉兴,则民好暴'……孟子曰:'恻隐之心,人皆有之。羞恶之心,人皆有之。恭敬之心,人皆有之。是非之心,人皆有之。恻隐之心,仁也。羞恶之心,义也。恭敬之心,礼也。是非之心,智也。仁义礼智。'"

孟子与告子辩论,拿水打比方。"告子曰:'性犹湍水也,决诸东方则东流,决诸西方则西流。人性之无分于善不善也,犹水之无分于东西也。'孟子曰:'水信无分于东西,无分于上下乎?人性之善也,犹水之就下也。人无有不善,水无有不下。'"

宋代《三字经》:"人之初,性本善。性相近,习相远。"

孟子:"仁之胜不仁也,犹水胜火。今之为仁者,犹以一杯水救一车薪之火也。不熄,则谓之水不胜火。"

孟子:"舜之居深山之中,与木石居,与鹿豕游,其所以异于深山之野人者几希,及其闻一善言,见一善行,若决江河,沛然莫之能御也。"这等于说:人人都有佛性。

上面几段引文,明白如话。

《孟子·离娄》:"世俗所谓不孝者五:惰其四支,不顾父母之养,一不孝也;博弈好饮酒,不顾父母之养,二不孝也;好货财,私妻子,不顾父母之养,三不孝也;从耳目之欲,以为父母戮,四不孝也;好勇斗狠,以危父母,五不孝也。"

惰其四肢,是今天太多青少年面临的大麻烦,深陷惰性而不自知,惰性繁衍更多的惰性,真是五花八门。"自然缺乏症"、"运动缺乏症"、"玩伴缺乏症",使暮气沉沉有取代朝气蓬勃的趋势。整日宅着活。物品越多越单调:现成在手之物失掉物的上手性,失掉物的丰富性。一把磨得光滑的自制木弹弓为何丰富?因为这把弹弓招呼了原野,拢集了四季,收获并珍藏了记忆,具备亲近人性的多元性。指向原野的弹弓具有不可穿透性,因而它不能被穷尽,不会让目光疲惫。

另外,一味的活在网上,信息越多越贫乏,因为海量的信息要打架,要互吞。

人一旦被网住,脱网难,置身现实难。

网虫一词,令人心酸。

嗜网者的特征是:兴奋点的急剧推高与日常情绪的走低同步发生。

生存展不开。甚至不下楼。听说香港一些人几年不下楼,户内直接取消了户外。这显然不符合生命的本质,是自我异化的现代奇葩。

笔者重复:初生的婴儿无一例外喜欢到户外去。

惰其四肢,于是活向瘾头,网瘾、牌瘾、酒瘾、肉瘾。背向生存的敞开,封闭精神的潜能。户外,意味着活生生的差异性生活,太阳决不是屏幕上的太阳。户外的生活是在天地之间,万物之间,伙伴之间。之间决定之内:生命的内在能量。

惰其四肢的生存向度,乃是严重违背对这个世界的爱。瘾头人如何去爱？瘾头收缩世界。生活的虚拟化乃是生命的虚无化。手机抵消无限生机。

天上都是脚板印。触屏满是手指印。两种生命形态，何止相差万里。

爱上一湾水哦，一棵树哦，一座山哦，试问如何爱上？戏水百次千里，始知有爱焉。最好是自然河流，自然河流拢集大地之广袤。游泳馆也行，总之，把身体交给不一样的扑腾，交给持续狂欢。小孩子爬树吊树躺树"走树"，四肢缠绕树，始知有爱焉，这个爱却有难度，文明把四肢与树身隔开，让树的存在趋向单一，让树的四季站立仅仅作为景观。树，曾经是戏水跳台，是单双杠，是秋千架，是晨练肌肉的器械，是黄昏藏猫猫的妙处，是躺下来看书的好地方，是天籁与光线的交汇点，是花香鸟语的最深处，是果实累累伸手可触，是狂风暴雨的显形之物，是老少爷儿们夏日里的聚集之所……现在它仅仅显现为目光掠过的对象物。它封闭了它的多样性，不复给出它的"朦胧欣悦"。

惰少年又如何爱上飞鸟？爱上它们的影像吗？我来告诉你，那一定是浅爱。

深爱这个无限多样的世界有难度。知难而上吧。包括爱父母，爱亲朋。

孟子："爱人者，人恒爱之。敬人者，人恒敬之。"

孝是善之本，本固而枝繁叶茂。孔孟的看重孝道，正是盯上了这个本，不惜以过头的方式来强化它。后儒倚重皇权，以制度设计来推行它，包括过度的设计：封建统治者所需要的过度设计。孝暗通忠，君王们需要这个，无论明君还是昏君。

孝源于本性，是民间自发的，孔孟加以提炼。

一般说来，孝子并不知道他是孝子，他只为具体的事情操心。衡量孝与不孝，一万年只有民间概括的两点：1. 想得到还是想不到；2. 想得粗还是想得细。迄今为止，中国民间尚有无数的孝子毫不张扬地孝敬着。这真好。但孝道面临着来自多方的威胁，是否持续衰减尚未可知。孝有利他的特征，而利他难，利己之风吹进了家庭与校园。

替别人着想是什么意思呢？小孩子的心思围着自己打转，生下来就这样，这个心理惯性几乎就是生理现象。溺爱可怕。一群长辈的溺爱十分可怕。

溺爱注入自私的因子。这里有双重注入。

溺爱本身就有自私:爱是为了满足本能。

小孩一切以自我为中心,叫他去考虑别人的感受,无异于天方夜谭。父母也是别人。

人爱狗,狗知道。人爱人,人装怪。

婴幼儿嗷嗷待哺,敏感性切切不可低估,等他或她长成了小孩子,自我中心的塑造已经完成。冰冻三尺非一日之寒,破冰艰难。缺伙伴,缺挫折感,缺疏离感,缺兄弟姐妹的打打闹闹,一旦进幼儿园,陡然面对众多的异己面孔,那个自我中心会修筑得越发坚固。如果父母再来护短,局面将变得更糟糕。

杨朱提倡自私自利,孟子猛烈抨击他。这是源头性的抨击。

《孟子》一书,政治洞见之外有哲思,有心理学,有伦理学,有社会学。

孟子:"人不可以无耻。无耻之耻,无耻矣。"

又:"耻之于人大矣。为机变之巧者,无所用耻焉。"

耻感的缺失是功利流行的结果,投机取巧占上风,无耻之辈登堂入室。

"吾日三省吾身",主要是检点自己。颜子不贰过。然而利益图清晰了,羞耻心必定要作模糊处理。反省、自责、内疚、惭愧一类的情绪,跟功利心是不相容的。

两可,乡原,模棱,这类面孔的底牌还是功利主义,也是无耻蔓延开去的沃土。

如果功利价值观流布市井,那么,道德谴责的声音会弱下去。

孔子:"乡原,德之贼也。"乡原人又何其多也。

《孟子·万章》:"孔子曰:恶似(是)而非者:恶莠,恐其乱苗也;恶佞,恐其乱义也;恶利口,恐其乱信也;恶郑声,恐其乱乐也;恶紫,恐其乱朱也;恶乡原,恐其乱德也。"利口指伶牙俐齿,说话不算数的人往往口齿伶俐。

《孟子·离娄》:"禹、稷当平世,三过其门而不入,孔子贤之。颜子当乱世,居于陋巷,一箪食,一瓢饮,人不堪其忧,颜子不改其乐,孔子贤之。"

在宋代,颜回的地位在孟子之上。孔庙不立子贡像,参见李泽厚《论语今读》。

孔子孟子和宋代大儒们俱贤颜子,看来颜子的价值不容置疑。李泽厚教授长居美国犯嘀咕,嘀咕而已。孔夫子既知美食又不避粗茶淡饭,恒乐也。

一味的求美食,人就活个嘴巴。动不动就三肉五肉,味蕾受不了,"五味浊口。"活个嘴巴是生存逼仄的特征。犹如活牌瘾,活网瘾。

孟子提倡衣帛,吃肉,却深知箪食瓢饮之乐。朴素的欣悦,此之谓也。

身与心的紧密联系,灵与肉的合二为一,受制于现成在手之物的人是不大懂的。

现成在手的东西总是趋于单一,叫人打呵欠,两眼空洞,不知惜物。人与物的打交道,目前尚无推广开来的普世智慧可言。思想家是例外者,课堂智慧却难以走到街市。

什么叫物质丰富呢?身处汴京的三品大员苏轼,与长居黄州惠州儋州的苏东坡,究竟谁拥有的物质更多?奔入眼底、慰藉短暂者(人)灵魂的日月星云不是物质么?野草古木不是物质么?雨雪雾霭不是物质么?江声雷声石钟声不是物质么?青青麦苗滚滚麦浪不是物质么?高官苏轼与扎根民间的苏东坡,究竟谁的日常感觉更丰富,更细腻?谁的视野更开阔、胸怀更博大?谁吃得更香睡得更甜,步履更轻快,嗓音更清爽,举止更潇洒?谁的素心朋友更多,更让人由衷的愉悦?谁抵达了"天风海雨逼人"的艺术大境界?谁树立了千年的人格标杆?苏轼自况:"问汝平生功业?黄州惠州儋州。"

旧话重提:感觉的丰富性乃是一切生活质量的前提。

孟子:"有恒产者有恒心。"什么恒心呢?大约他是指保护财富的恒心。这股力量确实非常之大,以财生财,以财入政。政局稳定了,天下太平了,古人的财产才保得住。然而历代大族的敛财逐利也疯狂,欺凌贫下也寻常,恒产成了双刃剑。

富族豪门恶斗,皇权刹那崩盘。

孔子:"奢则不孙。"不孙指傲慢。有恒产者的另一恒常之态是奢侈,是任性,是骄狂,是为富不仁,是黑幕重重,是目无国法,于是,通常富不过三代。概言之两个原因:1.从里边坏起来;2.到外面去恶斗,斗垮了王朝,家族自身也保不住。中国绵延百年以上的大族不多。皇族之间常常腥风血雨。盛世的明君唐太宗也不免,搞玄武门之变。

孟子:"无恒产而有恒心者,惟士为能。"士无恒产,倒有恒心。何以士有恒心?因为士人抱有一套相对稳固的观念,规劝君王,约束官员,教化百姓。士人话语的千万条小溪,汇成仁义道德的宏大叙事。富不过三代,而仁义礼智信的接力棒传了一百代。

古之士人,是指人文价值体系的承载者和传播者,与今之高学历者不同。

士人易犯的毛病是价值固化。汉字门槛高,数千年累积的经典著作太复杂,能打通便是好汉,打不通易流于酸腐。腐儒,穷儒,酸儒,泥古,书呆子,迂夫子,漫长的时光皆为常用词汇,可见中国古代的酸腐大潮。

文化先贤们,往往费精神。孟子的好辩,盖由于纠缠他的士人太多。

在全球化的背景下,在工业化近乎无限分工、工具理性挑战价值理性的时代,那些囿于学院逐利氛围的学者们,要赢得全球视野更艰难。

《孟子·离娄》:"人有不为也,而后可以有为。"不为,就是洞察有为的边界。洞察无为在有为之先。"治道清静",与民休息。

老子,庄子,孟子。

《孟子·尽心》:"孔子登东山而小鲁,登泰山而小天下。故观于海者难为水,游于圣人之门者难为言。观水有术,必观其澜……君子之志于道也,不成章不达。"

志于道,要表达。孔子述而不作,孟子达乎辞章。

孔子以前的圣贤们大都述而不作,不知道是何缘故。

孟子:"言近而指远者,善言也。"

又:"颂其诗,读其书,不知其人可乎?"

先秦诸子的著述,言近而指远,盖深知语言之妙用也。说多了,无益有害,废话滋生更多的废话。血管里流的是血,水龙头流的是水。网络写手们一日万言,文字量一天抵一个孔夫子。希望迅速消耗其自身,还母语之尊严吧。

"少一些文学,多一些文字的保养。"

推荐上海古籍出版社的《世说新语译注》,看看魏晋士人如何言近旨远,言简意赅。

孟子:"鱼,我所欲也,熊掌,亦我所欲也;二者不可得兼,舍鱼而取熊掌者也。生,亦我所欲也,义,亦我所欲也;二者不可得兼,舍身而取义者也。"今之人有诋毁刘胡兰故事的,说一个女孩儿被铡刀断头太血腥。这是打着非暴力的旗号向刘胡兰们施暴。

烈士在刑场上,战士在战场上,义无反顾,舍身取民族之大义。

诋毁先烈者,正在受到舆论的普遍谴责。

《孟子·告子》:"古之人,得志,泽加于民;不得志,修身见于世。穷则独善其身,达则兼善天下。"此言对汉晋唐宋士大夫影响甚巨。

罗根泽《孟子传论》:"年老无遇,退与公孙丑万章之徒,论集所为辩难答问之言,作《孟子》七篇……数百年来,《孟子》之书,几于人人皆知,程朱之力,不可没焉。"

唐朝韩愈,宋代王安石,都推崇孟子。《孟子》一书,列为官学与私塾的必读。

孟轲的问道悟道传道,六七十年如一日。真够倔,真血性,真有韧劲。少年野性之内敛,获得了重新喷发。他部分延伸了孔子之道,以其激烈抵达了平和,有些话比孔子讲得更透彻,例如民贵君轻。帝王们不喜欢他是正常的,到了北宋,他的身影高大起来,文庙配享孔子,明朝又被拿掉。清朝把他请回去,大抵是幌子,哪里能够民贵君轻。

孟 子

清朝颜习斋《四书正误》称,尧舜孔孟"浑身都是仁,浑身都是道"。

孟子尊孔,说仁,"言必称尧舜",以一杯水救一车薪火,真够累的,疲于奔命而又从容不迫,漫漫长夜一灯如豆。狂风暴雨吹不灭,为什么?仁义扎根于非仁义,道德显现于非道德。治世,仁义较多,平民百姓受其惠。

《孟子》的文化含金量逊于《论语》,孟子在历史上的负面影响也少于孔子。

国学兴旺之时,尤需沙里淘金的功夫。

2018 年 6 月 12 日　改于眉山之忘言斋

墨　子
（战国　生卒年不详）

墨翟既是战国时期的思想家，又是中国工匠精神的始祖，2017年，世界第一颗量子卫星被命名为"墨子号"；墨翟对力的现象有深刻的观察，广泛运用于器物制作，充满了惠及百代的奇思妙想。他制造的守城器械阻止了几场大战。他的门徒遍天下，长期让孔门弟子相形见绌。他是管子、孟子、荀子、庄子隔着时空论辩的对象。他还是民间侠义精神的大宗师，"墨侠"一词南北流传，墨侠们"赴汤蹈火，死不旋踵"。

墨子

墨翟生卒年不详,晚于孔子,早于庄子和孟子,大约活了八九十岁。墨字含有两层意思,一是面目黧黑,二是木匠用的绳墨。

墨翟既是战国时期的思想家,又是中国工匠精神的始祖,手艺高明,能让木鸢飞向天空,长时间盘旋于云端,庶几可称为人类航空器最早的发明者。墨翟对光的运行方式的研究独步古代,2017年,世界第一颗量子卫星被命名为"墨子号";墨翟对力的现象有深刻的观察,广泛运用于器物制作,充满了惠及百代的奇思妙想。他制造的守城器械阻止了几场大战。他的门徒遍天下,长期让孔门弟子相形见绌。他是管子、孟子、荀子、庄子隔着时空论辩的对象。他还是民间侠义精神的大宗师,"墨侠"一词南北流传,墨侠们"赴汤蹈火,死不旋踵"。旋踵:犹言转身。

作为源头性的思想家兼顶级工匠,墨子影响甚巨,留传下来的生平事迹不多。一说他是鲁国人,一说他是宋国人。主要活动在宋国。关于墨子的年龄、国籍、活动之类,学者们的考证不避繁琐。我读过的古代思想家传记多类此,一本本砖头般的大部头,似乎成心要叫人头疼,扔开又不舍,里边毕竟有干货。文学家传记,同样是考证加大堆的诗词文赋引用,加流行观点,再加密密麻麻的参考文献。本来半页纸就可以说清楚的,偏要弄成几十页的学术论文。温吞水式的学术论文大行其道,充斥各类学刊。1980年代的《红楼梦学刊》已犯此病,连曹雪芹祖上的袜子都要研究一番。苏东坡研究也不例外。这对古代价值的流布于当下颇不利。很有些学者写的书,连学者都不想看。学术工业流水线上的标准化产品堆积如高山。一个李太白,几千万字去压迫他。

古人点评古人,往往三言两语,却是千百年传下来。鲁迅先生点评《红楼梦》,几句话胜过若干红学专著。毛泽东的小册子《论持久战》,强于多少军事学院的专著?

全球盛传的《道德经》,仅仅五千字。《论语》一万多字,《荀子》《管子》《文子》惜墨如金。《庄子》《墨子》也就几万字。《史记》写了数千年华夏史,五十二万字。

墨子的学说有五个特点:非攻,兼爱,节用,自苦,侠义。他自称"北方之鄙人",阅读量很大。这位技术高明的木匠,放下锯子铁锤拿起书。徒弟们不理解,墨子说:周公姬旦一早读书百篇,晚上会见七十个士,我墨翟不做官不种田,怎么敢不读书?

《国语·晋语》:"大夫食邑,士食田,庶人食力。"士、庶阶层的流动,春秋已近常态。《论语》:"学也,禄在其中矣。"庶人墨子苦读书,跻身士阶层。

"天子失官,学在四夷。"学问在民间的强劲生长,东周肇其先。

先秦诸子百家的大脑风暴,持续数百年,国与国的战争状态,士与士的激烈交锋,极端性旷日持久,让大智慧凸显出来。极端性构筑先秦原创思想家的地盘。

智慧往往是战乱的产物,士子的智力兴奋伴随着苍生苦难。夹在大国之间的小国尤其是这样。孔子居鲁,庄子墨子居宋,鲁宋夹在齐、晋、楚之间,夹缝中求生存。

二十世纪六十年代,越南遭到美军毁灭式攻击,美军投弹数量超过二战的总和,大规模使用杀伤性化学武器:"橙剂",橙剂也叫枯叶剂,导致数百万越南人的无边苦难,无穷后患(越南畸形儿和伊拉克的畸形儿数目巨大),而越南政府在本世纪还得忍辱含耻讨好美国,迎接美国人的军舰停靠军港。

当初,英国哲学家伯特兰·罗素组建国际法庭,审判美军血洗越南的罪行,被誉为"二十世纪人类良心"的让·保尔·萨特,勇敢地出任执行庭庭长。

墨子式的非攻,止战,依然引领着人类的良知。这庶几令人感到欣慰。

春秋战国五百多年,大多数诸侯国的和平时光,应该多于打仗。大国有实力,把战场摆在小国。齐国、晋国的富裕,楚国的繁荣,秦国的强悍,燕赵雄浑之地,吴越鱼米之乡……连同小国寡民安宁的好日子,应当有学者关注才好。和平二三十年,生活就会有好光景。生活世界的惯性是淡化杀性。大国和平的时间长,善于自保的小国玩尽夹缝生存的花样。有些小国历数不短。

《道德经》:"甘其食,美其服,安其居,乐其俗……鸡犬之声相闻,民至老死,不相往来。"

中国民间有一种生活信仰,几近于宗教信仰。再是战乱频仍,"白骨盈于野,千里无鸡鸣",过上一阵子,老百姓又对生活充满了信心,相信圣人会出来,治世会到来。这是农耕文明培育的民族集体潜意识。谁愿意背井离乡远走异国呢?故土难离啊。

老子为什么不希望人们频繁往来?依愚见,他是洞察了人性:交往多,利益纠缠就多,人与人总有一天要打起来。

孔子:"放于利而行,多怨。"怨与恨只差半步。

二十世纪的两次世界大战,打的都是一个字:利。

墨子是底层工匠的代言人,不愿意看到战争,因为战争的受害者首先是草民细民。草、细、庶、贱,这一类字眼屡见于史籍。草民总是大多数。这是墨子学说广泛流行的基础,秦汉趋于式微,封建统治者无一例外不喜欢墨子。北宋士大夫是古代有据可查的、最接近民众的阶层,名臣文彦博却对神宗皇帝说:"与士大夫治天下,非与百姓治天下也。"

墨子非攻,自然会提倡兼爱,兼爱所有人,孟子激烈反对他。墨子提倡自苦,呼吁艰苦奋斗,类似西方斯多葛学派力行的禁欲主义,庄子又反对他。不过,庄子只是个草鞋匠,一辈子逍遥游,如果庄子干石匠或者干木匠,技术要求高,市场竞争大,整天的体力活干下来,累得只想上床睡觉,哪有哲思泉涌?哪能逍遥复逍遥?哪能审美之眼到处抛?笔者重复:思想家们爱干手工活,以不妨碍大脑的正常运思为前提。

墨子的小时候,多半是个木工学徒,日子苦,能吃苦。没有人是天生能吃苦的。吃苦耐劳,顿顿粗食寡油水,睡大铺板板床,永远睡不醒。

起早贪黑地干活,还要挨骂挨打挨冻,身心皆苦。手脚茧子厚,旧伤痕添新伤痕。墨子读那么多书,不知他的书从哪儿来。也许又是孔子庄子式的破落人家子弟,只是他的家境,比孔与庄更苦寒。

木匠墨子学到一定程度,复去学铁匠,铜匠,锡匠……更难更苦更辛酸。

我当年学印刷工,开手动方向机年复一年,每天定额印一万张。打版,上版,抱纸,折纸,"摆喂"纸(相连的两个手上动作),调油墨,洗胶棍,调机器。单是活字版和照排版就有几十种,打版技术,喂纸技术,调墨技术,来不得半点马虎,否则要返工,要挨师傅骂,要受上下工序师兄师妹的批评。冬天操作机器,双手生冻疮,尝作诗云:"冻疮发时痒难禁,两手相搓未敢停。安得四季皆如春,不负少年好光景。"

师傅固然对我好,但师傅通常是要留一手的,要留着看家本领。不留一手的师傅自古罕见,盖因吃饭的"家伙事"比师徒关系更重要。中医的医术历来难普及,跟不外传和留一手有关。眉山人巢谷献圣散子药方给苏轼,要求苏轼"指江水为誓",不得传与他人。苏轼转眼把药方给了黄州名医庞安常,"活人(救活人)无数"。这毕竟是个例。

陆游《老学庵笔记》:"亳州出轻纱,举之若无,裁以为衣,真若烟霞。一州唯两家能织,相与世世为婚姻,惧他人家得其法也。"

墨子的弟子禽滑厘,"曾事墨子三年,手足胼胝(音骈支),面目黧黑,役身给使,不敢问欲。"(《墨子·备梯》)。这是墨子的门下"巨子"(大弟子)的形与貌。中小弟子更不如。跻身墨门巨子的行列,要舍得干,要心灵手巧,要甘愿受人驱遣,听人摆布。

有欲而不敢问,欲的种子不能生根开花。自憋,自苦,自强。这里有逻辑关系。憋,预设了喷射。苦,伏下甜的敏感。一味的甜,甜从它自身脱落。墨子学派对苦的认识臻于极致,几乎穷尽了苦的可能性,应因于士农工商的生存脉络,读书人和生意人也提倡吃苦精神。坐商辛苦,行商更苦,要冒着生命危险,要走荒山野岭。

苦了一代人,甜了子孙辈。此言却有遮蔽。这一类惯性思维或曰流俗见解,时下正有大盲区。稍后谈。

墨子吃苦吃久了,难免生出为苦而苦的理论。工匠们必须长年累月艰苦奋斗。学徒往往是"幼儿学",苦的价值体系植入小孩子稚嫩的细胞。苦的世界"世界着"(海氏),苦就是大于甜,甚至挟苦自重,抨击甜,嘲笑甜,躲避甜,厌恶甜。墨子及其弟子们的短板于此显现。长期自苦者,很难看见这一短板。这个生存情态古今一焉。

举例来说,现在的中小学生年年驮大书包,做不完的试卷,望不尽的所谓"成功"路,自憋习惯了,自苦成常态,自我解压的花样多,有些学生自闭,自虐,自戕……后面的那个字眼,笔者不忍提。

心疼。

墨子式的苦之甜揭示了永久性真理,揭示倒不意味着:大家都会理解他。眼下,不苦之甜倒是流行,甜从它自身脱落已是常态。人是氛围中的人,环境中的人,群体中的人,跳出氛围颇不易。惰性根植于每个人(!)的本性。尝到甜头,又想尝甜头,尝来尝去,把甜的敏感性丢了。囿于氛围或环境的多数人,可能永远丢了。

保持质朴状态的人总是不够多。今日尤其不多。能质朴者,才是能欣悦者。现成在手的东西堆多了,人就失去主动性。物的新鲜感转眼消失,这里有一套隐秘的商业算计。物的物性在这种算计中显现为单一。一物的消耗迅速指向另一物。我听广东朋友讲,有个妇人买了五千套衣服还在买。富人家的儿童拥有几百个高档玩具,粗糙的占有欲抵消细腻的亲切感,哪里比得上一把招呼山林原野、亲近春夏秋冬的自制弹弓。

活在电脑前,活在物品间,赢得生命的丰富是天方夜谭。

德国人、法国人的户外活动非常多,两三百年不变。眼下德国的年轻人写信,依然爱用纸笔,保持了书写的体温与质感,尊重自己和亲朋可以追忆的情感。

主动性挽留了丰富性。唯有主动性才能挽留丰富性。

苦不苦,甜不甜,这里有辩证法。

事物在一定的条件下会互相转换。而要看见事物的转换,必须下功夫。否则,生活的遮蔽、生存的板结随时都会发生。二者日益叠加,生活的悲剧就层出不穷。

墨子固守自苦的真理,尽管有时候真理过头变成了谬误。工匠们由切身体验出发,自发拥护他的吃苦理论(切身体验是标榜得太多的一大盲点)。作为门徒众多的首领,墨子同样需要广泛拥戴。他步入了类似族群领袖的另一轨道,这个轨道上有别样法则。

道理叠加道理,法则证明法则,使他的自苦学说进一步固化。

天长日久的,墨子又看不见这一双重固化,认定了自苦、禁欲的绝对价值。庄子批评墨子的自苦理论:"以此教人,恐不爱人;以此自行,固不爱己……反天下之心,天下不堪。墨子虽能独任,奈天下何。"

庄子一针见血。墨子想把自己的体验类推全世界。看来,庄子式的不执,毋固,毋必,丧我,即使在先秦时代,发生的几率也非常小。而今天值得注意的,是朴素的欣悦正在大面积丢失。当丢失成常态,连"丢失"本身都丢失了,这是海德格尔讲的双重遗忘。盲区在扩大。举个古代例子,苏东坡的"京国十年",生命强度远不如他的贬谪十年,为什么?后者最大限度激活了生命潜能,充盈了亿万体细胞,实现了严格意义上的江湖逍遥,于是,才有艺术井喷,才有诗意栖居,才有生生不息的生命冲动,才有广接地气的坡仙之美称,才树立了近千年的人格标杆。

研究宋学的海内外学者,不妨以苏轼这两个十年的对比为课题。生命的强度或曰饱满度,是衡量生命价值的第一标准。

建立一点吃苦意识,就是守卫甜之为甜;就会明白:主动性是一切生命快乐的首要因素。

今日少年儿童,生活的主动性严重缺失,宅着活,物来伸手懒洋洋,趋奔瘾头心发慌。惰性日益生出更多的惰性,如何能够朝气蓬勃?如何能够实实在在地爱物、爱自然、爱生活、爱这个世界?法国人有个专用词叫"被生存":被动生存。

主动生存是说,每个人都在诸领域下功夫,只为在短暂的一生中尽可能享受生命。海氏把人界定为"短暂者"。德意志民族、俄罗斯民族、法兰西民族的生活智慧,我们要学习才好。传统中国几千年的生活智慧,我们要下苦功夫回望才好。

笔者熟悉的一些地方(主要是城市),自闭儿童、无聊青年、茫然中年、痴呆老年,多得令人无话可说。主动性丢了,浑浑噩噩就来了。丧失主动性的小狗也要患忧郁症。

中国吃苦精神的老祖宗墨子,在现代社会的价值应当凸显出来。古代近代,各行各业不缺吃苦精神,因之不缺生存的主动性。现在活下去容易了,物品召之即来,人就容易无聊。钢筋水泥互联网又强化无聊,固化无聊加刺激的生存模式。

宅着活,圈起来活,拒户外于千里之外,真是天大的生存笑话。

总有一些人被连根拔起。"强韧的四肢迈着柔弱的步容……铁栅栏外便没有世界。"里尔克一百年前写下《豹》,瞄准生命的异化。胡塞尔一百年前创立"生活世界现象学",乃是针对科技造成的单一的生活模式。

笔者重复:电脑掌控人脑,可能是眼下最大的异化。

自苦,节用,禁欲,兼爱,非攻,墨子先生这一套价值是连贯的。禁欲的好处是不欲而欲,禁欲,反而欲着全世界。法国当代哲学家德勒兹尝言,人的相对完满的一生,无非是十几个褶皱的打开过程。没有人能够完全打开。打开一半褶皱,已是美好生活。

换言之,人人都是禁欲者,只是禁欲的方向和程度有差异。欲望的微波辐射何止万千,唯有全能的主方能辨幽微,唯有我佛如来方能看出端倪。

褶皱的形成始于婴幼期,欲望,意向,念头,意志,一年年搅得极复杂,任何精密仪器、云计算都难以问津,遑论揭开这个顶级谜团。人类对自身的认识还有漫长的路要走。科学家们需要反思的是:人是进化过程中的人,不可能(!)具备终极理解力。

人要懂得:人在宇宙中永恒的微不足道。

欲望的自持使鲜花成为鲜花,春心的内敛倒是更叫春意盎然。中国历代高僧,印度瑜伽大师,他们持久的愉悦、祥和与宁静从何而来?欲望使花朵芬芳。憋久了,又呆若木鸡。这里,分寸的拿捏是关键,恰似中庸之道的前提是叩其两端。

逼近墨子的思想,应当揭示一些基础性的东西。引文的多与少,向来不是衡量思索的重要因素。可引可不引的,最好别引。引用文字(包括诗词)的自动涌来,乃得最佳值。孔子庄子很少引用别人的原文,化用前人而已,创造性生发而已,高端对接而已。

"兼相爱,交相利",墨子说的是什么？爱的平均分配肯定有问题,严重违反常识。孟子激烈指斥墨子无君无父,"无父无君,是禽兽也!"爱父母与爱邻居,正常人不可能均分情感。均分情感的背后一般隐藏着自保(自保者不自知),类似丛林小动物的自保式进化与技巧。但墨子的理论有号召力。墨子门徒三百人,波及门徒的门徒,他们长期待在备受欺凌的小国,又属于同样备受欺凌的社会底层,抱团是首要的生存策略。渐渐形成了"价值抱团",由墨子学说作引领,配以鬼神巫五花八门的蛊惑,抗争,斗争,争利益的分配份额,争社会地位,争士庶间的阶层流动,总之,尽可能摆脱受剥削、受压迫的奴役状态。这股力量极大,力之舞数千年。力之舞也是血之舞。

兼相爱的现象学生存阐释,庶几是这样。

笔者对海德格尔现象学,初知一点皮毛。海氏现象学源于胡塞尔。

贵族阶层早就抱团了,而铜铁锡铅等金属的深广应用,催生工匠阶层,犹如诸侯纷争催生士阶层。工匠们联合起来,兼相爱,交相利,才能够慢慢壮大。兼相爱的合理性在此。《荀子》:"工匠之子,莫不继事。"这个群体日益扩大。孟子的批判是为了继承孔子儒学,重建天下秩序,这个秩序靠等级来维系。

孔孟抓士大夫,墨子抓工匠。

士农工商的价值排序,是各阶层几千年斗争、几千年竞争形成的格局。小农分散,联合不易。商人们大抵富裕些,日子悄悄滋润,而话语权一直小,逐利的商风远不足以引导世风。商人后代败家的多,铸就"富不过三代"的带规律性的历史现象。暴富之家的家风家教显然更成问题。暴富容易暴败,良好家风的缺失当为第一大因素。

勤劳致富者要好得多。挣钱辛苦不烧钱。得来容易随便花。

我听过牌馆赌场的一句流行语:抱来的娃儿当球踢。

今日中国富人,向学才好,质朴才好,深思才好,朝着既富且贵的方向努力才好。

重农,重视工匠,乃是历朝历代的皇家意志和士大夫共识。

宋代的商品交易称冠全球,商人家庭锦衣玉食,士大夫却罕言商,通常不与商贾家族联姻、交游,包括注重周朝"泉府"(泉通钱)的王安石。什么原因呢？答曰：义利不可颠倒，利欲不可熏心，否则一定要乱套。《宋人轶事汇编》列宋人六百，士大夫占了绝大多数，尽管皇帝和太后皇后排在士大夫的前面。士大夫精神却主导全社会。

《史记·周本纪》："周室衰微，诸侯强并弱，齐、楚、秦、晋始大。"

强并弱，大欺小，权力的极端化，催逼有良知的士人对权力的终极性追问。

墨子："义，利也。"

《墨子》一书，提到利字160次，谈物也甚多。而孔夫子毕生"罕言利"，一部《论语》，无处不说仁义道德，只一处提到物："四时行焉，百物生焉。"庄子由衷地、扎扎实实地爱万物。庄子一生讲物物，坚决批判物于物。

墨子为何把义利等同起来？他说："上利天，中利鬼，下利人，三利而无所不利，是谓天德。故凡从此事者，圣知（智）也，仁义也，惠忠也，慈孝也！"

墨子称，利就是义。孔子说，利不是义。

墨子学说在他的视域内是成立的，他要利天下，三利而无所不利，是为天德。孔子要确立义高于利的绝对价值。天下大乱几百年了，乱套了，君不君，臣不臣，父不父，子不子。弱肉强食的丛林法则都讲利，要么公然去掉义，要么拿仁义作幌子。

利是人的本源性冲动，义是价值规范。笔者近年来思及这一层。

人之为人，义高于利。为什么？仁义道德是人际交往永恒的粘合剂。缺了价值规范，人坏起来就无边无际，任何毒蛇猛兽都不能比。

当一个霸权大国谋求它的绝对霸权时，会调动一切非道德的手段，并且，充分利用它的强势话语权，让不义的战争、让花样百端的巧取豪夺占领道德高地。

杀人掠货无数，金融衍生品蒙骗无数，还要堂而皇之讲道理，鼓吹所谓普世价值。

《墨子·兼爱》："强必执弱，富必侮贫，贵必傲贱，诈必欺愚。"

四个必字，触目惊心。

孔夫子罕言利，只因无限膨胀的利欲，早已搅得周天寒彻，冰封万里了。夫子只说仁，只说爱。"仁者爱人。"

"夫子之道,忠恕而已矣。"

墨子学说对人性恶有掂量,掂量不够,却于提升工匠的地位大大有益:弱势群体的价值抱团,对等互报,"投桃报李",积小利而为墨子想要追求的大利。《韩非子》称:墨子和孔子都取尧舜之道,"取舍不同,皆自谓真尧舜。"

窃以为,孔子的视野大于墨子。墨子在一些领域比孔子深刻。

小范围的真理和大范围的真理通常不相容。不过,墨子针对工匠群体道出的小范围真理,一竿子插到底,深度决定广度,为中国的工匠精神奠定了基础。

春秋末年已由官方推广的西周遗文《考工记》,各门类工匠技术,言之甚详,甚细,墨子和他勤劳的弟子们加以创造性发挥。

《考工记》:"巧者述之,守之世,谓之工。"述指言传。一代代传下去。《墨子·兼爱》讲底层民众:"饥而不得食,寒而不得衣,劳而不得息。"真是贴心贴肺的话,掷地有声的话,贵族豢养的学者讥为"贱人之学","役夫之道"。这令人联想今天的某些无良教授,诋毁二十世纪中国农民革命的"穷棒子精神"。

受压迫者的奋起反抗,天经地义。"哪里有压迫,哪里就有反抗。"

狼吃羊,羊逃跑。人吃人,人要反抗。

《墨子·兼爱》:"官无常贵,民无终贱。"

这是劳苦大众闹翻身的宣言书。

墨子讲吃苦,讲兼爱,讲平等,尤甚强调非攻。

战国时期的战争频率可能是历史之最。

春秋战国,五百年无义战,杀戮无底线,不讲理由。讲理由的战争,所谓"伐无道",通常是发动战争的借口。借口是有用的,话语权是有效的。战争的幌子何其多矣,不要幌子的战争就是赤裸裸的霸权。2003年3月20日,美国人打着连西方盟国都拒绝相信的幌子,悍然入侵伊拉克,狂轰滥炸有五百万平民的首都巴格达。当天,联合国秘书长安南向全世界沉痛宣告:这是人类历史上最黑暗的一天。

笔者至今清晰地记得,安南秘书长痛苦的眼神;

记得德国外长向美国国务卿愤怒的咆哮。

反压迫的战争、抵抗侵略的战争才是正义战争。

除此以外的一切战争，都是人性恶的极端表演。

墨子是思想家，不会单单在嘴上讲非攻。他可能是军事装备技术的头号专家，他制作的守城装备，在推演中打败了楚国的公输盘。"止楚攻宋"是墨子一生中最为轰动的事件，又止楚攻郑，止楚攻越。小国以戏剧性的方式，拒大国兵马于城下。

墨子拒绝透露守城装备的技术秘密。然而，公输盘这类人趁着比武推演，偷去许多技术，用到别的战场去。攻城，屠城，滥杀无辜。

以战止战，并不意味着战事的减少。从冷兵器到热兵器，技术的更新换代无止境。看来，战争是人类的宿命。自古知兵非好战，圣人不得已而用之。知兵就会打仗，因为圣人出现的几率太小，所以老子"弃圣绝智"，想从源头上去掉战争。这比托尔斯泰的和平主义更深刻，尽管同属伟大的人类理想。理想在，人类才有方向感。

《老子》："大道废，有仁义。智慧出，有大伪。六亲不和，有孝慈。国家昏乱，有忠臣。"这位爱民的哲学家说："绝圣弃智，民利百倍。绝仁弃义，民复孝慈。"

这位可敬的哲学家又说："民之饥，以其上食税之多，是以饥。民之难治，以其上之有为，是以难治。"（引自《老子·七十五章》）

先秦诸子，百家激烈争鸣，而爱民一焉。真是华夏文明首屈一指的好传统。

墨子的外貌未必高大威猛，面黑如包公。他的雷厉风行，言必行，行必果，包括斩钉截铁的肢体语言，倒可以从他留下的文字中想见。一生自苦自律，无论读圣贤书还是做苦工，还是做一个广受拥戴的掌门人。墨子以治水的大禹为榜样，把技艺带向四面八方；旋风般游说诸侯，救一国民众于倒悬。危急之时，千百个身负武功的墨侠昼夜强行军，一日疾走三百里，装备精良，严阵以待，力阻强国对弱国的杀戮。

中国历史上的"止战部队"，墨子和他的门徒具有唯一性。

作为大多数时候失败的勇士，作为永远实不现崇高理想的智者，墨子的奋斗历程却为后人留下路标。我猜想，严格意义上的理想主义者都有这个特征,他们明知永远走不到理想境地,但是,要走下去。走,会有收获。路上的好风景都是走出来的。

庄子称赞墨子们:"禹,亲自操橐耜而九杂天下之川,腓无胈,胫无毛,沐甚雨,栉疾风,置万国。禹,大圣也,而形劳天下也如此。使后世之墨者,多以裘褐为衣……日夜不休,以自苦为极。曰:'不能如此,非禹之道也,不足为墨。'"

自苦为极,日夜不休。榜样的力量是无穷的,大禹是墨子的榜样,墨子是千千万万弟子和准弟子的榜样。工匠们不苦,学不到好手艺,这是自苦的基础性生存情态。俗话说,天干不误手艺人。手握金刚钻,瓷器活儿干不完。学习也如此。学玩也如此:你想玩好篮球足球乒乓球吗?那你得下几年苦功夫。你要享受艺术品吗?那你得下十年苦功夫。你想靠近庄子陶潜诸葛亮苏东坡的境界吗?那你得修炼一辈子,仰望一辈子。

《论语》:"学而时习之,不亦说乎?"说通悦。

而阅读的实用主义,时下正在某些群体中泛滥,吹糠见米式的阅读,闲得无聊的所谓悦读,导致人的素质每况愈下,浅表性生存,快餐式生存,难以逆转地朝着无根性生存。上午看一本书,下午就想派上用途。这太糟糕了。愚不可及。

无根性的蔓延是悲剧性的。无根之辈,通常六亲不认。

艰苦奋斗的精神永远有效。想想咱们中国上世纪六七十年代的"两弹一星",想想我们的(!)氢弹、杂交水稻、胰岛素、青蒿素、激光照排技术、量子卫星、大飞机和高铁……看看德国工人百年不变的精益求精。看看瑞士的钟表匠,法国的酿酒师。我听说日本的小学生大都理想平实:长大要做优秀的修理工、调酒师、面包师、插花匠……

干一行爱一行,行行出状元。读《墨子》,会有收获。

墨子节用,强烈呼吁薄葬,提倡博爱平等。春秋末年大面积刮起来的厚葬之风,跟孔夫子有关系。孔子为了重建周王室的秩序,搞人际等级森严制度,尽管他真诚倡导仁义。

天子死后,陪葬数百活人,贵族、将军死后,陪葬数十活人。民间的有钱人跟风跟得凶,波及庶民乃至穷苦人。穷人借钱厚葬,让逝者享用祭肉,使生者揭不开锅。墨子庄子从不同的方向痛批厚葬。有效果,效果不大。

人性恶的调动旷日持久,漫天风雨如晦,叫人忘记阳光。

墨子和他的门下巨子们痛心疾首,不辞万里游说上层,不管用。

《墨子·节葬》猛攻统治阶层:"天子杀殉,众者数百,寡者数十。将军大夫杀殉,众者数十,寡者数人。"活生生的经过挑选的青壮年男女被坑埋。埋人者还精心撰写一套套的说辞,缜密安排"奖励",要让被殉杀者及其家人感到荣耀。

统治者的说辞并非无用。形势比人强。氛围恒蛊惑。人在很多情形下是无可奈何的人,又动态性趋于麻木。

墨子:"厚葬久丧,以为非仁义,非孝子之事。"这是直接抨击孔夫子的"三年居丧",指厚葬久丧为不孝。而悟透生死的庄子对厚葬、对形形色色的殉葬品极尽嘲讽。可惜厚葬的歪风刮了几千年。秦皇汉武搞活人墓,耗掉的天下财力是天文数字。

为什么?强权霸权,需要这类不平等。

《墨子·节葬》:贵族"棺椁必重,葬埋必厚,衣衾必多,文绣必繁,丘陇必巨。"孔夫子葬父,率先垒起四尺坟,他哪里会晓得,后世之坟高百尺,豪华疑冢漫山遍野。《墨子·兼爱》哀叹:可怜的穷人们"勤苦冻馁,转死沟壑中"。

穷人的命不是命么?穷苦人,生前身后俱凄凉。

墨子呼吁薄葬:"衣三领,足以朽肉。棺三寸,足以朽骸。堀穴深不通于泉,流不发泄则止。死者既葬,生者毋久丧用哀。"唐宋士大夫未能思及这一层,让孔子遮蔽掉了。服丧三年之久,丧制又复杂,王安石司马光苏轼朱熹等大儒,未见其反思。

由此可见,唐宋六百年,达不到先秦的思想高度。

北宋政坛非常可观的民本实践,源头性的东西还是在先秦。

春秋战国,天下大乱五百年,极端性的生存情态天体般碰撞,碰出了真理的九彩云。星云千万年,笼罩着人间大地。自然,社会,人性,规律性的东西得到充分的揭示。

而现代学人对此鲜有思考。当年李泽厚先生喟叹:学者多了,思

墨子

想者少了。

铺天盖地的所谓学术让哲思远遁。

墨子"非乐",排斥所有的音乐,这与他强调自苦精神一样走过了头。他是偏与孔夫子的重视礼乐对着干么?在他看来,贵族的糜烂生活才需要音乐舞蹈。广大民众不需要。墨子对《诗经·国风》一类的民间歌诗,不知道持什么态度。抬工们代代相传的号子"嘿哟嘿哟",山民们清新的山歌,不知他有没有感悟。感悟:感性领悟。

诗三百,"一言以蔽之,思无邪",思,主要指男女之思。墨子的门下弟子"不敢问欲",尤其男女之情不敢问。这可以理解。一个备受压迫的庞大阶层,墨面群体,在崛起的艰难而漫长的过程中,是要走极端的,不自苦,不禁欲,工匠们壮大起来不可能。

赴汤蹈火在所不辞,禁欲算什么?

《墨子·非乐》:"为其目之所美,耳之所乐,口之所甘,身体之所安,(贵族)以此亏夺民衣食之财,仁者弗为也!"弗:不。

墨子把乐器与舟车相比较,认为后者于万民有利,前者于万民有害。大钟、鼓瑟、琴磬、竽笙这类东西,"不利人乎即止。"这话听上去像个现代实用主义者。我估计,礼崩乐坏的时代,大约墨子听靡靡之音听多了,以偏概全,盲点生焉。

孔夫子"正乐",力除淫邪的郑声,热烈赞赏齐国的韶乐。

伟大的老子进一步说:"五音乱耳。五色盲目。"

时下那些追奇逐怪的所谓歌曲,又何止五音乱耳。咿咿呀呀的郑声妄图取代韶乐,妄图年复一年邪浸青少年的价值观,毒害稚嫩细胞。

令人欣慰的,是国家意志维系着正能量之大局。

墨子提倡禁欲,却忧心男女的不平等,批判孔夫子的男尊女卑。孔子怒斥季孙氏搞八佾舞,"是可忍,孰不可忍!"季孙氏家跳舞的女子少一点,孔子就赞成。

王公贵族占有大量女人。《墨子·辞过》:"大国拘女累千,小国累百,是以天下之男多寡无妻,女多拘无夫。"南北朝时期,北方的后赵国有个石虎,"猎车千乘,宫女十万。"远远超过汉武帝的后宫佳丽八千人。老昏君唐玄宗也望尘莫及,佳丽三千,"后宫数万。"

美国华尔街那个金融大鳄麦道夫,狂搞庞氏骗局,骗走七千亿美元,不知道他拿那么多的钱做什么。金融大鳄何其多矣。贫富悬殊何其大矣,全球四十多个富豪的钱财,超过四十亿人的收入。全能的上帝会怎么想? 法力无边的佛祖将如何处置?

墨子的非攻止战大手笔,止楚攻宋,发生在公元前四百四十多年。那时的墨子当在中年。楚国是春秋五霸和战国七雄之一,立国已千年,国土辽阔而富饶,军力雄厚。墨子的老对手公输盘为楚国效力,此人制造的攻城器械据说天下无敌。

大国要吃掉小国,小国危如累卵。宋国的君臣惶惶不可终日,百姓朝不保夕。战争是残酷的,无所不用其极。宋国的军力在小国中也算一流,宋的抗楚,却是家狗战野狼。宋军守城愈坚,城池失陷后民众愈惨,战胜者的屠城是常态,一为震慑其他的战争对手,二为犒劳本国的攻城军队。所谓兽性的表演,野兽们是看不懂的。秦国大将白起,坑杀赵国四十多万降卒于长平。后来,项羽又坑杀二十万秦国的降卒。

到处都是吞噬的咆哮,到处都燃烧着复仇的火焰。

《孟子》:"争地以战,杀人盈野。争城以战,杀人盈城。"

宋国生死攸关,墨子挺身而出。思想家可不是吃素的,思想家早有准备,早已识透楚君的吞并野心。墨子"裂裳裹足",从齐国的腹地星夜赶赴楚国的郢都,十日数千里。累死马匹走如奔,奔如飞,飞如鸢,路人悚然惊异。墨子直入郢都王庭,与公输盘在王座前展开了一场舌战,语速快得像连弩飞箭(墨子的发明)。楚王冷笑置之而已。舌战有用吗? 一把合金快刀,割掉天下辩士的三寸舌,合金快刀正是墨门巨子的杰作,楚王先拿墨翟开刀。

然而,公输盘神色严峻。王座上的决策者左看右看,看不明白。

墨子笑道:公输先生亮招吧。

公输盘不答。须臾之间,这个军械制造的大行家,变戏法似的弄出若干攻城器械的微缩版。墨子从容应战,只以身上的革带为城,以小木版为器械,另有一些守城用的小兵器。公输盘亮招,以不同的战术连攻九次,都被墨子逐一化解。攻城器械用完了,守城的器械却有余。王座前的攻防战胜负已定。公输盘输不起,大呼杀掉墨子。

楚王发雷霆之怒:割他辩舌!断他巧手!

墨子笑了笑,指着自己的脑袋说:尊敬的楚王,小臣的这颗头里有万斤竹简。

楚王说:万斤竹简何用?割舌断手砍脑袋,就用你发明的合金快刀!

墨子移目向公输盘,嘴角的一丝微笑闪出了当年:"公输子削竹木以为鹊,成而飞之,三日不下。公输子自以为至巧,子墨子谓公输子曰:'子之为鹊也,不如匠之为车辖。'须臾,刘(切割)三寸之木,而任(负载)五十石之重。"

这个故事源自汉代的《淮南子·齐俗训》。

后来,公输盘正要向楚王发飙狂叫,墨子先生慢悠悠先开口:"臣之弟子禽滑厘等三百人,已持臣守圉(城池)之器,在宋城上而待楚寇矣。"

楚王终于罢兵。墨子荣归故里。不久,又去越国止战……

一支数百人的"止战部队",全副武装的墨侠高手,带领弱国的士卒坚守城池,准备好悲剧性厮杀。战国时代,墨子的奇特部队像野火一般燃烧。墨子们武装止战多少次,史料不载。这个历史现象,应该在教科书中醒目标出。

墨侠可歌可泣,任侠之风乃是长风。孔夫子讲诚信,主要是在课堂上讲。墨侠言必行,行必果,一诺千金,"死不旋踵",融入华夏族宝贵的战斗精神。

司马迁盛赞游侠,游侠是墨侠的变式。

秦汉以降,墨学受封建统治者排斥,几成绝学。顾颉刚说:"汉代一统既久,政府之力日强,儒者久已尽其润色鸿业之任务,而游侠犹不驯难测,则惟有执而戮之耳,故景帝诛周庸,武帝族郭解,而侠遂衰;举贤良,立博士,而儒益盛……范晔作史,不传游侠,知东汉而后遂无闻矣。"历史学者露出润色鸿业的面孔。汉武帝岂止灭郭解三族,他还逼死飞将军李广,族李陵,残司马迁,纵容酷吏义纵、张汤,制造血腥的"尧母门"事件。学者如优伶,如面首,"固主上所戏弄。"(司马迁出此沉痛语)。墨子的侠义精神有广泛的民间基础,汉末、唐末、北宋末的农民起义俱为见证。

人间有不平,就会有墨侠。"野火烧不尽,春风吹又生。"

庄子点赞:"墨子真天下之好也,将求之不得也,虽枯槁不舍也。"

百折而不挠,枯槁而不舍。

刻苦,自律,节俭,平等,兼爱,利他主义,伟大的精益求精的工匠精神。墨子作为中国最耀眼的几颗文化恒星之一,他的光芒,显然远远不止投射到今天。

中华民族的伟大复兴,需要回望、回思包括墨子在内的先秦圣贤。

这是国家意志,不劳我辈赘言。

2018 年 2 月 7 日　于眉山之忘言斋

诸葛亮
(三国 181—234)

诸葛亮治军、治蜀有口皆碑,"能攻心则反侧自消,从古知兵非好战。不审势即宽严皆误,后来治蜀要深思。"成都武侯祠的对联,让人印象深刻。成都成为一座历史名城,与诸葛亮大有关系。唐朝有"扬一益二"的说法,扬州的繁华全国第一,成都的富庶天下第二。诸葛亮做蜀相十几年,总揽政务军事,并重德治与法治,修水利,办学校,促农桑,薄赋税,生产工具的创新和生活世界的花样翻新,史料均有记载。

诸葛亮是智、德、美三者结合的完美典范。

诸葛亮

诸葛亮,孔明,武侯,蜀相,这几个词的每一次书写都有亲切感,从中学到今天。一千七百多年来,社会各阶层的人都喜欢孔明先生,一辈子不变的喜欢。他是智、德、美三者结合的完美典范,是华夏文明馈赠给炎黄子孙享用不尽的礼物。他活着的时候连他的敌人都尊重他。他去世后,几乎所有人都仰望他。"仰之弥高,钻之弥坚。"

《蜀相》:"丞相祠堂何处寻?锦官城外柏森森。映阶碧草自春色,隔叶黄鹂空好音。"

2017年的某一天,笔者在秋雨中再拜成都武侯祠。且行且沉静,生情可别囿于情。

情与思,要像天空飘着绵绵密密的细雨。天和雨。

诸葛亮二十五六岁就成为诸葛亮,形成三分天下的战略性眼光,这令人费猜想。他是复合型的天才人物,兼具儒、法、道、兵、墨、农的智慧,"飘飘然有神仙之慨。"

复合型天才的成长过程是个谜,令人联想硬如铁的古木年轮。工业文明分工细,个体的活动半径在扩大,而思维圈子在缩小,回望圣贤有难度。海量的网络讯息又来搅局,助推人的平均化。几年前,当伽达默尔以一百多岁的高寿辞世,西方学界叹息:像伽达默尔这样的百科全书式的人物,恐怕不会再产生了。伽达默尔是海德格尔的高足之一。

也许,我们正在步入回望人文大师的年代。

诸葛亮生于公元181年,徐州琅邪郡人。汉代设十三个州,齐鲁属于徐州。齐地"膏壤二千里,其民阔达,多匿智,其天性也"。这是司马迁在《史记》中讲的。民间的智者隐而不彰。"稷下学派"引领士子,耕读传家蔚为风尚。富庶之地的百姓静悄悄幸福。

然而,天下乱起来了。汉代末年的几股势力缠斗于庙堂,四百年刘氏江山摇摇欲坠。董卓乱长安,北方群雄并起,兴兵讨董卓,群雄当中包括英雄、枭雄和奸雄。徐州太守陶谦有政声,文武兼修,保境安民,营造了一片乱世中的乐土。

诸葛亮是百年望族的子弟,童年有过美好时光。父母去世早,叔父诸葛玄养育他,哥哥姐姐疼爱他。大家庭的温暖,点点滴滴浸入血液。诸葛亮读书多,涉猎广。富家子弟大抵勤于学,世家有这个好传统,连曹操那种飞鹰走狗的浪荡少年也好学,手不释卷,又酷爱书法、音乐和围棋,可惜艺术修养并未淡化他的杀性。

一代人两代人慢慢的富且贵,与暴富家庭的区别甚大。暴富容易暴败,盖因良好家风的养成概率小。我认识的一些暴富者成天打大牌(赌大钱),他们的儿子就变着法子到处烧钱。希望以后好起来吧。

诸葛亮十二三岁,徐州也乱了。

曹操的父亲曹嵩,避乱到徐州,金银珠宝装了一百多辆车,途中被劫,曹嵩横死。挟天子以令诸侯的曹操大怒,两次血洗地广人稠的徐州,屠城再屠城。劫杀他父亲的是陶谦的一名部将,陶谦本人并不知情。然而,说不清。此间曹操的邪恶登峰造极,并不弱于荼毒关中的董卓。死了一个老父亲,要几十万人偿命。有学者称曹操是"可爱的奸雄"。

汉献帝初平四年(公元193年),曹操第一次攻徐州,打下十座城。他率军久攻彭城(今江苏徐州市)不下,迁怒于平民百姓,"坑杀男女数十万口于泗水,水为不流。"随后他又一路追杀,"引军从泗南攻取虑、睢陵、夏丘诸县,皆屠之,鸡犬亦尽,墟邑无复行人。"

次年,曹操第二次血洗徐州,攻下五座城,杀到琅邪、东海,"所过多所残戮。"

上面几段引文,见于《三国志·魏志》注引《曹瞒传》。阿瞒是曹操小名。

公元198年,曹操征吕布,《三国志·魏志》:"冬十月,屠彭城。"吕布败走,退居下邳大城。城池坚固,曹操攻不下,决心引沂水淹大城,擒杀吕布,将满城的士卒和百姓赶尽杀绝。沂河水滔滔,大街小巷的哭喊声数日不绝。史料称:曹操"动辄屠城"。

五年,曹操三屠徐州。富饶辽阔的琅邪郡成焦土,十室九空。诸葛瑾写信给朋友,字字沉痛。由此不难想见:诸葛亮对曹操的仇恨有多深,对乱世的厌恶有多深。

仇恨与厌恶,塑造诸葛亮的灵魂。恨是爱的沃土。

幸福安宁的生活突然中断,诸葛亮和兄弟姐妹跟随叔父诸葛玄南迁,踉跄千里,永远离开祖祖辈辈居住的温暖的家园,沿途所见惊心,"白骨露于野……生民百遗一。"大约是在公元194年,曹操二屠徐州之后,诸葛亮十三岁。仇恨的种子生根发芽。

爱故土与恨曹操,百年不能消。由此不难理解,后来诸葛亮北伐中原的决心为何那么大。"鞠躬尽瘁,死而后已。"研究诸葛亮的学者,不宜让冷静去把握炽热的情感。

冷思索要有它的热效应。九分爱和十分爱是很不同的。

俗话说,三岁看大五岁看老,但如何从五岁去看老,民间良好的直觉未能细化,未能诉诸文字表达。古代的人物传记涉及儿童期,往往语焉不详,今人做年谱也做不细。儿童期是决定性的,伏下情的种子和价值判断的种子,情与思长期互生,悄然交会。历史人物的儿童生活我们最想看,却看不清。诸葛亮要好一些,凭借史料片断,我们能猜想他早年的幸福和幸福的突然中断。生存落差催生他的强力意志,爱与恨,决不含糊。

非凡的意志力是所有俊杰的共同点。意志常态化,犹如花开水流闲云飘。"淡泊以明志,宁静以致远。"这是诸葛亮一生的座右铭。宁静蕴含着大能量,所以才能致远,从早年直抵暮年。"大海,大海啊永远在重新开始。"(瓦雷里《海滨墓园》)

《文子·上仁》:"老子曰:非淡漠无以明德,非宁静无以致远。"

文子是先秦诸子百家之一,据说是老子的学生。

诸葛亮《诫子书》:"夫学须静也,才须广也。非学,无以广才;非志,无以成学。"

诸葛亮的长子诸葛瞻,字思远。想得远成为价值,成为士大夫共识。鼠目寸光要吃亏。不过,诸葛亮的守静功夫与他的早年经历紧密相关,血与火百炼而成,使他能够源源不断摄取宁静的能量。子侄辈不可能主动去经历磨难。关羽张飞的儿子,上战场不如他们的"虎父",刘备的儿子是众所周知的刘阿斗。温室里长不出参天大树。

叔本华《作为意志和表象的世界》,这书名我初不理解,后来才悟出:意志力使世界成为世界。意志衰减,天地万物同步衰减。打个浅显比方,人躺在床上想事儿,和下床思考同一对象,区别明显。为什么?意志变了。意志与世界分分秒秒同起伏,同频振动。

海德格尔名言:世界世界着。意志支撑着世界图景,这个图景时刻都在变化。优秀者的世界相对稳定。"深固难徙,更壹志兮。"屈原写《橘颂》,道明不变的爱国志向。

是贯穿一生的意志力,使诸葛亮成为诸葛亮,使他生命的饱满度百倍于常人。

看来,要享受生命,不吃一点苦是不行的。要享受生活,不下功夫肯定不行。人类文明的结晶,文学艺术之精品,拒绝一切浅薄的、吹糠见米式的轻佻靠近。

本文凭借有限的记载,猜想诸葛亮的童年少年。古今学者鲜有这个层面的追问。

写人物,尝试着进入人物的血脉,原初地看,逼近他们的生存本相。这是一条没有尽头的路,一件永远不可能做得完满的事情,但正因为此,探索的乐趣无处不在。地平线每天都在美妙延伸。写作强化日常感觉,延伸思绪,捕捉情绪,在书房里蹦蹦跳跳,墙角阳台也仿佛安装了思维弹射器,情绪加热器,信息处理器。有时上个厕所,好句子就丢了,半天找不回来。这个现象倒是佐证了思在气流中,人在灵感的燃烧状态。乡贤苏东坡形容他的写作生涯:"天风海雨逼人……人间乐事无逾此者!"

少年诸葛亮定居于荆州南阳郡的隆中,那个地方山环水抱,景色绝佳,俨然小国寡民的桃花源。《三国演义》称:"山不高而秀雅,水不深而澄清,地不广而平坦,林不大而茂盛。猿鹤相亲,松篁交翠。"山势如盘龙,多翠竹。隆中最高的一座山海拔300米。

诸葛亮在荆州首府襄阳城待过三四年,叔父病逝,迁到二十里外的隆中小村。荆州是交通发达的战略要地,襄阳是战乱时期的文化中心,南北士子携家带口避乱于此。庞氏、黄氏、徐氏、崔氏、孟氏,若干家族都有隐秘的高人,毫不张扬的智者。

十几岁的诸葛亮是在一流的"文化沙龙"中成长的,这一点非常重要。荆州名士庞德公的儿子娶了诸葛亮的二姐。庞德公鉴人如镜,后来称孔明为卧龙,称他侄子庞统为凤雏。黄承彦、庞统、徐庶、崔州平、孟公威……皆为一时之俊杰。另有一位司马徽,《三国演义》重笔墨描写的水镜先生,一生隐于江湖,不入襄阳城,尽管他的家就在城郊。

方圆百里之内,志士俊杰层出不穷,隐逸贤达跨郡穿梭。

诸葛亮的天资未必好于徐庶等人,他的成长迅速,还是要追溯他的年少明志。爱、恨、忧、怜这一类基础性情绪,他比别人来得更扎实,更强烈,也更平和,更冲淡。

意志力超强的人通常有此特征,从激烈到平和,只须跨出半步。

鲁迅先生命名"火的冰","出离愤怒",是作家对生存情态的经典捕捉。

诸葛亮埋头读书,抬头论辩,游学大荆州,造访高人和老农,躬耕于南阳。荆州辖八郡,南阳郡辖三十七个县,水路陆路畅通,一条小船一头驴,人就盘桓远方。三五个二十来岁的饱学男子时常剧谈通宵,"恰同学少年,风华正茂,书生意气,挥斥方遒。"

生命中的每一秒钟都是晶莹剔透,充盈着张力。这太美了。上帝也会欣赏。佛祖爷爷也会点头。

我们总是把目光投向生命的饱满者,让那些干瘪者做铺垫吧。

没办法,上帝认可的优秀者数量有限。

儒家的担当世界,道家的飘逸江湖,法家的纪律严明,墨家的刻苦精神,兵家的奇思妙想,农家的敏感自然,文学家的洞察人性,政治家的审时度势……若干核心元素,合力铸造这一位中国历史上最年轻的战略家,并且,品德高尚。

春秋战国五百多年,各种极端性的东西登台亮相,催生各领域的超级智者。汉末乱世皇权崩盘,军阀连年混战,烂泥塘生长的一支莲荷却是清丽无双。

诸葛亮作为世家子弟,物质生活是不错的,但没有半点"物于物"的迹象。他的交往圈子均类此,严防物欲拖着肉身下沉。蓬勃的个体一定是向上的。向上的个体才活得天宽地阔,才能够享受生活的丰富。

肉身一旦下沉,世界就浑浑噩噩。这是铁律。

诸葛亮的婚姻饶有意味,娶黄承彦的丑女儿为妻。时人笑曰:"莫学孔明择妇,止得阿承丑女。"一表人才的卧龙先生娶丑女,似乎远离人之大欲,但细看之下,我们不难发现卧龙先生的不欲而欲。是的,不欲而欲。生命的多重奏乃是古今俊杰共同的特征,单一的沉迷出不了伟男子。孔明想要的东西太多了,包括婚姻搭建的交往平台:黄承彦是南阳名士,是荆州牧刘表的连襟。黄的女儿相貌平平而才华出众。才华会部分抵消她的黄头发黑面孔。内在美慢慢走到她的眼角眉梢,化入她的日常举止。精通书史和古琴、巧于器物设计的黄家女儿难看吗?自信与优雅会改写她的容貌,注入别样韵味儿。

如果诸葛亮像周公瑾娶一位国色天香,会不会沉迷于温柔乡呢?可能性不大。他的自律自强起于童年,三岁丧母,八岁丧父,形成异于常人的内心褶皱,足以用一生的时间去打开。十三岁,遭遇家族的沉痛大迁徙,情绪的风暴压缩在方寸间,伏下了强劲喷射的种子。待在襄阳城近四年,学与思,在高士如云的文化圈中获得方向感。每天都在进步,每年都上新台阶。这种不可预设的成长方式,使人的精神内核堪与钻石比硬度,争光芒。

孟子有类似表达:"天将降大任于斯人也,必先苦其心志,劳其筋骨,饿其体肤。"而我们凭借海氏的现象学生存论,有可能思得更细,找到人的成长过程中的细微连结。

少年诸葛亮肯定不是一个阳光男孩儿。我写王羲之和诸多文人,发现这个有趣的、带普遍性的现象。王羲之的少年时光,"讷、涩"是出了名的,他的儿子王献之同样讷涩,大名士谢安,却评价几个乌衣巷的王氏少年说:辞寡者佳。

孔夫子屡屡赞赏木讷,将木讷提到仁的高度。"子曰:刚、毅、木、讷,近仁。"古今人杰的成长,很难找到一个阳光男孩儿的例子。什么原因呢?能量的获得,注定需要缓慢与沉重么?阳光男孩儿容易滑向浅薄,成大器更难。有点能量他就即时释放了,笑起来又讨人喜欢,于是接着讨人喜欢,失掉能量聚集、生长坚实的契机。天不闷热,下点小雨而已,大雷雨、强气流来自连续高温。聚集决定释放。关于阳光男孩儿的生存论阐释,庶几是这样。

有表达障碍的人会想方设法冲破障碍。换言之,有障碍才会形成更大的冲击力。滔滔辩才,几乎跟小时候的伶牙俐齿无关。伶牙俐齿与油腔滑调倒是有关。

意志碰上阻力,方显强力意志。"沧海横流,方显英雄本色。"

我记得伯特兰·罗素讲过:凡是表达流畅的文章都不是一流的文章。

罗素一句话,我想了半年。原创性的东西一定会显得生涩,欲言又止的,犹疑徘徊的,磕磕碰碰的。文字如珠,如钻石,而钻石由长期的地力挤压而成。鲁迅先生的文字有此特征。顺便提一句,迄今为止,没有任何一个当代作家的文字能与鲁迅媲美。

诸葛亮

"臣本布衣,躬耕于南阳。苟全性命于乱世,不求闻达于诸侯。"《出师表》的这个句子如此打动人,忠诚与决心,足以洋溢中国一万年。南阳诸葛庐,松篁交翠。"新松恨不高千尺,恶竹应须斩万竿。"杜甫不喜欢竹子,倒不影响崇拜杜甫的罗贯中。竹子是清幽的符号,松柏有凌云之志,有岁寒而后凋之德。罗贯中把诸葛亮的草庐写得像仙境,松与竹跃然纸上。作家的叙述充满感情。小桥流水人家,周遭般般入画。

徐州毁掉了,诸葛亮迁居另一片乐土荆州。荆州牧刘表,保护着这一广大而富庶的区域,覆巢之下尚有完卵。迁居后数年,徐州再次遭到曹贼大规模蹂躏,百姓"转死沟壑"。

恨,爱,忧,携同深广的怜悯,合铸伟大的灵魂。"汉、贼不两立,王业不偏安。"掷地有声的话语,听上去却是平淡。超强的意志力使表达轻描淡写,举重若轻,此之谓也。地表一片平静,地表下却是岩浆奔突,地火运行。即使是少年诸葛亮,也难以想象他会攥拳头大喊大叫。从三岁到十三岁,诸葛亮经历了不止一次浴火重生。灵魂的坚硬与柔软共属一体。鲁迅:"真的猛士,敢于直面惨淡的人生,敢于正视淋漓的鲜血。真的猛士,必当奋勇而前行。"

隆中小村翠竹环绕的草庐,孔明先生每日早起读书,"观其大略",越过了死记硬背。不过,他的轻松潇洒,来自并不轻松的童年训练。家教很严的。父丧,长兄如父,诸葛谨为人严谨,"非道不行,非义不言。"孔明先生应该是天资加勤奋,天长日久,勤奋常态化,"知之者不如好之者,好之者不如乐之者。"这就进入了学习的自由境界,对未知领域的探索至死方休,对生活的热爱抵达坟墓。

《论语》:"十室之邑,必有忠信如丘者焉,不如丘之好学也。"孔丘的名言,孔明完全可以套用。童年形成的坚实内核足以辐射一生。童年是理解诸葛亮的一把金钥匙。

陶渊明"好读书不求甚解",苏东坡"不特观一书",像他眉山老家的爷爷苏序,看书"略知其大义,即弃去"。天资与性格是家风之外的两大助推器。三者交融,大才生焉。年轻的诸葛亮让一代高士水镜先生钦佩不已。徐元直,庞士元,"俱非百里之才",雄视千里,但他们对诸葛亮是服气的。徐庶自比萤火之光,"而亮有皓月之明。"

襄阳城的文化沙龙似乎随诸葛亮迁到隆中。剧烈的思维碰撞酝酿着大智慧。中原争战的讯息纷至沓来,为智者提供思之弹射的基点。讯息和知识一样,在老子和孔子眼中是需要大量缩减的,孔子删《诗》,从三千首删至只剩下十分之一。孔子"正乐",去掉郑声一类的靡靡之音。郑声蔓延压倒韶乐,孔子不能接受。这在眼下同样是个问题。

诸葛亮抛书午休,"大梦谁先觉?平生我自知。草堂春睡足,窗外日迟迟。"活得一派仙风道骨,活得逼近野鹤闲云。华夏族文明塑造人的伟力,如同天地日月孕奇育秀。诸葛亮才二十出头,已经具备大贤的姿态,放在分工越来越细的今天是不可思议的。犹如屈原天、地、人、神、巫五位一体的生存范式,今人只能猜想,崇拜,尝试着靠近《楚辞》。汉语经典挽留了巨大的历史能量,今人拜读词语。

先生春睡足,管它太阳在山顶还是在山脚。"峥嵘赤云西,日脚下平地",春夏逢佳日,一觉睡到星星满天也不碍事儿。自律者的稍稍任性,勤奋者的偶尔放松,"申申如也,夭夭如也。"(申申:舒展貌。夭夭:甚于舒展),这是暮年孔子的情与貌。唯有向上的生命体的休憩时光,乃得闲而自适,浑身细胞舒畅,想唱歌,想抚琴,想沐浴春野。

无所事事与闲适无关。一味的寻瘾头找刺激,注定落入无边的无聊。

鲁迅有类似言论:无聊是从人的内部生发的,不大有药可救。

"平生我自知。"诸葛亮对自己有清醒认识,能够拿捏自律与任性的分寸。一直懒下去是不可能的。而恰到好处的放松、任性,会给懒散贴上意想不到的别样标签。紧张的运思,伴以接踵而来的无所思,大脑自动"清空",倒有奇思妙想袭来。宁静者,懂得宁静里边有东西,有异质性的存在。诸葛亮自称乡野疏懒之人,这是勤奋者才有资格讲的一句话。山人、散人、疏懒之人,以江湖之远,遥观庙堂风云,注视沙场厮杀。愤怒而又出离愤怒,冷观察获得热效应。热烈洞见,零度审视。对时局的分析入木三分。

不用说,诸葛亮是志在庙堂,也是志在江湖。进,匡扶汉室;退,逍遥于自然,陶醉于艺术,享受妻贤妾美的日常生活。中国文化所独具的进退体系,年轻的孔明先生了然于心。汉末有这个大环境,邦无道则愚,则隐,"小舟从此逝,江海寄余生。"

南阳躬读的伟岸身影,际会着时代的风风雨雨。放下锄头拿起书。宁静在喧嚣,"心事浩茫连广宇,于无声处听惊雷。"诸葛亮的精神内核与鲁迅有相似处,都有勇士的灵魂,都有战士的姿态。鲁迅辨认四千年历史的毒素。诸葛亮挑战时代的无序。

"孔明自比管仲、乐毅。"

春秋时期的管仲,做齐国卿相四十年,国家富强,人民安居乐业;战国名将乐毅,让弱小的燕军联合楚、赵、魏,只半年,攻下齐国七十余座地池,所过之处,对百姓秋毫无犯。仁义之师是有的,汉高祖刘邦的军队攻入秦都咸阳,"财物无所取,妇女无所幸。"又约法三章,打造了一支得民心的军队,战胜了强大对手,缔造了汉代江山。

诸葛亮对徐元直、石广元、孟公威等说:"卿三人仕进,可至刺史、郡守也。"

"三人问其所志,亮笑而不答。"这笑容,多么富有感染力。

汉代一个州的面积,相当于现在的多个省。并未做过官的农村后生孔明,自信心从何而来? 管仲、乐毅,乃是彪炳史册的政治家、军事家、外交家,诸葛亮向他们看齐,越过历史上数字庞大的二流人物。这是否是信口开河,不知道天高地厚?《三国演义》加以发挥,水镜先生叩访刘备,另举两个人比拟诸葛亮:兴周八百年的姜子牙,兴汉四百年的张子房。四十七岁的刘玄德惊得说不出话。水镜先生笑吟吟告辞……

我们来追问史实,展开一些猜想。

三分天下的战略眼光,成型于诸葛亮二十五岁左右。《隆中对》已在酝酿中,天下战略版图的变化在脑海中反复推演,包括各路豪杰的争霸推演,后来基本上落到实处。年轻的大贤,是我们心血来潮说故事吗?看来不是。追问史实需要严谨,却没人说得清诸葛亮的智慧源头。大词概括容易,细腻揭示殊难。

也许农耕文明提供了个体生命缓慢生长、步步坚实的最佳途径,华夏族文化对杰出个体的塑造,类似自然界对千年松柏的塑造,万有引力对宇宙天体的塑造。老子孔子庄子嵇康诸葛亮,这些人让我们觉得,他们活上几百年依然朝气蓬勃。

据《三国志》,孔明先生"每晨夜从容,常抱膝长啸"。

长啸不是打口哨。"阮步兵啸闻数百步。"岳飞"仰天长啸,壮怀激烈",不可能仰天打口哨。长啸犹如狮子吼,吞吐胸中豪气。三国以及魏晋,人们从啸声中判断对方的优劣。有时候两个人碰了头,互相盯着眼睛不说话,蓄气长啸,然后各自掉头走人。

隐居隆中小村的诸葛亮以大贤自许,倒是不谦虚。他是既能见贤思齐,又能自我推许。自我肯定形成宝贵的内驱力,但过程颇复杂,庸常之辈往往高估自己,把小智吹得玄乎,把小感觉说成大感觉。在我的书写印象中,大贤一般不谦虚,他们清楚自己的历史坐标。李太白堪称生命冲动的典型,自由精神的代表,他吹嘘自己从来不吝啬:"世人见我恒殊调,闻余大言皆冷笑。"杜甫叹曰:"世人皆欲杀,吾意独怜才。"

李白六岁写诗,就想做一颗天边星,半个世纪雄赳赳气昂昂,"平生傲岸,未尝一日低颜色",真叫人叹为观止。他那些没完没了的大言不惭,惹得世人皆冷笑,都想杀他。性格沉郁的杜甫也不谦虚,宣称:"诗是吾家事。"孔夫子谦虚吗?翻翻《论语》就知道,这位中庸圣人深知自己的历史处境。

自比鲲鹏的庄子谦虚吗？抹掉圣人的老子谦虚吗？

萨弗兰斯基写道：二十七岁的海德格尔发现了，他就是海德格尔。二十五岁的诸葛亮是否发现了，他就是诸葛亮？

当时的南阳，很少有人相信他能比得上管仲、乐毅，于是嘲笑他，挖苦他，"时人莫之许也。"本来不错的后生，一旦把话说过头，人家看他的眼神就变了。吹吧，反正吹牛不要本钱。俗话说，嘴上无毛，办事不牢，孔明面部的五绺须（道家符号），就能证明他办事牢靠，带过兵吗？打过仗吗？治理过一个小县吗？都没有。那还说啥管仲乐毅啊。

春秋五霸之一的齐国，国土几千里，精兵数十万，战车千乘，上将千员……区区诸葛后生，凭什么自比连孔夫子都高看的名相管仲？

质问常有，"亮笑而不答。"只有徐元直、孟公威对诸葛亮"谓为信然"。

有件事比较蹊跷，诸葛亮结婚生子了，老丈人黄承彦贵为荆州刺史刘表的连襟，翁婿二人，为何不到刘表手下谋个一官半职？南阳士林有点搞不懂。良禽择木而栖？诸葛亮要选择什么样的主公呢？其时，官渡之战已结束，曹操的势力天下第一，卧龙先生对志在一统天下的曹操是否改变了想法？是否淡化了记忆中的滚滚血浪？

答案是：卧龙先生择木而栖，但不会选择曹操。不可能。

让诸葛亮选择曹操是一种荒唐的想法。道德堪忧的年代，总有些学者、作家置身于道德与非道德的模糊地带，或可疑，或可叹，或可憎。总不能因为曹操统一了北方，就把曹操的罪恶处理成盲点。曹操三屠徐州，血洗琅邪，涂炭无辜生灵，诸葛亮是有深仇大恨的。童年植入肌肤的深仇大恨，如何能够一笔勾销？学者貌似价值中立，却暗中滑向了非道德。非道德通向利益图，前者的模糊直指后者的清晰。反之亦然。

"恨血千年土中碧"，化成灰也要恨。陕西五丈原的先生坟墓，每一抔土含恨向北。

孟公威打算回中原的故乡去，诸葛亮劝他："中国饶士大夫，遨游何必归故乡。"卧龙先生万里之才，把中国纳入他的战略筹划。读书，远游，制作器具，巧思物理，冥想军事。又沐浴抚琴，"好为《梁父吟》。"这是怀念故土的一首歌，据传是诸葛亮的音乐作品。他对音乐的理解也是超凡出众,与他的守静功夫共属一体。古琴是心声的直接表达,较之语言艺术更有渗透力。解乐乃是解心。音乐诉诸人的直觉,统摄思绪与情绪,抵达植物的朦胧欣悦。"师旷鼓琴,百兽率舞。"寻找外星人的宇宙飞行器播放古琴曲。

诸葛亮居家唱歌,优游唱歌,种地唱歌,村子里的男女老幼都爱听。"诗言志,歌咏言",良禽耐心等待着时机。卧龙蛰伏,只为有朝一日腾空而起。

刘皇叔待在新野小城,他依附刘表有些时日了。出道二十多年,兵微将少,帐下有关羽、张飞、赵云,而谋士一般,他不得不投这个依那个。吕布死了,刘备投袁绍。袁绍死了,刘备依刘表。刘表优柔寡断,终有一天要被曹操灭掉。诸葛亮居隆中十年,不选择刘表,看来是有知人之明。自知,知人,一般人哪里做得到。

一旦选择,终生不弃,应该是诸葛亮做人的标准。

刘备发现了自己身上的赘肉,不禁垂泪对关张,《三国志·蜀志》有记载。驰骋疆场的英雄每日闲着,眼看曹操孙权的地盘与日俱增。荆州保不住,刘表看不清楚,刘备看得清楚。看清了又无计可施,只能垂泪。关将军能说什么呢?横扫千军的大刀远逊于决胜千里的大脑。群雄逐鹿,大脑是第一位的,谋士胜过武士。刘邦打天下,首重张子房。

汉献帝建安十一年(公元206年),刘备不断从徐元直、水镜先生的口中听到诸葛亮的名号,求贤之心顿生。徐庶高看的人,水镜先生推荐的谋士,肯定不是等闲之辈。刘备想捎口信邀请孔明,徐庶说:"此人可就见,不可屈致也。将军宜枉驾(屈驾)顾之。"

从冬天到春天,刘玄德三顾茅庐。四十七岁的英雄豪杰,专程拜访二十六岁的年轻人。刘备是做过徐州牧(刺史)的,曾经是吕布的强硬对手,现在是曹操的心腹之患。要身份有身份,要名头有名头。刘备第一次备厚礼,酌言辞,冒着鹅毛大雪去隆中,以示诚意,然而,孔明先生不在家。第二次再备厚礼,兴冲冲奔隆中,又扑空。关云长不耐烦,这位大孔明十几岁的关将军,叱咤风云,阅英才无数,一把青龙刀纵横南北,却一再屈尊朝乡下跑,胸头一股无名火起,言语中夹杂不屑,认为诸葛亮名不符实,跑掉了,不敢见刘皇叔。张翼德更是火冒三丈,要飞马去隆中,一根绳子把诸葛亮捆到新野。

诸葛亮两次不在家,显然是故意的:以不在场的方式在场。操作层面的政治技术,经过了先秦洗礼,汉代已高度发达。诸葛亮后来说:"太公九十非不遇,盖审其主焉。"姜太公钓鱼,钓了几十年才钓到周文王。诸葛亮审其主,慎之又慎,察其言而观其行。他不出则已,一旦出山,必须成为刘备的首席谋士,他的战略筹划不允许他从普通谋士做起。如果刘备扑空两次之后泄气了,那就表明他雄心有限,难称明主。孔明要考验刘备。这个心思缜密的青年智者做了一些铺垫,比如,让崔州平、孟公威等人在小酒店喝酒,纵论天下大势,却又婉拒刘玄德的盛情邀请。南阳高士们钓足了刘玄德的胃口。

宋代的王安石效仿诸葛亮,几番婉绝皇帝的召见和朝廷的任命,做足了舆论功夫,只因他的变革大计,要求他在最短的时间内做到宰相。王安石写《古木》一诗,向世人宣称:"廊庙之材应见取,世无良匠勿相侵。"栋梁之材等待着好木匠。

诸葛亮选择刘备,重三点:身份,雄心,品德。

九分雄心不可,非得十分才行。群雄逐鹿的年代,雄心野心到处都有,雄心配以品德则不多,再配以具有号召力的皇叔身份,更是凤毛麟角。诸葛亮是铁了心了,刘玄德也是铁了心了,双方的意志相向而行,操作层面的技术手段可以忽略不计:对大贤而言,这不过是小儿科。孔明回避刘玄德,并不是玩玄德于掌股之中,他的算计是终极性的:把自己的才华和一生时光都算进去了,把子子孙孙都算进去了。君臣遇合发生在公元208年的春天。诸葛亮念刘备之至诚,许以驱驰,登上了历史舞台。一代名相,百代仰望。刘备在草庐中"哭请",当不是小说家言。

"三顾频烦天下计,两朝开济老臣心。"烦:繁。

"功盖三分国,名成八阵图。"

《出师表》:"先帝不以臣卑鄙,猥自枉屈,三顾臣于草庐之中,咨臣以当世之事。由是感激,遂许先帝以驱驰……尔来二十有一年矣。"

简单的一句感激,二十八年呕心沥血,直到叶落秋风五丈原。

人生在世,仁义二字。诸葛亮在乱世的风口浪尖把仁义推向极致。邪恶的深渊升起一座善的高峰。中国的广大民众是需要仁义的,仁义道德的雄厚基础在民间,它是人际交往永恒的粘合剂,种田、做工、经商,须臾不可缺。官场倾轧消解粘合剂,有良知的士大夫强化粘合剂。民间并不存在道德瞬间崩盘的基础,风气的坏掉,要花很长时间。

有关诸葛亮的战略性文章《隆中对》,不录全文,心不甘也。

"自董卓以来,豪杰并起,跨州连郡者不可胜数。曹操比于袁绍,则名微而众寡,然操遂能克绍,以弱为强者,非惟天时,抑亦人谋也。今操已拥百万之众,挟天子以令诸侯,此诚不可与争锋。孙权据有江东,已历三世,国险而民附,贤能为之用,此可以为援而不可图也。荆州北据汉、沔,利尽南海,东连吴会,西通巴蜀,此用武之国,而其主不能守,此殆天所以资将军,将军岂有意乎?益州险塞,沃野千里,天府之土,高祖因之以成帝业。刘璋暗弱,张鲁在北,民殷国富而不知存恤,智能之士思得明君。将军既帝室之胄,信义著于四海,总揽英雄,思贤若渴。若跨有荆、益,保其岩阻,西和诸戎,南抚夷越,外结好孙权,内修政理。天下有变,则命一上将,将荆州之军以向宛洛,将军身率益州之众出于秦川,百姓孰敢不箪食壶浆以迎将军者乎?诚如是,则霸业可成,汉室可兴矣!"刘璋时为益州牧。将:率领。宛洛:泛指中原。

几百个字,说尽天下大势。所谓战略性眼光,是既能宏观把握,又能微观进入。此间,诸葛亮的活动范围只限于荆州,却对中原、对荆襄、对益州的战略走势洞若观火。可见隆中运思的广度和深度,远远超过长居中原或益州的士人。

人的思维半径通常与活动面积无关,与讯息的拥有量关系也不大。讯息多了,讯息打架,讯息吃掉讯息,导致事物的能量互相抵消。严格说来,不读万卷书,便不存在万里路。康德几乎一辈子待在小镇上,莱布尼茨守着他的钟表铺,海德格尔中年才去法国和希腊短暂停留,他们的全球视野,今日飞遍全球的学者教授谁能及?

卧龙出山,干净利落。待到功成名就之时,像张良一样掉臂林泉,"从赤松子游。"

建安十三年(公元208年),刘表卒,刘琮立。曹操提十万大军扑向荆州,直取首府襄阳。"诸葛亮火烧新野",未见于史料,不知罗贯中有无凭据。《出师表》:"受任于败军之际,奉命于危难之间。"诸葛亮劝主公取代刘琮,刘备说:"刘荆州临亡,托我以孤遗,背信自济,吾所不为。"结果刘琮投降了曹操。

刘备带万余军队和十几万百姓逃向江陵。曹操亲率五千精骑追杀,"一日一夜三百里。"扶老携幼的荆州人日行二三十里,黑压压缓慢移动。部下劝刘备放弃百姓,刘备说:"夫济大事者,必以人为本。今人归吾,吾何忍弃之!"几段引文见于《三国志》。

刘备的仁厚有铁证。诸葛亮没有看错人。

荆州百姓是自发跟随刘玄德,包括大批襄阳的读书人。曹操的恶名天下皆知,曹兵追上来,必定滥杀无辜。关羽带部卒去江夏请救兵,张飞断后。赵子龙跃马冲入曹军阵营,一杆长枪舞得像雪花,杀得天昏地暗,血染战袍,《三国演义》有非常精彩的描写。长坂坡,当阳桥,让无数的少年儿童无限神往,男孩子的雄性激素在神往中悄然生焉。英雄崇拜真好。崇拜仁义之师,勇敢与道德在其中。刘玄德的军队保护手无寸铁的男女老幼,这事要细看。玄德的两个女儿被捉走,尚在襁褓中的儿子刘禅险些丧命。百姓仓皇逃命,却如何逃得过曹操的精骑。十几万荆州百姓死了多少,史料无数字。当阳桥张飞一声吼,吓破曹操胆,迟滞了曹兵的追杀。这事见于正史,尽管罗贯中有夸张。

宋代的说书场,听书的市民闻曹操败,一个个欢欣鼓舞。闻刘玄德败,要伤心哭泣。苏东坡的笔记《东坡志林》有记载。东坡评价曹操:"阴贼险狠,特鬼蜮之雄者。"

公元209年,占领了荆州数郡的曹操,转攻江东的孙权,号称水军八十万,战舰几千艘。吴主孙权惧。为张昭为首的文臣力主投降曹操,以免江东八十一郡遭到毁灭。东吴兵马不过几万。曹操可不是袁绍,帐下谋士如云,猛将之多亦在刘备孙权之上。

这个紧要关头,诸葛亮一袭长袍飘然过江。

"孙刘联盟"是隆中决策的第一步,能否落到实处?

诸葛亮智激孙仲谋,小说的描写有史实凭据。苏轼:"亲射虎,看孙郎!"辛弃疾:"天下英雄谁敌手?曹刘。生子当如孙仲谋。"诸葛亮初见孙权看见什么呢?看见非凡气度中隐藏着的焦虑:几万人打几十万人,等于以卵击石,犯兵家之大忌。

诸葛亮劝孙权投降曹操,激发孙的雄心,孙反问:刘玄德为何不投降?诸葛亮正色答:"田横,齐之壮士耳!犹守义不辱,况刘豫州王室之胄,英才盖世。众士仰慕,若水之归海。若事之不济,此乃天也,安能复为之下乎?"

田横五百士,宁死不降刘邦,"士为知己者死"。刘备乃是英才盖世的皇室宗亲,抱着田横式的决心,岂肯降曹?这番话的言下之意,直指虎气十足的孙仲谋。

孙大怒,曰:"吾不能举全吴之地,十万之众,受制于人,吾计决矣!"当时孙权二十七岁,其父孙坚,其兄孙策,都是江东万众追慕的英主。父兄已去,孙权发誓要守住大好江山。

孙权决计抗曹了吗?当众发誓之后是否又后悔?平生谨慎的诸葛亮料到这一点。事关重大,年轻的战略家想得很细,拿捏着大胆与谨慎的分寸。联吴抗曹有几分把握?五六分就不错了。曹操的大军毕竟能征善战,占领了襄阳,庶几破了东吴的长江天险。

诸葛亮连夜徘徊馆驿,望明月而沉思,任凭思绪在夜风中飘来飘去,"若有思而无所思",然后掉转目光,以直觉瞄准孙权。这是善于运思者的日常经验。直觉的调动,原来有迹可循。如果几番直觉都得出相同的答案,那就可以放手一试。

直觉告诉孔明:孙权一定会犹豫再三。

以张昭为首的投降派把一些将军也说服了,"迎曹派"占了上风。

诸葛亮第二次见吴主孙权,讲三点:1."曹操之众,远来疲惫。"2."北方之人,不习水战。"3."荆州之民附曹者,逼兵势耳,非心服也。"(引自《三国志》)

曹操的三根软肋,经由诸葛亮的精确指认,亮在了孙仲谋的眼前。射虎的英雄再一次下决心抗曹。然而事情还没完,张昭等重臣进谏之后,孙权再度动摇。国家的存亡,只在一念间。无论战与降,决心都难下。

凭诸葛亮一己之力,彻底说服孙权并不容易。舌战群儒也好,拜见吴主也罢,只是朝着既定的方向跨出了两步,若不是周瑜、鲁肃主战,诸葛亮的联吴战略有可能泡汤。周瑜见孙权,也讲了几点,大意与孔明相同。英雄所见略同。文武百官的耳朵竖得高高,江东八十一郡命悬一线。周瑜话音未落,吴主孙权拔剑,砍下了奏案的一角。

孙权朗声宣布:"诸将吏!敢复有言当迎曹者,与此案同!"

又据《资治通鉴》,孙权对周瑜说:"孤与老贼势不两立,君言当击,甚与孤合。"那一年周公瑾三十四岁。少年周瑜"精意于音乐",喝醉酒也能辨别曲谱,东吴谚语云:"曲有误,周郎顾。"老将军程普赞叹:"与周公瑾交,若饮醇醪,不觉自醉。"

过了八百年,眉山苏轼赞曰:"遥想公瑾当年,小乔初嫁了,雄姿英发。"其实,赤壁大战时,周郎娶小乔已九年。苏轼未必不知,诗兴大发之际,一切为我所用耳,就像他在考场上也敢杜撰圣人的典故,惊得主考官欧阳修目瞪口呆。苏词称颂欧阳修的句子:"记得醉翁语,山色有无中。"后半句却是王维的,醉翁引用而已。看来,艺术家的下笔,不必拘泥于史实。拘泥史实,闪电般的灵感便捉不住。

尊重史实与拘泥史实是两回事。

孙仲谋挥剑砍下奏案的一角,百官耸然动容。意见统一了。孙刘联合成定局。

孙刘的五万人打曹操的三十万人,战场摆在长江的赤壁附近(今湖北蒲圻县境内)。周瑜、黄盖用火攻,小艇"走舸"满载鱼油枯草,数百艘如火箭齐射,借助冬季不多见的东南风,大破曹军的连锁大船,茫茫江面成火海。诸葛亮设七星坛借东风,固然是作家罗贯中的虚构,但孔明先生对气候的观察、研究由来已久,这是军事家的必修课。

据《三国志》:曹操败走华容道,残部中的"赢兵"惨死无数。道路泥泞,曹操命赢兵伤兵负草伏地,让大队人马和辎重车踏过碾过。不从者杀无赦,伏地者尚有一丝活命的机会,但马踏受伤者更惨,呻吟号啕无人管。初,曹操于官渡战袁绍,两军血战多日、胜负难分的瞬间,曹操下令割掉千余俘虏的鼻子,命"血兵"疯狂冲击,袁军大骇,兵败如山倒。曹阿瞒小时候就诡计多端,长大后更是生出了"九张脸",兽性魔性人性,三性搅作一团(参见拙作《品中国文人·曹操》)。

刘玄德危难之际不舍百姓,曹孟德败走华容道马踏赢兵。孔明,关羽,赵云等,感慨复感慨。关羽是仁义符号,"关帝庙"供奉千年。赵子龙的正义忠诚广受士庶称道。历史选择英雄,决不是无缘无故的。有其主,方有其部属,史料证据充足。唐宋六百年,刘玄德诸葛亮的形象闪耀着道德光辉。亿万平民百姓需要这光辉:深入骨髓的需要。

赤壁之战以后,刘备占领荆州四郡,设州治于江陵,势力延伸到长江以北。此距诸葛亮出茅庐不过两年。鼎足之势成,孙权还"进妹固好",让他的巾帼妹妹孙尚香嫁给了刘皇叔。可惜一代儒将周郎病逝,享年才三十六岁,国色天香的小乔泪洒焦尾琴,终身不复弹。英雄美人的故事永久流传。

"跨有荆益",诸葛亮的既定战略是向益州扩张。东汉的益州,辖今之四川、陕西东南部及云南贵州大部。益州牧刘璋有善名,却懦弱,战乱年代不足以雄霸天府之国。曹操,周瑜,都有过进军益州的意图。诸葛亮抓住这个稍纵即逝的机会。这时候,两个关键人物出现了,一个法正,一个张松,都是刘璋的重要谋臣。张松貌丑,看书过目不忘,堪称一代奇才。刘璋派他去讨好曹操,却受鄙视,他转过身就大骂曹;张松与法正商议,密请刘备入蜀取代刘璋,表面的理由是向刘备求援,北拒张鲁和曹操。

"张松献地图",刘备取西川,《三国演义》的生花妙笔叫人回味。

其时,庞统已归刘备。庞士元也貌丑,刘备不喜欢,叫他做个小小的耒阳县令。可见以貌取人是普遍现象,古代取士重仪表,重谈吐,是取悦民众的一种常见策略。眼下各国的元首似乎找不到面孔丑陋者。诸葛亮力荐庞士元,刘备醒悟了,格外重用他。

建安十七年,刘备带数万人马沿嘉陵江入蜀,与刘璋的三万军队会合于今之绵阳,二刘以兄弟相称,两军欢宴达百日,军歌漫山遍野。刘备、庞统一路上招兵买马,军威日甚。刘璋慌了。二刘打起来了,兄弟转眼间大动干戈。刘璋军败退成都。

庞士元指挥若定,展示了卓越的军事才能。刘备不禁叹服诸葛军师的知人之明。军师带关羽张飞等人镇守荆州根据地。

张松被刘璋杀掉。可惜了!满腹才华化为灰烬。法正投刘备帐下。刘备的大军打得顺利。刘璋确实"暗弱",未战,手下重量级的智谋人物便弃他而去。"民殷国富而不知存恤,智能之士,思得明君。"诸葛亮高卧隆中,对刘璋已了如指掌。

粗中有细的张飞,义释老将军严颜,刘备再添一骁将。凉州人马超有万夫不当之勇,后来,连"纵横天下三十年"的关羽也想跟他一较高下。马超投张鲁,不受,转投刘备。

文有孔明、庞统、法正、刘巴,武有关、张、赵、马、魏、黄、严,刘备在短短几年间,得了荆州图益州,较之新野小城,控制的区域扩大了不止一百倍,拿下成都后,更剑指中原,要兴复汉室。所有这些大事,皆源自隆中决策。先生才二十几岁,"万古云霄一羽毛。"人称诸葛亮神机妙算,是因为智者与常人的距离难以测量。

进军成都的一场战役中,庞士元中箭身亡,三十六岁,寿同周公瑾。刘备"终日流涕"。诸葛亮失声痛哭,哭英才,哭良友,哭亲戚。卧龙凤雏共佐刘玄德,凤雏一去,卧龙只好回到玄德的身边,把留守荆州的重任交给关羽。诸葛亮的战略意图伏下了不确定因素。非得把荆州重地交给关羽吗?刘关张桃园三结义,誓同生死。仁义过了头,仁义就遮蔽,形成盲点而不自知。关羽的性格有缺陷,孔明先生非不知也,莫奈何也。

军师诸葛亮亲提数万精兵,水陆并进,长驱入蜀,百姓"牲酒犒军",再次印证了《隆中对》:"箪食壶浆以迎将军。"

益州牧刘璋放弃抵抗,刘备的大军浩浩荡荡进入成都。将士们论功行赏,官职、金银、土地之类,赵云将军力谏:创业艰难,切忌奢华!《三国志·蜀志·赵云传》,赵云对刘备说:"益州人民初罹兵革,田宅皆可归还,今安居复业,然后可役调,得其欢心。"

武艺超群的赵子龙,显然具有长远的政治眼光,诸葛亮深以为然。如果赵云守荆州,当不会骄傲自满吧。刘璋和他的旧部、下属都受到礼遇,"益州之民,是以大和。"

有个蜀中的能臣叫刘巴,字子初,一直看不起刘备,后来又看不起关羽张飞。刘备示以大度,但不打算重用刘巴,诸葛亮进言:"运筹策于帷幄之中,吾不如子初远矣!"荐庞统,荐刘巴,诸葛亮的高风亮节,虚怀若谷,引领了文武群僚的好风尚。

可惜诸葛亮对关羽的影响较少,力不逮也。

三顾茅庐及以后的一段时间,关张二人看诸葛亮不大顺眼。力能扛鼎，不识运筹帷幄。刘备说他和孔明是鱼水关系，"羽、飞不悦。"武夫有血气之勇，倒是容易感情用事。桃园三结义，关张二人似乎生怕孔明破了他们的铁三角。看来，任何生存情态，任何好的品德，再往前，就可能走向它的反面。列宁：真理再往前一步便是谬误。

诸葛亮洞察了关张的秉性，却对刘关张铁三角莫奈何。

也许，诸葛亮隐隐约约有某种不安。

张飞好办，关羽难办。

刘备、诸葛亮迅速稳定巴蜀，以防曹操西进。争战的岁月如同下棋，凡事必当抢先一步。刘备进成都未久，曹操挥师直取汉中，"蜀中（百姓）一日数十惊。"诸葛亮却已部署严密，请刘备亲征汉中，命张飞所部迎战曹军大将夏侯渊，斩夏侯于马下，曹军大败。汉中是进入八百里秦川的咽喉之地，可复长安，可图中原，诸葛亮志在必得。

建安二十一年（公元 216 年），刘备出兵汉中，印证了《隆中对》："将军（刘备）身率益州之众出于秦川。"《三国志·杨洪传》："若无汉中则无蜀矣。"

诸葛亮《后出师表》："先帝东连吴越，西取巴蜀，举兵北征，夏侯授首，此操（曹操）之失计而汉事将成也。"曹操的这次惨败，使他本人也靠近了坟墓。

定巴蜀，据汉中，出秦川，诸葛亮的战略指向步步清晰。"益州沃野千里，高祖因之成霸业。"刘邦在汉中称王，受益于益州的人口物资，实力增强了，用奇谋，出奇兵，暗度陈仓，"还定三秦"，最终把西楚霸王项羽赶到乌江自杀。

诸葛亮要让刘邦的后代刘备再创辉煌。

建安二十四年（公元 219 年），刘备在汉中称王，封诸葛亮为军师将军。

同年七月，关羽的数万精兵同时进攻樊城、襄阳，水淹于禁七军，威逼中原，打得曹操想迁都，从许都（河南许昌）迁到邺城。《资治通鉴》："自许（都）以南，往往遥应羽，羽威震华夏。"关羽确实称得上万人敌，横扫曹军如卷席。不过，以军事战略的眼光衡量，他显然不如汉初三杰之一的韩信。他的毛病是骄傲自满,让胜利冲昏头脑。曹操帐下的谋士们可不是吃素的,蒋济献计:"刘备、孙权,外亲内疏,关羽得志,权必不愿也。"曹操采纳了,派使者游说孙权,许以江南之地。双方达成协议。孙曹的协议取代了孙刘联盟。其时鲁肃已死,东吴的抗曹派凋零,孙权愿意臣服于曹操。

"东和孙权,北拒曹操",这是诸葛亮对关羽的殷殷嘱托。八字方针,切切不可动摇。然而,几年间孙权向关羽示好,想和关羽联姻,关羽根本不理睬,很傲慢,伏下祸端。

战争打起来了,军情一日多变,成都的诸葛亮不可能掌握前线的情况。再者,关羽自大,自作主张。《三国演义》:吕子明白衣渡江,关云长败走麦城。

云长丧命,蜀汉失掉荆州四郡。

孙权玩小智,把关羽的首级送往许都,曹操以诸侯之礼,厚葬关羽于洛阳南。孙曹斗智,输家是孙权。

东吴的陆逊溯江西进,破了秭归,占了夷陵,把蜀汉封闭于三峡之内。

诸葛亮《后出师表》:"关羽毁败,秭归蹉跎,曹丕称帝。凡事如是,难可逆料!"

真是人算不如天算。

建安二十五年(公元220年),曹操亡,曹丕称帝。刘备相继称帝,孙权向曹魏称臣。

刘备发血誓要报仇雪恨,五万大军讨伐东吴。刚输掉一步大棋,刘备又举起一步错棋。赵云将军苦劝:"国贼,曹操,非孙权也……不应置魏,先与吴战。兵势一交,不得卒解,非策之上也。"刘备不听;他不仅不听,东征时还把赵子龙冷落在一边。蜀汉有名的饱学之志秦宓进谏刘备,刘备将秦宓下狱。

诸葛丞相仰天长叹:"法孝直若在,则能制主上,令不东行!"

法正字孝直,卒于关羽之前。他是蜀汉国仅次于诸葛亮的谋臣。

诸葛亮劝过刘备多少次?史料无记载。刘备复仇心切,把刚刚建立的蜀汉国抛在一边。义字过了头,义就很愚蠢。刘备的眼泪比较多,仁爱之心远在他的竞争对手之上,于是广受拥戴,称汉中王,称蜀汉帝,军力财力物力,和东吴的孙权在伯仲之间。失掉荆州,还拥有广袤的益州,拥有极重要的战略要地汉中,养精蓄锐几年,再向秦川发兵,以图中原。然而刘备每日思念关羽,痛之深也,恨之切也,要把怒火烧成战火。念头的情绪含量居高不下,智商陡降,脾气大得很,谁劝都不好使。即使诸葛亮进谏,刘备也会拂袖而去。孔明战略意图的最大解构者,看来不是他的敌人或对手,而是刘备关羽。

当初刘、项争天下,项羽把首席智囊范增气死。

仁义一旦过头,妇人之仁亮相。几滴眼泪洒出去,等于把几万将士的血泼出去,把征战三十多年得来的蜀汉国推向战略保守,推向一隅偏安。

人类的任何生存情态都有固化的可能。过头就是固化。

刘备亲自率领的几万大军一定会打输吗?成败未下此判断。诸葛亮等人并不清楚,东吴的陆逊,日后将要"书生拜大将",更没想到久经沙场的主公会连营七百里。刘备的出征,不无战胜的可能,只是不该毁掉孙刘联合以抗曹魏的国家战略。

诸葛丞相将留守成都,筹措前线的后勤补给。类似张子房充当萧何。

蜀汉章武元年(公元221年)七月,刘备即将讨伐东吴,忽接凶信:三弟张飞被部将杀害,首级送给了孙权。这就雪上加霜了,恨里添恨了。张飞嗜酒,而关羽新亡,张飞饮酒更甚。作为率领一万多精兵的车骑将军,大战在即,却是连日大醉,大呼大叫,鞭打劝他少喝酒的部将。痛苦啊,悲愤啊,报仇啊。猛张飞迁怒于左右,一鞭狠过一鞭。而左右部属恨张飞也不是一天两天了,与其被打死,不如先下手把张飞杀死。

都是血肉之躯,都是血生情而情难禁。七情六欲,把生存情态搅得复复杂杂。

上帝是这么造人的,奈何奈何。

张飞遭横死,刘备怒冲天。诸葛亮叹息法孝直,或许正在此时。

吴蜀两国的夷陵之战,陆逊一把火,烧掉刘备的七百里连营。时在

诸葛亮

公元222年的夏天,从巫峡到夷陵,漫山遍野的草木一点油火就燃,火生风,风火一直烧到巫县,天空烧红半个多月。蜀军尸陈万具,滔滔江水不流。两岸的渔民几年不敢打鱼……远在许都的魏文帝曹丕听说刘备连营下寨,笑道:"备不晓兵,岂有七百里营可以拒敌者乎?"远在成都的诸葛军师看猇亭布阵图,连呼要斩首献计者。然而布阵主谋正是他的主公。

诸葛亮的看人是否也有盲点呢?刘玄德的长处和短处都很突出。

刘备胜也仁义,败也仁义。

刘备兵败,退守白帝城(今重庆奉节县境内),忧愧交加,渐渐病重,托孤于永乐宫,对诸葛丞相说:"君才十倍曹丕,必能安国,终定大事。若嗣子可辅,辅之;如其不才,君可自取。"(《三国志·诸葛亮传》)。诸葛亮泪流满面,跪地答曰:"臣敢竭股肱之力,效忠贞之节,继之以死!"刘备遗诏,敕太子刘禅:"汝与丞相从事,事之如父。"

史实如此,罗贯中的小说没有作过多的渲染。

笔者念小学读三国,想象伟大的诸葛亮跪地叩头流泪,眼睛也潮湿了。道德感深入了皮下,一点都不抽象。"相父"一词,留在了无数孩子的记忆中。

刘备叮嘱刘禅:"莫以善小而不为,莫以恶小而为之。"这是千古名言。刘备遗诏又云:"惟贤惟德,能服于人。汝父德薄,勿效之。可读《汉书》《礼记》。"

蜀汉国的开国智慧,德是第一位。乱世之乱,把仁义道德凸显出来。德行吸附大众。势力广收人才。德与力的较量恐怕是人类社会永久性的现象。

宇宙天体的运行有道德因子吗?

如果有,道德在上帝手中;如果没有,力学的定律是否规定一切?

"诸葛亮安居平五路",敌军五路围困,诸葛丞相闲居府中观鱼,后主刘禅在他身后恭敬站立良久,才徐徐问道:"相父观鱼乐否?"这一幕,与刘玄德三顾茅庐时伫立门外等先生睡醒,多么相似。刘氏父子深敬诸葛亮。然而若干年来,有些人犯了虚无病,疑心重重,认为刘备的白帝城托孤是表面诚恳，其实暗含了对诸葛亮的不放心。

价值虚无的所谓学者，总是对历史豪杰横挑鼻子竖挑眼，打着还原真相的旗号哗众取宠，更有数典忘祖之辈，恶搞英雄之徒，抹黑烈士之贼。

"欲灭其国，先去其史。"对历史虚无主义，我们断不可手下留情。

刘备深知阿斗的毛病，读他的遗诏可知，所以才让诸葛亮在必要的时候自己做决断。毕竟，国之基业事大。国家保不住，刘备的子孙也保不住。另一种可能是：刘禅在诸葛丞相的教导下会有长进。诸葛亮正当英年，辅佐后主有的是时间。

刘备的白帝城托孤，诚意是可信的，君臣相知如此，古代不多见。诸葛亮为蜀汉国，宁愿肝脑涂地，在武力争雄的年代高擎道德的旗帜，难怪连他的敌人都欣赏他，赞美他。对后主刘禅，他也不是愚忠。那个时期，蜀国的相权实际上高于君权，前提却是：诸葛亮没有一丝一毫的野心。他是辅佐成王的周公，他是开汉的张良。

无欲则刚，一生付国，诸葛亮比之周公张良，有过之而无不及。

公元223年，蜀汉建国的第三年，刘备崩，马超亡。"五虎上将"之一的马超临终上疏云："臣门宗二百余口，为孟德所诛略尽，惟有从弟岱，当为微宗血食之继。"

曹操将马超满门杀尽，只剩一个马岱。而诸葛亮为蜀相，废除灭族的酷法暴行。曹操的屠城，灭族，滥杀无辜，应该有个统计数据。杀出来的曹氏王国倒是遭报应，司马氏与曹氏血腥斗争数十年，取而代之。司马氏内部又拼杀，西晋"八王之乱"，司马见司马举刀便杀，到东晋末，终于杀成了小姓。魏晋三百多年，司马家族乃是华夏族的祸乱根源。唐宋六百年的重道德，贬曹扬刘，不齿司马，根据在此。尤其宋代，司马光苏东坡那些人是有远见卓识的。陈寅恪或称：有宋一代，苏东坡最具史识。

史识，可不是历史知识的堆积。

诸葛亮与刘玄德十七年艰苦奋斗，刚刚建起的大厦，便遭遇重重危机，出师不利，地盘收缩，英才凋零。一年多的时间，刘、法、关、张、马崩亡，刘巴又卒，马良又卒。马良才识过人，是诸葛亮的结拜兄弟，他弟弟马谡赶到永乐报丧。其时,刘备弥留,对诸葛亮说:"马谡言过其实,不可大用,君其察之。"后来街亭失守,诸葛亮挥泪斩马谡。明察秋毫的孔明先生用人失误,当属街亭用马谡为最。

诸葛亮治军、治蜀有口皆碑,"能攻心则反侧自消,从古知兵非好战。不审势即宽严皆误,后来治蜀要深思。"成都武侯祠的对联,让人印象深刻。成都成为一座历史名城,与诸葛亮大有关系。唐朝有"扬一益二"的说法,扬州的繁华全国第一,成都的富庶天下第二。诸葛亮做蜀相十几年,总揽政务军事,并重德治与法治,修水利,办学校,促农桑,薄赋税,生产工具的创新和生活世界的花样翻新,史料均有记载。诸葛亮处处以身作则,凡事井井有条。一个人的发力,能够改变一个国家。"诸葛大名垂宇宙",杜甫的诗句表明唐朝人对诸葛亮崇拜的程度。他带领的政治团队是选贤任能的产物,公心占主流,私利受到严格限制。李严劝他加九锡,他予以拒绝。加九锡的大臣篡权者多,例如曹操和司马昭。曹操挟天子以令诸侯,实际上已是篡汉,他死掉不久,曹丕称帝。曹操的篡汉,司马昭的篡魏,两件事可以并论,尽管曹操及其后代朝着治世的方向努力。

诸葛亮功高并不震主,蜀汉国"事无大小,皆决于亮",亮却是:一片忠心路人皆知。后主刘禅是个听话的皇帝,很可能,他知道自己不行,于是对自己常约束,不任性,这一点明显强于他的开国父亲。关羽张飞的死,导致刘备的"义"神经碰不得,一碰就发烧,由着性子干。义的固化,玄德为最。

诸葛丞相的政务军务畅行无阻,刘禅是默默的支持者,庶几像个懂得无为的幕后英主。刘阿斗称得上一位快乐的小皇帝,在位长达四十一年,亡国后继续快乐,乐不思蜀。他也不是奢靡享乐型的皇帝,相父诸葛亮不允许。他为国家付出的心血有限,因为很多朝廷大事不需要他付出,表个态就行。所以他对蜀国的爱是有限的,无忧无虑不操心,是他的生存基点。刘备深爱,诸葛亮深爱,刘禅无由深爱,只能浅爱,活得像个阳光大男孩儿,笑嘻嘻的胖男孩儿。刘禅是古代不多见的浅表性生存者,倒与时下网络一代常见的浅表者相似。浅表生存也是没办法,因为浅表者很难深起来,网络瘾头的循环刺激,阻碍深度关切,把喜怒哀乐处理成过眼云烟。形势比人强。网络比人强。

针对后主刘禅的生存阐释,可以部分修改他的历史定位。聊备一说吧。

诸葛亮治理蜀国卓有成效(本文限于篇幅,挂一漏万),而且时间短,他的战略指向是北伐曹丕。"五月渡泸,深入不毛",先解西南的不稳定,稳定了大后方,然后挥师中原。东吴的孙权仍然向曹丕称臣纳贡,实施战略自保。曹丕的手下谋臣,华歆、王朗等,纷纷给诸葛亮写劝降书,诸葛亮作《正议》一文,凛然回答:"昔在项羽,起不由德,虽处华夏,秉帝者之势,卒就汤镬,为后永戒。魏不审鉴,今次之矣。"

项羽建的西楚国是最短命的王朝之一,只有七年。曹丕篡汉也是起不由德,二世便衰,曹氏集团遭到司马氏一伙的无情攻击,双方手段之残酷,史所罕见。司马氏更是起不由德,导致南北分裂,"五胡乱华"。《正议》正告华歆、王朗:"免身为幸,戒在子孙。"不要跟着"淫逸"的曹丕走向子孙不保的下场。三国后期,曹氏集团的人下场很惨。

起之由德的诸葛亮,对种种非道德的可能性有充分掂量。

《正议》:"昔世祖之创迹旧基,奋赢卒数千,摧莽强旅四十余万于昆阳之郊。夫据道讨淫,不在众寡。及至孟德,以其谲胜之力,举数十万之师,救张郃于阳平,势穷虑悔,仅能自脱,辱其锋锐之众,遂丧汉中之地,深知神器不可妄获,旋还未至,感毒而死。"世祖指汉高祖刘邦,神器,犹言皇帝九鼎。

建安二十四年(公元219年)五月,曹操大败于汉中,旋即卧病,次年正月就病死洛阳。诸葛亮认为曹操死于汉中的惨败。汉中大战与赤壁大战相隔十年,诸葛亮是曹操的大克星。

以弱胜强,据道讨淫,得道而多助,崇尚《道德经》的卧龙先生对此坚信不疑。道家的精髓是以柔克刚,以小搏大。项羽曾以三万精骑突袭彭城,打败刘邦五十多万军队。

《正议》一文数百字,堪称古代散文杰作,义正词严,字字如珠,可惜诸多古典散文选本不载,笔者仅见于余明侠先生的《诸葛亮评传》。顺便提一句,大智者诸葛亮的几篇文章,已足以使他跻身散文巨匠之列。站得高看得远的人,比一般作家写得更好。

吴蜀夷陵交兵,蜀军惨败,两军结下仇恨。关羽亡,张飞亡,刘备崩,皆因东吴,这仇恨不是一般的仇恨。但是,吴蜀交恶,不符合诸葛亮的长远战略,于是几番派遣高级别的使者到东吴,做破冰之旅。东吴方面正好有这个意思,遣使回访,回赠礼品,双方一拍即合,再拍几乎成兄弟。毕竟占据中原的曹魏才是大敌。吴蜀联盟是《隆中对》确立的方针。关羽骄傲,刘备讲义气,二者的叠加效应偏离了大方向,诸葛亮让国家意志回到原来的出发点。这个大扭转,未见后主刘禅的阻碍。将军们也抛开仇吴情绪,拥护诸葛丞相。可见在蜀汉后主时期,诸葛亮的实际权力在皇帝之上。

东吴的孙权也打算称帝登基了,正式向曹丕说不。几年来孙权向曹丕俯首称臣,时人骂他是猪。打虎英雄受不了。

诸葛亮殚精竭虑准备北伐,事无巨细亲作亲为。连官府的各种文件都要亲自校勘,"挥汗终日",连击杖二十的处罚都要亲自过问,以免冤屈好人,漏掉奸邪。部下苦苦劝他,他也感动,但依然故我。总揽全局的政府首脑兼三军统帅,每天的工作量大得不可想象。为何事必躬亲?智者又何以这样?他的读书"观其大略",执政为什么不是揽其要,举其纲,略其繁?这个现象令人费解。也许,蜀国诸多一流人物在开国之初的相继去世,使他生出了某些焦虑,养成了凡事亲为的工作习惯。他自称平生谨慎,谨慎与细致是相连的。这是诸葛亮天性中的一块隐秘短板么?笔者作此猜想,不敢妄下推断。

诸葛亮以万金之躯日理万机,为国家废寝忘食,树立了百代的人格标杆。古代的名相,诸葛亮的名字最响亮。这是他留给中华民族的永久性遗产。

然而孔明先生确实太累了。莫非他对自己的身体素质过于信任?事必躬亲,偶尔为之可也,天长日久可不行。人非金石,金属也会疲劳。

蜀汉建兴五年(公元227年),诸葛亮提十余万马步兵进驻汉中,号称二十万,择机北伐,出师有名,声势浩大。千古名文《出师表》:"先帝创业未半而中道崩殂,今天下三分,益州疲弊,此诚危急存亡之秋也。"为何称益州疲弊?乃因益州终究挡不住占据中原和荆襄的曹魏。

以弱胜强,时机是关键。其次,蜀国必须以进攻的态势保住地盘,单纯的守土是守不住的。曹魏的综合国力十倍于蜀汉,另外,东吴也不是蜀汉的铁杆盟国。

诸葛亮在汉中的军事部署,派一支劲旅驻扎永安(白帝城),专防东吴。而诸葛亮起草的《伐魏诏》称:"吴王孙权……潜军合谋,犄角其后。"

这一年,东吴的军队两次向魏军发动进攻,尽管规模不大。

《出师表》:"然侍卫之臣不懈于内,忠志之士忘身于外者,盖追先帝之殊遇,欲报之于陛下也。"自刘备驾崩后,诸葛亮花了五年时间整顿后方,选拔了一批文臣武将。后主刘禅听话,但无能也是明摆着,所以诸葛亮委婉地批评:"诚宜开张圣听,以光先帝遗德,恢弘志士之气,不宜妄自菲薄,引喻失义,以塞忠谏之路也。宫中府中,俱为一体,陟罚臧否,不宜异同,若有作奸犯科及为忠善者,宜付有司论其刑赏,以昭陛下平明之理,不宜偏私,使内外异法也。"

诸葛亮连讲了三个不宜,可见二十出头的刘禅确实窝囊,偏私,内外异法,对宫中和府中的赏罚不能一视同仁。就诸葛亮谨慎的性格而言,后主刘禅的毛病可能只是露出了一些端倪。孔明五次北伐,后主的支持还算有力。费祎坐镇成都,筹措军需物资。

曹丕亡,曹叡做皇帝,这个曹叡是以享乐著称的。

建兴六年(公元228年)春,诸葛亮北伐。

十余万大军兵分两路,由赵子龙、邓芝带一路人马出斜谷道,挺进陇右作疑兵,诸葛亮亲率主力出祁山(今甘肃省西河县西北)。铁流浩荡指千里,军容步步整肃,所过城镇与村落,秋毫无犯。诸葛亮制订的《军诫》,有八个字,极为后世的军人赞赏:"万人必死,横行天下。"万千将士抱着必死的决心,必将无坚不摧。

汉代李广的军队,南宋岳飞的军队,现代的红军、八路军、解放军和抗美援朝志愿军,之所以面对强敌而战无不胜,而所向披靡,都是因为最大限度调动了战斗意志。

"红军不怕远征难,万水千山只等闲。"

"岁岁重阳,今又重阳,战地黄花分外香。"

蜀汉军队所到之处,百姓箪食壶浆以迎王师。曹魏政权的建立只有几年,曹操打天下的过程中有太多的血腥:屠城、决河、灭族,丧命的无辜百姓多达数十万,伤者无计,逃离家园、祖坟者无计。血的记忆哪能轻易淡去,百姓隐忍而已。诸葛亮"兴复汉室,还于旧都(长安)"的口号是得民心的。"汉、贼不两立,王业不偏安!"

陇右三郡(天水、南安、安定)的几十个县望风而降,"叛魏应亮,关中震响。"蜀军得以收编扩充。天水郡二十几岁的天才小将姜维,归于孔明麾下。

魏都洛阳一片恐慌。《三国志》:"朝野恐惧,陇右祁山尤甚。"

曹叡的十万人马由大将军曹真指挥,未敢轻进,采取了防御战术。曹叡移至长安坐镇。张郃带五万精兵驰援陇右。双方的兵力大致相等,蜀军的士气占上风。赵子龙有万夫不当之勇,魏延、邓芝等大将武艺出众。魏延且有谋略,没有所谓反骨。魏延的反骨是罗贯中的虚构。三十万人的大决战一触即发,东西两线,双方投入的军队规模是官渡之战的一倍以上。曹军若败,长安危也。曹魏可以调动的人马已经不多。

孔明若是取长安,军力的增长不可估量,席卷中原将指日可待。

街亭是出祁山的咽喉要道。谁守街亭?谁去迎战名将张郃?蜀军的中军帐灯火通明,将领和谋士们连连开会,多数人推举魏延等人,但是,诸葛亮选择了参军(高级参谋)马谡。为什么选择马谡呢?马谡"好论军计",多次与诸葛亮畅谈永夜。诸葛亮南征,马谡进言"攻心为上,攻城为下",深得诸葛亮赞许。南征成功了,北伐又如何?

诸葛亮以马谡为先锋,命王平为副将。众将反对,而反对无效。

马谡在其兄马良亡故后,常在诸葛亮左右。诸葛亮厚待马谡是人之常情。重用马谡倒不是任人唯亲,不过,情感的微波辐射会起作用,这个微妙之用,纵是智者孔明也不易反观。费祎等朝廷大臣对马谡颇有赞辞,加深了诸葛亮对马谡的好印象。

军事参谋马谡熟读兵书,谈兵论战有一套,尽管他没有带过一支千人以上的军队。而诸葛亮的用兵,年纪轻轻就指挥千军万马。他的重用马谡,盲点可能在此。

马谡带着数万蜀军精锐向街亭进发,一路上谈笑风生。副将王平大抵默默。据史料,这位将军只认识十来个字,战场经验却很丰富。"在战争中学习战争",凭的是良好直觉。孙膑是先打仗,然后才有他的兵法。待在岸上比画游泳千百次,不如跳到河里一次。

马谡扎营于山上,王平几番苦劝,马谡不听。王平几乎不识字,嘴上功夫比马谡差得天远。面对诸葛丞相倚重的主将,王平沉默了,自带千余人守在山下。

张郃来了,一看,哑然失笑。笑马谡不知用兵,笑诸葛亮不会用人。

魏军"绝其汲道",山上的蜀军没水喝。张郃一招制敌。关系到战争全局的街亭战役,两军未大战,蜀军已大乱。张郃进击,马谡带兵夺路而逃,逃兵四散。幸好王平的一千多人马在山谷中布疑阵,张郃才未敢轻进。王平收拾了被打散的蜀军残部回汉中。

陇右三郡,得而复失。

蜀军在西线祁山溃败,在东线箕谷也败于曹真的反击。

诸葛亮精心准备的第一次北伐,功亏一篑。双方的主力损失不大。

街亭丢了,陇右三郡丢了,诸葛亮"拔西县千余家还于汉中",迁走了几千拥护蜀汉的百姓,以免曹军报复。这也是经营汉中的一步棋。战争需要兵员和粮食。

诸葛亮挥泪斩马谡,斩马谡的两员部将张休、李盛,以明军纪。当年马良把弟弟托付给他,他的误用导致失败,又辜负了结拜兄弟的在天之灵。内疚,悔恨,痛苦。

《三国志·蜀志·马良传》:"谡临终,与亮书曰:'明公视谡如子,谡视明公犹父,愿深惟殛鲧兴禹之义,使平生之交不亏于此,谡虽死,无恨于黄壤也!'于时,十万之众为之垂泣。"那一年马谡三十九岁,他用"舜杀鲧用禹"的典故,希望诸葛亮善待他的后代。鲧是大禹的父亲,受命治水却懈怠,带来大水患,淹死万千人,舜帝杀之。

马谡死后,"亮自临祭,待其遗孤若平生。"

罗贯中的小说还原了历史情境,把诸葛亮斩马谡挥出的眼泪,变成漫天泪雨。几百年间,从小说家的合理想象到戏台演绎,再到课堂讲读,民间故事,感动了数十亿中国人。传统文化的正能量就是这么来的。历史叙事注入了道德因子,情感元素。曹魏方面的庆功,除了学者去看,老百姓大抵是不看的。为何不看? 不想看。

想看和不想看,都是几千年的历史大潮,再过几千年也复如此。

古往今来的一切"看",都有情感因素。

诸葛亮回汉中,上《街亭自贬书》,请"自贬三等",后主刘禅把这件事交给大臣们讨论,决定尊重诸葛亮的意见,贬为右将军,"行丞相事。"

诸葛亮整顿军纪,首先作自我批评,说:"大军在祁山、箕谷皆多于贼,而不能破贼,为贼所破者,则此病不在兵少也,在一人耳。"

诸葛丞相责己严,受人尊重。"民忘其败矣。"

从建兴六年到建兴十二年,诸葛亮五次北伐,均未成功。建兴九年(公元231年),诸葛亮第四次北伐,三军出祁山,用连弩射杀了大将张郃,大破老谋深算的司马懿。魏都洛阳上下震恐,魏帝曹叡叹曰:"蜀未平,而郃死,将若之何?"这一年仲夏的祁山交战,是诸葛亮与司马懿唯一的一次大战,双方都投入了主力部队。司马懿字仲达,大诸葛亮两岁,谋略过人,在魏国有野心,是司马昭乱政的始作俑者。司马懿用兵和诸葛亮一样谨慎,因为他深知诸葛亮的军事才能。两军对垒,他总是取守势,不出战。

据《资治通鉴》,魏军将领们忿然曰:"公畏蜀如虎,奈天下笑何?"司马懿不得已而出战,结果大败。汉军获"甲首三千级,玄铠五千领,角弩三千一百张"。

司马懿打不过诸葛亮,唯求自保。诸葛亮亲提三军伺机而攻,形势对汉军有利。张郃死,魏军败,军心动摇,司马懿却不敢后撤。如果撤退到渭水,汉军离长安就很近了。

汉军一旦打下长安,魏都洛阳便难保。

然而,一个叫李平的人坏了诸葛亮的北伐。此人留守汉中,派马忠到前线,伪造圣旨,说"粮运不继",命诸葛亮班师。数万汉军全部回汉中,李平却惊讶地问:"军粮饶足,何以便归?"诸葛亮大怒。李平却要杀掉督运军粮的官员岑述,推卸责任。汉中的大量军粮囤积在仓内,李平渎职,又想杀人灭口。这个李平有些来头,是刘备白帝城托孤的顾命大臣之一,私心却重,屡与诸葛亮掣肘。其子李丰有才干,李平自己要做"巴州刺史",要让李丰"督主江州"。蜀汉用兵时期,李平以汉中重地要挟诸葛亮。

诸葛亮的为政,向来考虑大局求团结,这一次忍无可忍,上章弹劾李平。后主刘禅迅速批复,流放李平,免去李丰的军职。但诸葛亮念李丰之才,留用于军中。

蜀国的文武百官,坏诸葛亮大计者,一个马谡,一个李平。后者的性质更严重。诸葛亮对李丰好,李平终于良心发现了,悔恨交加,竟发病而亡。

三年后,诸葛亮安顿了成都,"劝农讲武",厉兵秣马,再提十万大军出祁山,直抵渭水之滨安营扎寨,并且在渭南屯田,彻底消除军粮不继的后患。屯田的汉军"杂于渭滨居民之间,而百姓安堵,军无私焉"。南宋的岳飞崇拜诸葛亮,岳家军所向无敌,很重要的原因是赢得了老百姓的支持。诸葛亮治国,治军,治吏,皆足以表率百代。起之由德,终也依德,并举国法和军法。诸葛亮斩马谡,岳飞杀掉他的犯了军法的亲舅舅。

第五次北伐曹魏,诸葛亮志在必得。时在建兴十二年(公元234年)。

司马懿避其锋芒,还是不出战。上次吃亏吃大了,损精兵,折大将。双方的二十万大军相持于渭水之滨,消耗着粮草。诸葛亮派人把"巾帼"送到魏军营寨,明欺司马懿胆怯如妇女。司马懿恼怒,众将嚷着要厮杀。然而司马懿还是取守势。几个月过去了,渭滨无战事,只有零零星星的小规模战斗。汉军屯田,粮草充足。木牛流马又从后方斜谷源源不断运来粮草。木牛流马是孔明的发明,是否系后来的独轮车,学界有争论。

诸葛亮谋求决战,司马懿坚守不战。

诸葛亮坐四轮小车,羽扇纶巾,缓缓移动于魏军营寨之前,谈笑间,挥扇遥指司马懿的中军帐。司马懿视孔明良久,叹曰:"诸葛真名士也!"不久又说:"孔明奇才也!"

诸葛亮的小车,羽扇,纶巾,史料有记载。这个独特而潇洒的战场形象永久定格。

司马懿的密探报告：诸葛亮"事烦而食少"。司马懿笑道：事烦食少,其能久乎？

蜀汉建兴十二年,公元234年秋,诸葛丞相病了,进食艰难了。二十八年呕心沥血,损耗着巨人的身体。蜀国小,一流的人物又过早凋零,他把兴复汉室的大业一肩扛,焉能不废寝忘食？焉能不殚精竭虑？"今天下三分,益州疲弊,此诚危急存亡之秋也。"

丞相病在秋天。

"先帝知臣谨慎,故临崩寄臣以大事也,受命以来,夙夜忧叹,恐托付不效,以伤先帝之明。"一篇《出师表》,声声念先帝。想想诸葛丞相的内心吧。

"盖追先帝之殊遇,欲报之于陛下也。"

钻石不可比,万代孔明心。

"陛下亦宜自谋,以咨诹善道,察纳雅言,深追先帝遗诏,臣不胜受恩感激。今当远离,临表涕零,不知所言。"笔者写下不知所言,泪纵横也。此一刻,读懂杜甫。

历朝历代的表奏文字何止千万,《出师表》称冠焉。

至诚,至情,永远照耀有良知的中国人。

秋风凉了,落木纷纷下。丞相扶病夜出营帐,久久望着北方。病体怯寒,丞相迟迟不归。诸葛丞相迟迟不归。丞相想什么呢？徐州,荆州,益州……

秋天的夜空星光灿烂,哪一颗是诸葛亮？哪一颗是卧龙先生？

"诸葛大名垂宇宙,宗臣遗像肃清高。"

"伯仲之间见伊吕,指挥若定失萧曹。"

"出师未捷身先死,长使英雄泪满襟。"

巨星殒落定军山。一切后事已安排就绪,"死诸葛能走生仲达。"走：吓跑。

蜀军十万精锐,井然有序退至汉中。

诸葛丞相死而不已,嘱葬武功之五丈原,提醒蜀汉君臣,不忘北定中原。

诸葛亮是中国古代德与智结合的最高典范,民间的祭祀千年不绝,包括许多少数民族。魏军名将钟会破蜀,带部下祭祀诸葛亮的墓园。曹操坟墓谁祭?魏国上层祭了几十年,此后零落同草莽。晋、唐、宋、元、明、清,没有一座祠堂庙宇是纪念曹操的。

时间会抹掉很多显赫一时的东西。"屈平辞赋悬日月,楚王台榭空山丘。"曹操是汉丞相,诸葛亮也是汉丞相,而人们一说诸葛丞相,总是生敬意,生感情。数以百亿计的平民百姓心中的道德丰碑,与华夏文明同在。正因为作家罗贯中饱含深情,所以才会展开艺术想象,杰出的艺术想象。读《三国演义》的人,讲三国故事的人,看三国戏剧的人,岂止万倍于读《三国志》的人,这个现象本身构成了历史,今日流行的所谓接受史。如果一味拘泥于某些历史记载,哗众取宠,贬损诸葛亮,估计要挨揍的。

英雄就是英雄,圣贤就是圣贤。

诸葛亮生前上表后主云:"臣初奉先帝,资仰于官,不自治生。今成都有桑八百株,薄田十五顷,子弟衣食,自有余饶。至于臣在外任,无别调度,随身衣食,悉仰于官,不别治生,以长尺寸。若臣死之日,不使内有余帛,外有赢财,以负陛下。"

财产透明。俭以养德。

诸葛亮光辉的一生,归结为他早年的座右铭:淡泊以明志,宁静以致远。

"丞相祠堂何处寻?"百里之外武侯祠。

我会再去成都,拜谒诸葛丞相,徘徊于森森古木间,阳光或细雨洒满我的思绪。

敬爱值得敬爱的人,追忆值得追忆的事,如此而已。

2018 年 3 月 15 日　改于眉山之忘言斋

阮　籍
（三国　210—263）

阮籍升任东平相，竟然拆掉了官府的围墙，让庶民参与政事。在士、庶截然分割的年代，士族视庶族为杂类，数百年不通婚姻。阮籍这么干是公然挑战霸权秩序，干了半个月就被调回去了。他驾长车狂奔野地，"见歧路，大哭而返。"为何大哭？心里缺一条康庄大道。阮籍夹在曹氏集团与司马集团之间，活得憋屈。

这个强悍的男人在逆境中苦苦修炼真身。现实几乎在每一个闪耀他的理想的地方击败他。

阮籍

魏晋时代广受赞誉的人的自觉,人的多元,却如同烂泥塘生出的清丽荷花。烂泥养分足,风荷嫣然举。汉室的衰微,皇权的崩盘,催生自由之花。

此系历史悖论,春秋战国肇其先。

曹氏篡汉,司马氏篡魏,均是起不由德,相互倾轧几十年,血腥斗争几十年。曹操在打天下的过程中"动辄屠城",杀戮太多,司马氏长期追随曹氏,盖与道德景仰无关,只是看重曹操的势力。司马集团坐大了,恶斗曹氏集团,没有什么心理障碍,不需要拆解道德屏障。曹操和曹丕治理国家是比较成功的,朝着治世的方向努力。而司马集团无视这个,根本不管苍生祸福。权力海洛因抓住了司马懿,司马师,司马昭……这一群恶棍阴谋家,把历史再一次推向黑暗。司马懿的老谋深算,算的是自家利益。

占多数的弱者总是需要道德,强势者拿道德作幌子。有良知的士人戳穿强势者的伪装。戳穿伪装,却要付出血的代价。

建安七子之一的阮瑀,是竹林七贤之一的阮籍的父亲。建安是汉献帝的年号,人们在书写中往往把这年号跟曹魏联系起来。何以如此?曹操势大。建安持续二十五年,加上曹丕、曹叡在位的十余年,有三十几年的好光景。曹氏三父子"雅爱辞章",带动一大批文人学士。建安风骨的形成跟曹操本人的"尚通脱"有关。汉赋拿语言做排场,取悦皇帝,词藻华丽成风尚,言不由衷,装腔作势,扬雄的晚年,为自己的那些辞赋感到惭愧,"深悔类倡。"倡：倡优。建安风骨回到了"诗言志",曹操被称作"改造文章的祖师爷"。鲁迅先生推崇曹操的文与人,看来对其生平事迹了解有限。

曹操是个九面人,以自身的混乱契合时代的混乱,洞悉了乱流,终于乱中取胜,乱世称王,人性中的恶本能得以消耗,写下许多诗,"登高必赋",在词语中挽留自己身上的好东西。作为统治者,他也必须这么做,显露出光彩的一面。"烈士暮年,壮心不已。"

曹操、曹丕的复杂性尚待进一步考察。

曹丕《典论》称："文以气为主。"曹丕本人倒是对亲兄弟充满杀气,而曹操成功地把杀气转化为文气。

《晋书·阮籍传》："籍本有济世志,属魏、晋之际,天下多故,名士少有全者。籍由是不与世事,遂酣饮为常。"从济世志到不与世事,其间多少年,经历了多少事。"苟全性命于乱世",而名士少有全者,大多数魏晋之交的名士都未能寿终。

阮籍装糊涂应对司马昭,狂饮酒,举止怪异。

魏晋竹林七贤,嵇阮并称,有时阮在前,嵇在后。

阮瑀想做隐士,拒绝到大将军曹洪帐下做官,躲进了山林。曹操下令烧山,把阮瑀烧出来。阮瑀的性格和故事都传给了阮籍。阮籍三岁丧父,对父亲的印象主要来自母亲的讲述。孔子两岁丧父,孟子三岁丧父,诸葛亮八岁丧父,陶渊明八岁丧父,王羲之童年失去父亲的消息,嵇康、韩愈、王维、岑参、白居易、柳永、范仲淹、欧阳修也都是童年丧父……中国的文化先贤,早年丧父者多。父亲在,也在外面忙着做官或游历,例如杜甫和苏轼小时候很少见到父亲。鲁迅先生十三岁,父亲病逝,鲁迅后来感慨：父亲的死,使我想了很多事情。

家道中落,父亲早逝或长年累月不在家,应该是中国文化先贤的普遍现象。古代家教严。缺少父亲的管束,有利于天性的自由释放吗?有利于人格的独立吗? 西方男人有"憎父情结",中国男人隐隐约约也有吧。眼下的男孩儿比较明显。

释放了自由天性,却又要去做官,置身于复杂的官场,于是产生矛盾冲突。一些人受不了,另一些人则愈压愈强,生命冲动五彩斑斓,独立人格和优秀作品传至今日,传向遥远的未来。从孔夫子到鲁迅先生,中国一流的文化人物数以百计。为什么是他们?历史以何种方式把中国文化的符号人物传到今天,并越过今天?

写阮籍,顺带抛出此追问。

阮籍《咏怀诗》八十二首,第一首说:"夜中不能寐,起坐弹鸣琴。薄帷鉴明月,清风吹我襟。孤鸿号外野,翔鸟鸣北林。徘徊将何见,忧思独伤心。"徘徊,忧思,野地孤号。为何咏怀诗的头一篇咏这个?徘徊于什么?半夜忧思不能已,野外去孤号。平日里,阮籍驾牛车狂奔原野,"见歧路,大哭而返。"真是伤心伤到家了。

建安的二十几年间,曹氏父子掌控着大局,虽有暗流涌动,但国家整体还好。刘勰《文心雕龙》:"魏武以相王之尊,雅爱诗章。文帝以副君之重,妙善辞赋。陈思以公子之豪,下笔琳琅,并体貌英逸,故俊才云蒸。"副君指魏文帝曹丕,陈思指陈思王曹植。曹氏三父子之下有建安七子,七子之外更有百余才子,所以称"俊才云蒸"。魏国版图大,人口多,有条件尚武亦尚文。吴、蜀则不然,国家小,要搞全民皆兵,无暇顾及文学艺术的风雅事。三国时期,吴蜀似乎找不到一个像样的诗人。

阮籍生于建安十五年(公元210年),字嗣宗。

《魏氏春秋》:"阮籍幼有奇才异质,八岁能属文,性恬静。"

《咏怀诗》:"昔年十四五,志尚好诗书。"又云:"少年学击剑,妙伎过曲城。英风截云霓,超世发奇声。"又云:"弯弓挂扶桑,长剑倚天外。"

书、剑、琴集于一身,少年阮籍志趣不凡,剑术堪比天下闻名的剑客、曲城侯张仲。李白也是少年剑客,后来拜天下第一剑客裴将军为师。

古琴主静。性格恬静的阮籍,挥舞倚天剑叱咤风云,发出一阵阵超世奇声。然而过了十几年,阮籍下笔发哀声。究竟发生了什么事?曹操和曹丕都于阮氏家族有恩,阮瑀去世,曹丕作《寡妇赋》,悲叹阮瑀抛下的妻子,"未尝不怆然伤神。"

魏明帝曹叡崩于公元239年,曹芳立,只有八岁,改年号曰正始。曹爽和司马懿共受遗诏,辅佐幼主,从这一年起,蓄谋已久的司马懿开始发力。小皇帝形同虚设,争权夺利的空间留给了两个大权臣。曹爽集团与司马集团的斗争始于正始。开头的几年,表面上维系着和睦,司马懿再三表示"服膺儒学",决不会犯上作乱,却暗暗等待时机。

曹爽是大将军曹真的儿子,在朝廷的势力盘根错节,自以为稳如泰山。司马懿动不动就称老称病,装出弱势的样子,却叫他儿子磨刀,抓军权,"阴养死士"。

正始十年(公元249年)初,司马懿使人散布消息,说自己要死了,在病榻上奄奄一息。曹爽想:仲达一死,司马氏群龙无首,不足为虑了。事实上,司马懿每天在家里召集儿孙开会,目露精光,手势简洁有力。《晋书》:"懿内忌而外宽,猜忌多权变。"

一天,曹爽陪着曹芳到洛阳郊外,祭祀曹叡的陵墓高平陵。这是重大的祭祀活动,百官都去了。司马懿的府第安静如常。重门内,卧榻上,"奄奄一息"的阴谋家一跃而起,老脸红得像斗鸡血,指挥司马师、司马昭、小孙子司马炎,分头行动,擒拿曹爽。

洛阳城空虚,朝廷留守的禁军多已被司马懿买通。密谋多年的司马父子搞突然袭击,生擒曹爽,史称"高平陵之变"。曹爽兄弟及其亲信被灭三族,几千个人头在同一时辰落地,洛阳城陷入恐怖。精心挑选的刽子手们累得中途喝参汤,吃牛肉,复鼓臂肌,再挥屠刀。曾经渭流涨腻的洛水血浪翻滚,文武百官敢怒而不敢言。百姓关门闭户,全城一片死寂。士子们在黑夜中悄悄碰头,一个个恨得咬牙切齿……

司马懿威逼魏帝曹芳,效仿他所熟悉的曹操挟天子以令诸侯。不同的是,司马懿的手段更残忍,更血腥。事变之后,后人总结司马懿说:"阴养死士三千,散在人间,至是一朝而集,众莫知所出也。"他把军事手段用于内政,认为自己干得漂亮,洛阳城用兵如神。宫廷内外他分而制之,宫中逼皇帝和太后,对外采取军事镇压。太尉王凌、楚王曹彪和几个州的太守相继起兵反抗,司马懿都镇压下去了,又是株连,灭三族,人头满地滚,包括婴儿、妇女和老人。洛阳每隔一阵子就有大屠杀,洛水一次次翻血浪。

司马集团的矛头,直接指向曹魏政权,疯狂屠杀,政治高压,持续到司马炎抢龙椅。

西晋"八王之乱",司马氏内部又杀起来了,杀了十六年,八个王杀掉七个……像司马懿这样的乱臣贼子,暴虐恶棍,影视剧的再现要有起码的是非观。

司马懿在洛阳灭杀曹爽,阮籍在家乡渑池县庆幸。一年前,曹爽亲自邀请阮籍担任他的助手,阮籍固辞,回老家钓鱼。时人称赞阮籍有先见之明。如果阮籍答应曹爽,脑袋就搬家了,而且会株连庞大的阮氏家族。

少年壮志,壮年隐士。这一年的阮籍三十九岁。

人在涧水边,心在洛阳城。阮籍深知朝廷的血腥事件没完,但不置一词。别人问他,他笑指微风吹拂的河面。钓鱼又放鱼,渑池人搞不懂他。回家饮酒,弹琴长啸,月光下徘徊复徘徊,妻子和儿女们想知道他的心事,他把话题岔开。

满腹心事一个人扛。总是叫家人放心,有他这根顶梁柱,房子不会垮。实在憋不住的时候,他架牛车出去了,牛车载酒,"不知所踪",妻子盼他时,他会回来。山林中但凡响起一阵清啸,渑池人就说,那是阮嗣宗长啸。

魏都洛阳又在杀人灭族,司马师继承了他父亲的屠刀(司马懿嚷嚷要死,老鬼终于见鬼)。正元元年(公元254年),司马师废曹芳,立曹髦,诛夏侯玄等多个大臣,灭三族。正元二年,镇东将军毌丘俭与扬州刺史文钦共同举兵,讨伐司马师。兵败,毌丘俭身首异处,文钦逃向东吴。二人的三族俱被司马师夷灭。这一年,司马师病死许昌,把屠刀传给他弟弟司马昭。司马昭笑里藏刀,比他的哥哥和老父更凶险。五年后,皇帝造他的反,他把皇帝(曹髦)杀掉,却躺在地上假惺惺哭嚎:"天下其谓我何!"又五年,司马昭死,司马炎要当皇帝,逼曹奂禅位,大军"从东府入西宫,兵刃耀天,旌旗蔽日"。

《咏怀诗》:"嘉树下成蹊,东园桃与李。秋风吹飞藿,零落从此始。繁华有憔悴,堂上生荆杞。驱马舍之去,去上西山趾。一身不自保,何况恋妻子!"

"一日复一夕,一夕复一朝。颜色改平常,精神自损消……但恐须臾间,魂气随风飘。终身履薄冰,谁知我心焦!"

阮籍

"登高望九州,悠悠分旷野。"

从妻子到九州,都是阮籍之所忧。这就忧大了。唐朝的杜甫忧国,"忧思齐终南",忧思与终南山一样高广。忧国忧民忧自己,三者环环相扣。没办法不忧啊。好端端的一个国家,刚有了一些治世气象,却被司马家族的几双弄权手推向无边血腥,推向不可逆的杀戮循环。阮籍自幼饱读诗书,正气垫了底,少年立志,要为国家贡献才华。苦读书,苦学剑,勤练焦尾琴。热爱人世间一切值得热爱的美好事物。爱一朵花,爱一壶酒,爱早晨的太阳和夜里的星星。《离骚》:"纷吾既有此内美兮,又重之以修能。"屈原对魏晋士人的影响很大。南方的文化覆盖北方,老子、庄子和屈原。屈原中年以后,亲眼看见他亲爱的千年楚国滑向无底深渊。七十多岁,郢都毁灭了,屈原跳江殉国。

魏国是杀出来的,是数十年军阀混战的产物,一把龙椅漫天血光。围绕着三尺宽的龙椅,如何能够再起刀兵?司马家族尊荣造极了,司马懿是三朝老臣,为什么要生贰心?要让他的子子子孙祸国殃民?阮籍想不通。蜀国丞相诸葛亮对后主刘禅一片忠心。

《晋书》称阮籍,"口不臧否人物。"巨大的内心压力却不能诉诸言语,不能评价,不能亮出自己鲜明的是非观。学了那么多,想了那么多,却是日复一日装糊涂。这个强悍的男人在逆境中苦苦修炼真身。现实几乎在每一个闪耀他的理想的地方击败他。

一说拿破仑的手杖上刻着一句话:"我能击败一切。"卡夫卡则说他的手杖上刻着相反的句子:"一切都能击败我。"阮籍的麻烦在于:他不能自折根系,自废功力,自己把自己击败。装糊涂装了若许年,倒是越装心里越敞亮。司马氏得势已久,他不去趋炎附势。

卡夫卡写小说,转化无限的苦闷,试图让苦闷溅落到纸上。阮籍写《咏怀诗》,悄悄写,不轻易给人看。又写《清思赋》,寄情于一位"河女",后来陶渊明受他影响,写下名篇《闲情赋》,弥漫着香喷喷的绮思。魏晋的小赋,把男女之情写得叫儒者瞠目。曹植《洛神赋》,献给私心于他的美艳甄氏,曹丕把夺来的皇后甄氏赐死。

阮籍释放苦闷有三个渠道,1. 写诗; 2. 怪异地活着; 3. 思念妖姬。
《咏怀诗》:"念我平居时,郁然思妖姬。"
妖姬泛指美丽妖娆的女子,不含贬义。

阮籍躲避司马昭,但司马昭派人来找他。他惹不起又躲不起。

陆续有几年时间,阮籍待在离洛阳较近的山阳(今河南修武县西北)。山阳有嵇康的家,家中有一片百亩的竹林,聚集了七个大名士,史称"竹林七贤"。李白写诗形容这群人:"懒摇白羽扇,裸体青林中。脱巾挂石壁,露顶洒松风。"

名士与裸体有何关系?

司马昭让阮籍做步兵校尉,阮籍答应了,说在明处的一个理由是军中有好酒。他把好酒带进竹林,与嵇康刘伶等人痛饮,说庄子谈屈原,不议论朝政,不谈司马昭。

公元三世纪中叶,军政两摄的司马昭要乱来,竹林诸贤反对他。反对的方式各有不同。嵇康打铁于竹林中,写《养生论》,采药,弹琴,扪虱,吃五石散;二十年沉默如死火山,平日里像一座玉山。司马昭手下的钟会率领一群高干子弟,"乘肥衣轻",跑到竹林去,想让嵇中散(中散大夫,曹魏政权给的官职)投靠司马氏,结果碰了一鼻子灰,转过身去磨刀霍霍。这个钟会可不是泛泛之辈,文韬武略,战功赫赫。其父钟繇长期跟随曹操,在军中做参谋,也是东晋王羲之崇拜的书法家,后世称"钟王"。钟会写过一部《四本论》,"始毕,甚欲使嵇公一见。"他抱着墨汁未干的新书在嵇康门外徘徊,终于不敢叩门,"于户外遥掷,便回疾走。"钟会担心这位天下士子的领袖当面给他难堪。

城府深的山涛一饮五斗,刘伶喝下了五斗酒还要喝,大白天裸奔村庄,光屁股耀眼夺目。向秀是博学多思的小弟弟,他在竹林里帮着铁匠嵇康鼓风,垂头或抬眼,想深奥的玄学问题。向秀注《庄子》,在魏晋的几十种注本中称第一。王戎凝视正午的烈日,寻思"商品经济",家中有好李,他"恒钻其核",生怕邻居把李子核拿去做种子。阮籍的侄子阮咸,感悟音乐号称"神解",却跟一群黑毛猪抢大瓮里的酒喝,人猪俱醉,洛阳舆论大哗。阮咸赊酒账全城第一,盖因阮囊羞涩……

阮步兵干啥呢?他坐泥地倚柴门,或是凭了破雕窗,练习翻白眼,随时准备派上用场。据说能翻到让黑眼珠子完全消失。这可有点吓人。然而阮籍的青眼也是大有名气,隔壁的美妇人当垆卖酒,他天天拉了朋友去喝,对美妇青眼有加,醉了,睡在她的蜂腰旁,把四肢摆得十分舒展,带着亲切的笑容入梦去,鼾声比较好听。那美妇自卖酒,自婀娜,举步生香风。可是她的丈夫不放心,很观察了阮籍一阵子,心里的一块石头落下地来。阮步兵就像《诗经》,思无邪,"好色而不淫。"

步兵若是几天不来饮酒酣睡,美妇人就会问:这步兵到哪儿去了?

而步兵在行军途中听到这消息,笑顾左右曰:美妇人问我的行踪么?

名士欣赏美妇,又以实际行动不叫她丈夫吃醋,美妇自是受用的。街市传为美谈,酒店生意更好。而阮籍这般"任诞",名头更响亮。这件事落得个皆大欢喜。美妇的丈夫逢人就夸:阮步兵是真君子,真真君子……把阮步兵抬得越高,他的保险系数越大。

山阳有个陌生的漂亮女郎死了,阮籍跌跌撞撞去奔丧,抚棺大哭一场,痛悼红颜入土。这是不符合礼教的。陌生女郎的亲友们,丈二和尚摸不着头脑。

阮籍这么干,专门针对拿孔子作幌子的司马昭。

另外,"河女"与美酒确实让他魂牵梦萦。大志不能伸,大事还不敢多说一句,女性美就成了他的宗教信仰。长剑不得长吼,咏怀的诗笔又属于黑夜里的低吟。鲁迅:"吟罢低眉无写处,月光如水照缁衣。"阮籍钟情于美妇,生命冲动自发地寻找喷发点。

河女美到何种程度?《清思赋》:"馨香发而外扬兮,媚颜灼以显姿。"馨香的外扬显然有它的对象。灼以显姿,媚颜在热烈的情态中越发显姿。

竹林是名士派抗衡当权派的道德高地。中原士子仰望山阳的竹林。

阮籍和嵇康头一回见面,青眼对上了青眼,于是"契若金兰"。不久,山涛加入进来,三个名士气味相投,他们灵敏的嗅觉胜过了狗鼻子。竹林七贤始于三贤。

山涛能与鼎鼎大名的嵇阮同游,自鸣得意,回家乐呵呵的样子,他夫人韩氏半信半疑,要亲自检验一番。有一天,韩氏隔了墙壁听阮籍与嵇康谈话,不觉听神了,从日落黄昏听到东边泛起鱼肚白,然后对山涛说:你的才气远不及他们,只不过你凭借气度和他们交往罢了。山涛捋须笑曰:"伊辈亦常以我为度胜。"度胜:度量胜人一筹。

后来嵇康与山涛绝交,从容上刑场,却把唯一的儿子嵇绍托付给山涛……

魏晋士人谈玄,谈几天几夜不睡觉。能倾听名士谈玄的妇人颇不少,《世说新语·贤媛》专写妇女们如何了不起。而《宋人轶事汇编》三大本,记宋人六百,不录李清照。可见魏晋"人的自觉"也惠及了女性。另外,谈玄的风气北宋犹存,苏东坡与陈季常"谈空谈玄不知眠"。谈老庄与佛陀,对无、静、空,兴味盎然。

阮步兵青眼紧翻,同时备下了厉害的白眼。青眼白眼能在半秒钟之内转换。阮籍的嫂嫂回娘家,他与嫂嫂道别,引起街头巷尾的闲言碎语:叔嫂之间"授受不亲",是不能这么道别的。阮籍与嫂嫂站在街边说话,青眼有如清风,转看那些嚼舌根的人,白眼刹那间翻出来,吓人一跳,疾走相顾曰:好个步兵白眼,白煞煞的可怖,白日见鬼矣!

又一日,"嵇、阮、山、刘在竹林酣饮,王戎后往。步兵曰:'俗物已复来败人意!'王笑曰:'卿辈意,亦复可败邪?'"

晋人的许多书面语明白如话,唐宋大抵继承下来,明、清学人,就搞得佶屈聱牙了。

王戎贪财,吝啬,家资巨万,嫁女儿却不肯置办嫁妆,女儿向他借了几万钱,他就没个好脸色;女儿赶紧还钱,他高兴了。侄子结婚,他只送一件单衣,过几天又把单衣要回去。王戎中年,官至三公之一的司徒,肥美园田遍天下,府中的金银珠宝堆成山,只增不减,拿走一点都不行。王戎回家玩珠宝,看田契账册看得心花怒放,"每与夫人烛下散筹算计。"筹:算计用的筹码。中国古代的头号守财奴,看来非王戎莫属。

阮籍讨厌王戎非一朝一夕了,二人除了打嘴仗,还拿眼睛去战斗,互相靠拢,四目盯紧了,鼻息相闻了,"绕竹而盯",步兵的白眼却吓不退王戎。王戎的双眼有特异功能,能长时间直视正午的烈日,眼睛瞪得大,"目如岩电。"王戎是竹林中的异己分子,嵇康心知肚明,但无意开除王戎。后来山涛像个混进竹林的间谍,想策反嵇康,劝其背弃曹氏,投靠司马氏,做吏部的高官。嵇康一忍再忍,才写下著名的《与山巨源绝交书》,同时把自己送上了洛阳的断头台。晋唐画工,一般只画竹林

阮籍

五贤,去掉了山涛、王戎。

魏晋士人尚清议,清谈,一两句话就点评一个人物,所以对话简约,往往直取人物的要害处。阮步兵称王戎俗物,犹言王戎不是个东西,"复来败人意"——又来败坏竹林诸贤的高尚趣味,鄙薄王戎不留余地,并且当着嵇、刘二贤的面。

刘伶也不喜欢王戎,因为守财奴王戎从来不买酒。山涛是个中间派,逍遥派,骑墙派,两面派。手握铁锤的竹林之首嵇中散沉默着,对王戎表示宽容。于是,王戎笑吟吟反问阮步兵:高尚的趣味是可以败坏的吗?

不知阮籍如何作答。王戎也不是吃素的,学富五车,否则他进不了竹林。

一部《世说新语》,意在言外的段落比比皆是,作者刘义庆,卒年四十一岁。书中记载的各类天才少年甚多。可见魏晋士族的兴起,对思考事物、对语言的妙用有相当的推动。唐人显然不及,尽管出了几个诗歌天才。唐朝三百年,大哲阙如,是何缘故?北宋士大夫乐于回思三代(夏商周),并不把唐朝当回事,宋人是希望在和平的年代获得源头性的思之力。

阮步兵单是翻白眼也不太管用,他另有一招:长啸。"步兵啸闻数百步",几百米外清晰可闻。一见如故者,"以啸声相和",他们也不用讲话,啸完了各自扭头走人。清啸与浊啸一听便知。山上的隐士们都善于长啸的,远听像虎啸,近听如猿鸣。世之高士,山中之大隐,心里激荡着人间哀乐与时代风云,所以要长啸。这种身心的功夫一直传到南宋,李清照也"善啸"。岳飞"仰天长啸,壮怀激烈"。

步兵发怒,啸如吼。山巨源渐渐在山阳的竹林待不住,屡往洛阳跑,讨好司马昭。阮籍吼他,白眼直如鬼眼,"鬼火冒",一朵朵地冲。山涛并不生气,笑呵呵的,但也不做过多的解释。此曰"雅量",《世说新语》专辟一卷说雅量。山涛若干年后官至司徒,两次手握朝廷的人事大权,提拔的官员都是好官。嵇康断然与山涛绝交,又让山涛照管年幼的儿子嵇绍,正是看准了山涛的雅量。而嵇康若无雅量,也看不见山涛的雅量。魏晋士人之尚通脱,崇气度,少遮蔽,并不因事废人或因人废事,由此可见一斑。

王戎就另当别论了,这个富甲洛阳的巨贪兼超级吝啬鬼,唯一的优点是爱妻子,"卿卿我我",讲的就是王戎。换个词却叫狼狈为奸。此人长寿,"祸害活千年"。年轻时他混进竹林赚得名头响,有利于日后的仕进。他是算计型人格的古代代表,精确到毫厘。而这种人于近现代的西方社会大量繁殖。此不赘言。

阮步兵见王戎,永远是翻白眼。王戎要么以眼还眼,鼻头抵近鼻头,不示弱,要么微笑着反唇相讥。身负武功的阮步兵想打架,王戎便走开。步兵步步紧逼,王戎回头一笑,说:有本事你打司马昭去呀,打镇西将军钟会呀,打勾引兄弟媳妇的吕巽呀。

阮步兵白眼欲裂,大啸竹林……

司马昭的高招,是对竹林七贤采取分化政策,备下了橄榄枝和屠刀。他派钟会进竹林策反嵇中散,未能如愿,便加倍对阮籍好,让阮籍做秩比二千石的步兵校尉,做山东的东平(诸侯国)相。然而阮籍到处讲,当校尉的好处唯有饮酒,军营的美酒喝不完。

司马昭说:步兵喝酒好呀,把洛阳的好酒运到军营去。

阮籍升任东平相,竟然拆掉了官府的围墙,让庶民参与政事。在士、庶截然分割的年代,士族视庶族为杂类,数百年不通婚姻。阮籍这么干是公然挑战霸权秩序,干了半个月就被调回去了。他驾长车狂奔野地,"见歧路,大哭而返。"为何大哭?心里缺一条康庄大道。阮籍夹在曹氏集团与司马集团之间,活得憋屈。

司马昭继续对阮籍好,把阮籍的缺点讲成优点。朝廷设宴,为这个失意的官员接风洗尘。阮籍冲着酒肉去了,"箕踞",坐姿怪异而倨傲,旁若无人。

又一天,阮步兵在宴席上大吃大喝,看肉看酒皆用青眼。对司马昭照例正眼不瞧,连白眼都懒得给他。一个名叫何曾的大臣跳出来,指斥阮籍正居母丧,不得饮酒吃肉。阮步兵佯作没听见。"礼法之士"群起而攻之。司马昭拿孝字做文章很多年了,实则暗通"忠",要百官效忠于司马氏。竹林诸贤偏偏在孝的领域拆他的戏台,破他的谎言,戳穿他屡试不爽的老把戏……阮步兵照吃照饮,咂咂嘴巴,吱溜吱溜,又放屁咚咚响,表示只有放屁才能对应群僚的污言秽语。兵来将挡,水来土屯……觥筹交错间,紧张的气氛白热化了。性子急的钟会眼巴巴望着他的主子。

司马昭一笑,轻描淡写说:步兵居丧饮酒,也符合古礼。

满座皆惊。期期艾艾的邓艾急了:这这这这这……司马昭解释:《礼记·曲礼上》有规定,某些情况下,居丧可以吃酒肉,"居丧之礼,有疾则饮酒食肉。"

胃口蛮好的阮籍有病么?何曾、钟会很有些怀疑。司马昭矛头一转痛批何曾:阮籍居丧哀伤,身体亏损严重,精神委顿到这个样子了!你何曾不为他分忧,还当众加以诋毁,你这家伙啥意思?你读过孔圣人修订的《礼记》吗?

何曾唯唯而退。《世说新语》这一节收笔云:"籍饮啖不辍,神色自若。"剧饮而神色自若,哪有一丝精神委顿?此处明讥司马昭的霸道与权谋术,状阮步兵之从容。

司马昭是敢于杀掉皇帝的人,他在宴席上绕着弯子为阮籍开脱,"曲为之解",阮籍并不称谢。换了其他大臣,早都伏地谢恩了。阮籍装糊涂,却把分寸拿捏到毫厘。

司马家族智商奇高,从司马懿、司马师到司马昭,智商一流而品德下流。这个家族既能抓军队,又重视笔杆子。司马昭分化竹林有耐心。嵇康不买他的账,他就在阮籍身上用心思。陈留(开封)的阮氏原是一个大家族,英才辈出。司马昭决定让儿子司马炎娶阮籍的女儿,两家联姻,"天下归心"。司马炎是要君临天下的,黄袍登基是早晚的事儿。阮籍只消点个头,女儿便是未来的皇后。消息一夜间传开了,前来祝贺的达官显贵踏破了阮家门槛。步兵怎么办?装糊涂装不下去了,他必须亮出自己的底牌。投靠司马昭,意味着背叛有大恩于他父亲的曹魏皇室,意味着不孝不忠,意味着与竹林精神决裂,意味着留下身后的骂名。而公开拒绝司马昭,则面临杀身之祸、灭族之灾。

阮籍深夜徘徊,绕庭树达旦。阮氏族人个个紧张。一向放纵的阮咸不敢敲门……

次日,阮步兵大醉,满口的胡话。媒人花枝招展地上门了,他青眼白眼俱翻,像后来的川剧变脸;又把媒婆当成卖酒的美貌邻妇,涎着脸向她讨酒喝,横竖要睡在她的细腰边。俏媒婆"和羞走",水蛇腰扭扭捏捏地去了。过几天她奉命再来,看见那披头散发的阮酒鬼饮于庑,饮于槽,饮于厕,侄子阮咸抱着酒坛子跟他团团转。鸡鸭鹅全都醉醺醺,"鸡鸣桑树巅",醉猪满地跑,见人便咬……

司马昭听汇报,摇了摇头。

钟会趁机进言:阮籍太狂,杀无赦!

司马昭不置可否。

"步兵大醉六十日",连上门提亲的女人也开始胡言乱语,把黑鸭子说成乌鸡。司马昭哭笑不得。这桩轰动一时的联姻事件,终于不了了之。司马昭还得自找台阶下,对群臣说:步兵虽狂,但狂得有些道理。他醉成那样,我又能把他怎么样呢?

一般人醉两三天就受不了,无异于大病一场。"病酒"一词,魏晋时代始流行。阮步兵大醉六十天,那身体有多棒?大醉几天是寻常事,年年大醉就是在消耗好身体。阮步兵的醉酒创历史纪录,酒仙李白也未曾抵达这个境地。他骨子里是个谨慎的人,佯狂真狂参半,道德底线是决不能与乱臣贼子沉瀣一气。竹林七贤,有五贤做到了这一点。阮步兵长年累月走钢丝,刀尖上跳舞得以自保,并保全了阮氏族人。司马昭用"至慎"来评价他。

"步兵白眼向人斜"(敦诚),这个历史符号永远新鲜,人格不丢,个性不泯,立场不变。赖有此"三不",才有源源不断的历史正能量,才有闪耀于天幕的文化恒星。

曹雪芹又自号"梦阮",一生崇拜两个人:勇士苏东坡和狂士阮步兵。雪芹二字,取自苏东坡的《东坡》诗句:"泥芹有宿根,一寸嗟独在。"茫茫雪原中的一寸泥芹,终有一天会生发许许多多。勇士的目光才投向独在。

阮籍的儿子阮浑也来任诞了,阮籍不允许。侄子阮咸和一群猪共饮盆酒,赚得名士的名头,跻身于竹林。阮囊羞涩,酒店里总是挂着他的酒账。阮籍对阮浑说:"仲容(阮咸字仲容)已预(参与竹林狂放)之,卿不得复尔!"卿:你。

活下去是重要的。"邦无道则愚。"

公元262年,嵇康上刑场,三千太学生泪飞如雨。《与山巨源绝交书》尝言:"阮嗣宗口不论人过,吾每师之,而未能及。"嵇康的二十年沉默是向秀讲的,可见这座死火山一旦喷发,司马昭便受不了,举起屠刀。

《世说新语·德行》:"晋文王称阮嗣宗至慎,每与之言,言皆玄远,未尝臧否人物。"

公元263年,饮酒太多的阮籍病逝,享年五十四岁,寿同诸葛亮。这一年蜀汉国亡。两年后,司马炎发兵篡魏,魏国亡。起不由德的司马氏把历史拖进更深的黑暗。

2018年3月23日　改于眉山之忘言斋

韩　愈
（中唐　768—824）

韩愈远远不是韩愈一个人，他是亲朋们共同仰仗的大人物，他是若干社会关系的核心。韩愈钓鱼，韩愈弹鸟，韩愈走马看尽长安花，回家喜滋滋，总抱着小女儿韩挐。温馨的后面还有更多的温馨。政事之余，他又是文章泰斗，诗坛巨匠，教育英才的宗师。韩愈有十二分的理由就这么过下去了，地位，俸禄，教书事业。然而，血液中流淌着一种源自童年少年的东西，他未必知道。潜意识支撑着意识，形成念头，催生意志，决定他的行为方式。

韩愈

韩愈字退之,号昌黎,唐宋八大家之首,也是中国古代屈指可数的教育家。他生于公元768年,唐河南府河阳(今孟县)人,几乎没见过生母,父亲在他三岁的时候去世,主要由长嫂郑氏抚养。嵇康曾有诗云:"母兄鞠育,有慈无威。"嵇康幼年失去父亲的消息,母亲和长兄悉心照顾他,有慈无威,并无一般家庭的严厉父亲。礼教强调父父子子,父为子纲,对小孩子很严厉。父亲的长年宦游或过早去世,几乎是所有大文人小时候的生活境况,《品中国文人》多已述及。并且他们都是官宦人家,家风是好的,家学是有的,由于父威的缺席,母爱的凸显,这些具有天资的小孩子获得两种好东西:自由和仁慈。他们后来做官,多能为百姓着想,关注下层,骨子里傲视弄权的上层。如果小时候笼罩在严父的权威下,那么,上司不过是已经习惯的父权的替代品。早年的相对自由培养独立性,尽管他们无一例外要走仕途。所谓文人傲骨,大抵由此而来(陈寅恪思及这一层,思得不够细),这是历代大文人的基础性生存情态。由于个性坚硬,由于学养丰厚,他们走上仕途便有冲突。大多数人撑不住官场复杂,妥协了,生命冲动日减,而杜甫韩愈这类人留在了史册。曹雪芹惹不起父亲,躲进大观园的脂粉堆。纳兰容若也类似。

韩愈七岁读书,此后一直读书,读到他弥留之际。儒家的力倡修身,从士大夫修起,辐射到社会各阶层,乡村也流行"耕读传家",这真好,这真是太好了,避免了读书的实用主义苗头。读书的功利与非功利并存,而后者来得更长远。民间的"教惜字纸",农工商普遍尊重读书人家,形成两千年之滚滚大潮。眼下是个问题,但情形正在好转。

韩愈自况:"四举于礼部乃一得,三选于吏部卒无成。"入京考了四次,二十五岁终于登科,吏部的选官却三次无果,二十八岁仍茫然,惶然。唐朝进士多而官位少,往往十人竞一官,竞官难免弄手段。唐朝的庶族,经由寒窗苦读跻身士族,比例仅占官员构成的六分之一左右,而宋代在百分之六十以上,可见唐朝的阶层固化很严重(参见陈宏秀《唐宋科举制度研究》)。我写李白,写王维杜甫,发现即使是盛唐的官员脸,也不那么好看的,遑论中唐晚唐的官员脸。干谒一词,唐朝很流行。士子走后门成群结队。

古代读书人有三种出路:1. 做官;2. 做幕僚;3. 办学授徒。韩愈的父亲与李白杜甫有过交游,又苦读圣贤书二十多年,"生平企仁义,所学皆孔周。"《进学解》说:"先生口不绝吟于六艺之文,手不停披于百家之编……焚膏油以继晷,恒兀兀以穷年。"写诗称:"我年十八九,壮志起胸中。"寒窗的艰苦奋斗,韩愈是典型。愈败斗志愈高,好比一只摁入深水的皮球。贞元十一(公元795年)年初,吏部落选,韩愈给宰相写信,石沉大海。过了十几天,再上宰相书,说自己的处境无异于溺水之人,附上若干得意之作,又是泥牛入海。再过一个月,韩愈第三次给他所认为的贤相写长信,说古时贤相连有才的强盗都要用,自己总比强盗强吧! 韩愈等回信,等得心乱如麻,结果是毫无结果。于是,斗志燃起来了,火气冲上天了,屡屡去敲朱门,三次被守门的士卒挡在相府之外。

这一年五月,愤愤不平的韩昌黎离京还乡。不难想象他对繁华长安的恶劣印象。长安米贵,"居不易",这话是顾况对白居易讲的。韩愈的状况类似杜甫在长安,"朝叩富儿门,暮随肥马尘,残杯与冷炙,处处潜悲辛。"白居易和韩愈是同时代的人,后来都做了高官,互相不大买账,几乎不来往。王维和李白同朝为官也不来往。宋代王安石不喜欢李白,晏几道冷眼苏东坡。西方的大师们,这类情形也不少。歌德一度与席勒绝交,罗素厌恶陀斯妥耶夫斯基,海明威想要冲到纽约暴打艾略特……笔者闲笔写这个。

韩愈自由的童年赋予他鲜明个性,不是一味听话的乖孩子,是个倔孩子。仕途走不通,他给宰相们写信,再三去敲权贵门,可见心气之大。

童年是解开所有人的生存向度的一把钥匙,可惜是一把残缺不全的钥匙,开锁很费劲,常常打不开。我读《罗素自传》,感慨他详细描绘幼年光景,显然有追根溯源的意图。弗洛伊德十分重视五岁左右的生活体验。注重个体的西方人在这方面确实比我们高明。承认差距,方能缩小差距。

古道西风瘦马,韩愈凄然回家。出潼关,看见地方官进贡两种稀有鸟,白乌,白鹦鹉,一路上耀武扬威,"东西行者皆避路,莫敢正目焉。"韩愈写《感二鸟赋》,悲叹自己不如鸟。眼前的鸟和古时候的强盗都比他强。杜甫求官献三大赋,李白写很多干谒信,现在韩愈接着来,礼部吏部,若干年折腾七次,花掉许多银子,落得伤心而归。

这一年,长嫂郑氏去世,韩愈为这位慈母般的嫂嫂守孝。此前由郑氏安排,他娶妻卢氏。卢氏为他生了几个孩子。成了家,要养家,韩愈走了幕僚一途,在宣武军节度使董晋手下担任观察推官,负责文书之类的工作,官九品,干了两年半。唐朝节度使、观察使是地方大员,有自选属官的权力,朝廷一般都会批准。节度使的坐大是一大弊端。董晋是以宰相的身份兼任节度使,韩愈官小,仕途起点不低。他任职于汴州(今开封),常去四百多里外的东都洛阳。长安和洛阳之间有一条八百里官道,每隔五里立一根"里柱"。又长亭短亭相连接,大路小路通向其他城市。中原,江南,交通比较发达。每个小地方都有不同的风俗,有利于诗人们步步丈量大地,寸寸抚摸山河,天天领略异质性的东西。古代的官员在全国范围内调动,车行、舟行、马行、步行,惊喜没完没了,所以成就了数以百计的大诗人,数以万计的中小诗人。道路的有限畅通维系了生活意蕴的无限生成。唐宋六百年,中国诗人的数量,可能是全世界千年以来诗人的总和。

幕僚韩愈事不多,做着清客。此间他三十来岁,家小安顿在汴州。才华,抱负,学养,让他的闲暇时光远离了无所事事。对古文的研究起于此时。孟郊也到汴州做清客,时常跟韩愈切磋诗文。二人相识于长安。孟郊字东野,大韩愈许多,四十六岁才考中进士,作《登科后》云:"春风得意马蹄疾,一日看尽长安花。"他是苦吟派的代表诗人,与贾岛齐名,人称"郊寒岛瘦"。贾岛名句:"两句三年得,一吟双泪流。"杜甫是苦吟派共仰的始祖,"为人性僻耽佳句,语不惊人死不休。"杜甫惊人的佳作比比皆是,但孟郊、贾岛的好诗不多。宋代的陈师道也是苦吟派,好诗有限。苏东坡凡事随意,好作品就多。可见强扭的瓜确实不甜。苏轼说:"赋诗必此诗,定知非诗人。"又说:"诗不求工字不奇,天真烂漫是吾师。"天真烂漫是一流艺术家共同的特征。意志不可去染指感觉的原初性。意志与感觉常常是一对冤家,太想写好诗,画好画,下笔多半歪瓜裂枣。

有一个让韩愈有些畏惧的同龄人叫张籍,张籍批评韩愈搞"博塞之戏",韩愈诚恳接受。年轻的杜甫在长安也参与过赌博,后悔了,说:"有时英雄也如此。"青春意味着试错。韩愈不去章台妓馆,偶尔进一回赌场,张籍抓住这个弱点不放。颜子不贰过,韩愈不是一心追随孔孟吗?知错就得改。安徽人张籍号称诗痴,他把杜甫的名篇烧掉,然后一勺勺把纸灰吃掉。他是由孟郊推荐给韩愈做学生的,却对韩愈不客气,写信指出老师的另一个毛病:高谈阔论,"多尚驳杂无实之说。"韩愈为自己辩解。双方论辩不休,孟郊李翱等人参与进来。何谓有实之说呢?目光锁定有实,眼界大不起来。这一群才气充沛的年轻人,大抵囿于有实之说,韩愈本人也不免。文化是要追问虚无的,先秦诸子的追问开辟了一条思之大道。汉唐以降,哲思少了,追问少了。

汴州文化沙龙的精英们,后来都进入了文学史。由韩愈推荐,张籍考上进士。

贞元十五年(公元799年),汴州发生兵乱,韩愈携家小转投徐州节度使张建封的幕府,官八品。孟郊写信荐韩愈,而此间的韩愈已经有一些名望。张建封是朝廷倚重的大员,帅徐州多年,军政两摄,俨然一方诸侯。韩愈跟随张建封打猎,弯弓射狐兔,跃马追大虫,另一只握笔的手,却不妨写写文章称颂张建封。此系幕僚分内的工作。除此之外,干自己喜欢干的事,玩思百家,与徐州一带的名士激辩,继续他无用的高谈阔论。汴州徐州五年,韩愈的才思更上一层楼。收入也高,自言:"日月有所入,比之前时丰约百倍。"张籍访问他,他殷勤款待三十天,"对食每不饱,共言无倦听。连延三十日,晨坐达五更。"

这是汉晋唐宋士子们的常态,需要讨论的东西总是非常之多,哪里仅限于仕途实用。三十天谈不够,大脑的活跃不需要酒足饭饱,酒足饭饱倒是容易滑向酒囊饭袋。

我记得当年有个德国汉学家说:中国的作家到处吃饭。

饭局多了,应酬日复一日,脑满肠肥打饱嗝,他还要写字画画著书。

衣食无忧的韩愈写诗说:"箧中有余衣,盎中有余粮。闭门读书史,清风窗户凉。"真是申申如也,夭夭如也。闭门闲把卷,清风入窗户。他写信劝张建封少击球,尽量减少娱乐活动,张不听。张自负有才学,好论辩,韩愈说服他几乎不可能,于是辞职,连退路都没有想好。另一个原因是做清客有悖他的宏大志向。丰厚的收入不要了,把一家子的生计置于不确定。当然,他对自己有信心。

张建封在徐州盖了一座燕子楼,楼中有一位关盼盼,色艺俱佳,对张痴心。张去世,关盼盼居燕子楼十年,从张于地下。三百年后苏轼帅徐州,作《永遇乐》云:"燕子楼空,佳人何在?空锁楼中燕。"其时苏轼身边有含苞欲放的王朝云。

张建封政声一般,爱玩儿,待韩愈不薄,但韩愈决计另觅出路。张也不计较,为韩愈写荐书。贞元十八年(公元802年),三十五岁的韩愈进了最高学府国子监,担任四门馆博士,正式开启了他的教学生涯,此后十几年间,在长安,在东都洛阳,他四进国子监,"得天下英才而教之",总结了一套教学方法,惠及后世一千多年。他是孔夫子以后的光芒四射的教育家,单是这一点,就足以抵消他在求官过程中的那些受人诟病的举动或言辞。

如果韩愈老待在徐州追随张建封,那么,日子多半很滋润,一家子其乐融融,家族也受益。他做了别样选择。为什么?少年志向深入了皮下,文脉融入了血脉。干自己一直想要干的事情,这种事情又是韩愈所认定的正道,那就令人很欣慰了。四门馆教五经,正中韩博士的下怀。韩博士写了一系列的传世文章,《原道》《原毁》《原人》《原鬼》《原性》《师说》,面对非议,舌战四方,延续了汴州徐州的论辩风气。教学要相长,师生之间要有争论。术业有专攻,弟子不必不如师。"三人行,必有吾师焉",孔夫子的精神传给了韩愈。"师者,所以传道授业解惑也",有时候弟子也为老师解惑释疑。既有师道尊严,又有学生对老师的质疑,这个教育的理想局面至今是理想。

韩愈推荐十个学生考进士,九个榜上有名,京师传为美谈。各地学子趋奔韩门,门庭每天若市。四门馆的学生多是贵族、高官子弟。天下第一名师的称号看上去非他莫属。他研究古文,写古文,发起了古文运动,让质朴的语言与紧张的思考对接,摈弃华而不实的骈体文。当时骈体文流行已久,韩愈的"文以载道"不合时宜。由于他的地位和声誉,载道之风才渐渐吹起来。苏轼说:韩愈"文起八代之衰"。韩愈讲的载道,是载孔孟之道。又有名言"不平则鸣",高低不平的地方才有风声,人生有起伏才有表达的冲动。

韩愈抨击佛老,问题出来了。这个像孟子一般善于雄辩的倔男人,到处去拿佛经和《道德经》开刀,甚至说佛祖是夷狄人,而夷狄类似禽兽。对于和尚、佛经与寺庙,他主张"人其人,火其书,庐其居"。唐朝是儒释道三大板块的磨合期,时有撞击,韩愈的文字发出的撞击声至为尖厉,到宋代,磨合大抵完成了,士大夫们崇尚佛老是常态。中唐崇佛道崇过了头,一方面是皇帝乞求于超凡的力量延续国运,另一方面,安史之乱及其余波,导致人们对人性失望,生死无常、祸福难测的情绪蔓延开来。"善是恶的善。"韩愈对人性恶掂量不够,所以他不识佛法之广大慈悲。韩愈勇于有为,不识道家之无为而为。他的思维圈子和思维穿透力不及先秦诸子、魏晋人物。他和他的那些文坛朋友们未能思及长远。作为教育家和文学家他是杰出的,而作为思想者,他称不上一流人物。

韩愈做博士一年多,当上了监督官员的监察御史,做了一名有资格上朝的朝官。半年,他干了两件大事,一是上疏,极言宫市对长安百姓的勒索,二是道出京郊大旱的实情,请求朝廷减免赋税,放粮赈灾。宫市是唐代宫廷恶俗,太监们长期贱买市场上的东西,白居易写《卖炭翁》《上阳人》等诗篇予以揭露。韩愈以监察御史的身份痛批宫市。士大夫的良知可见一斑,然而,撼不动盘根错节的利益集团,太监的势力有皇亲国戚的支撑。白居易惹"权豪",包括将军、高官、地方豪强在内的权豪他都敢惹,同时目注苍生的苦难。《新乐府》《秦中吟》是他一系列的战斗诗篇,却惹祸,遭贬谪。韩愈的官场命运比白居易更糟,只因写了良心书信,被贬到八千里外的阳山当县令。韩愈完全懵了,他才三十几岁,做京官,做朝官,一大家子待在曾经万邦来朝的辉煌长安,锦衣玉食可期。可是贬诏一下,他必须一夜间卷铺盖,连请求见一面卧病的妹妹都被拒绝。

良心付出了沉重的代价。韩昌黎的良心还在吗?在的。而当时的很多官员和学子会喟叹:良心值几个钱啊?别去惹那些黄门太监,惹不起啊!连监察御史都惹不起太监!

良心在什么地方?在遥远的童年情愫里,在孔子、孟子和杜甫等圣贤的书页间。白居易也是杜甫最忠实的读者之一,文脉贯通血脉。我们说历代大文人几乎都是正人君子,是有依据的。文气通正气,歪风邪气写不出传世文章。书画风雅事,关乎学养,对浩然之气的诉求一般来说逊于文学家,坏人写好字,例子不少。

连州阳山县在今之广东境内,靠近广西,古代都属于贬谪地。韩愈栉风沐雨走了几个月,一进县城傻眼了,这阳山哪里是座城啊,连一条街都没有,山间错落着稀疏而简陋的房子。举目四望都是大山。阳山县的大山有150座,猛坑石海拔近2000米,是广东省最高峰。当地人说话,韩愈听不懂。气候一日多变,"穷冬或摇扇,盛夏或重裘。"猿猴的叫声不绝于耳,虎狼的咆哮时有惊魂。衣、食、住、行,都是这位极穷小县的县令每天伤脑筋的事。他一待四百天,跟阳山县不同民族的百姓打成一片。孔夫子是韩愈的精神引路者,夫子说过,如有必要的话,愿意到九夷居住,传播中原的文明。有几个学子不远千里进山拜韩愈为师,"乘不测之舟,入无人之地。"窦存亮、区册、刘师命等,执弟子礼甚恭,还带上一些肉食。阳山还有和尚,韩愈跟和尚交朋友,试图让和尚明白佛学与人的七情六欲相悖,但和尚们只是望着他笑。他大量读书,反正有得是时间。"出宰山水县,读书松桂林。"他读书的那座山后来被称为贤令山,有"韩文公读书处"。清代诗人林概写《韩退之庙》有云:"漫道阳山是穷处,先生于道未尝穷。"

优秀的士大夫就像种子,抛到哪儿都能生根开花。韩愈为阳山做了许多实事,《韩公行状》曰:"政有惠于下,及公去,百姓多以公之姓以名其子。"陆游晚年在绍兴的乡村当游医,看病不收钱,乡里人生小孩儿,多以陆为名。苏东坡贬儋州三年,儋耳人讲起了眉山话。白居易调离苏州时,刘禹锡叹曰:"苏州十万户,尽作婴儿啼。"

后世曾把阳山改为韩邑,把湟川呼为韩水,又有望韩桥,望韩门,尊韩堂。都是百姓自发的行为,一代又一代景仰。韩愈在远离长安八千里的穷县干实事,毫无政绩意识,只有美政冲动。多年后他再贬同样遥远的潮州,亦复如此,潮州人千百年来怀念他。文豪们做好官,又留下好文字,后来者读着他们的诗文受感染,受浸润,于是又做好官。包括老子庄子在内的中国文化先贤,无一例外是爱民的,这传统真好。

公元805年,唐顺宗继位,大赦天下,韩愈量移今之湖南郴州。量移是贬谪制度的衍生词,意思是平职调往离京师近的地方。顺宗发起的"永贞革新",韩愈不甚关心,消息也闭塞。是年八月,身体不好的唐顺宗逊位,唐宪宗即位,推翻"永贞革新",外调实力派二王(王叔文、王伾),把柳宗元、刘禹锡等八人贬到边远之州做司马,这就是历史上有名的"二王八司马"事件。韩愈是局外人,再说他在阳山待久了,一身山林气,看庙堂的眼光变了。他被任命为江陵府法曹参军,负责一州治安。不久,给兵部侍郎李巽写自荐信,称:"性本好文学……而奋发乎文章,凡自唐虞以来,编简所存,大之为河海,高之为山岳,明之如日月,幽之为鬼神,纤之为珠玑华实,变之为雷霆风雨,奇辞奥旨,靡不通达。"韩愈自夸学问到这地步。从先秦到唐宋,文化精英们倒是自知长处,不故作谦虚,后来渐渐不行,书生们大抵羞羞答答,羞于说自己的好。羞羞答答的时间一长,倒把自己的长处忘了。

韩愈再一次担任国子监博士,从长安到洛阳,做了三年多。他的教育事业如日中天,学子遍天下,有些学生不辞万里投奔韩门,学孔孟,学古文,学诗歌,学为官为人之道。博士杂事不多,他得以专心学问,和来到京师的卢仝、贾岛、孟郊、张彻等人诗酒酬唱,不知不觉形成了后人推许的"韩孟诗派",而自我标榜的诗派或学派往往昙花一现,命不长。韩愈说:"今我及数子,固无苋与薰。险语破鬼胆,高词媲皇坟。"他随意而为的《送孟东野序》,乃是唐代散文的佳作。安史之乱后的中唐,藩镇割据,国运断了一半,而文脉不断。一如后来的北宋变成南宋,失掉半壁江山,而南宋杰出的思想家、文学艺术家层出不穷。何以如此?文化精英们的目光回视千百年,因之而前瞻千百年,远不是限于他们身处的时代。什么叫文化气度?这就是超越时间和空间的文化气度。

韩愈锦衣玉食了,大宅高轩了,如果他从此悠着点,官场稳扎稳打,举止玲珑八方,做个是非模糊的面团人,人见人爱的乡原人,那么,官运家道,皆能保持长远,家族受惠,朋友和弟子沾光。然而,原则问题上他很难让步。韩愈也考虑谨小慎微,后来做史官两年,捏着史笔慎之又慎,受到柳宗元的质疑,他拒绝接受。保存自己是必要的。邦无道则愚,中晚唐越来越接近无道了,韩愈并不打算从各个方向朝日益糜烂的官僚集团开火。他要选择攻击点,要考虑成功率。火力全开多点进攻,是一种鲁莽得近乎愚蠢的进攻方式。韩愈以前这么干,现在不能这么干。他瞅着进言的时机。

韩愈乐于举荐人才,学子们纷纷向他靠拢。他不分高低贵贱,"有教无类",俨然唐代版的孔夫子。真心向学的人一般都比较单纯,看见好苗子就兴奋,单纯地兴奋,不含私心杂念地兴奋。韩愈待在洛阳的国子监,听说一百五十里外的昌谷县有个小青年叫李贺,十六七岁,写诗称奇才。韩愈托人打听李贺,事情也凑巧,冬季的某一天,李贺来敲门了,骑着毛驴,带一条破旧的锦囊,锦囊里装着他的字迹潦草的诗歌。李贺字长吉,相貌与众不同,长爪,庞眉,巨鼻,鼻子看上去像是占了面部的一半。李贺的乡下口音也奇怪,让韩愈听得费劲。那一天韩愈很疲倦,而来访的昌谷县青年又不太符合他的想象。他打开李贺的诗卷,"目射纸上",呆了。"黑云压城城欲摧,甲光向日金鳞开。"北宋的王安石表示疑惑:既然是黑云压城,又怎么会金甲向日呢?其实错在王安石,一边是黑云压城,另一边是太阳的光线射向战士的金甲,自然界的这一现象并不罕见。暗与光形成反差,烘托凝重到极点的战场气氛。一个从未上过战场的小青年,居然写出足以压倒岑参、高适边塞诗的佳作。乡野后生李贺是奇才吗?当然是奇才!

李长吉自回昌谷县。未久,韩愈携皇甫湜追过去了,从洛阳到昌谷,高轩(豪华马车)在细雨中碾过一百五十里路,泥泞阻豪车,韩愈只挥鞭。人才像个大磁铁,吸引着韩昌黎。追着黑云去啊,追着天边射向昌谷野地的日光。从朝雨走到晚霞,领略了辽阔的昌谷野地,遥望福昌县高高的女儿山峰,山上有杜兰香女神的神庙。少年李贺奇思峥嵘,就是在这片蓬勃着野树野花野物的土地上。神性,诗意,交袭灵魂,让灵魂滚烫。童年李贺,少年李贺,年复一年凭借着从经典和野地中得来的无限感觉,凭借着病体的特殊敏感,随手写下诗句,抛入他的破锦囊。忠实的巴童跟着李贺的驴蹄,把李贺撕掉的诗篇捡起来,拼起来……韩愈入迷了,满目都是李长吉。昌谷野地步步沉迷。神庙,坟冢,野水,病树,蘘草,怪石,斜射层云的阳光,冲天而起的神秘大鸟。韩愈不禁想:庙堂有诗意吗?复杂的中唐官场有诗意吗?杂心人打堆的地方有诗意吗?显然,毫无诗意。无边的、有神灵之光照耀的野地诗性疯长。诗性永远疯长。

洛阳国子监的韩博士走马昌谷,让思绪自动飘。中唐诗坛两个领袖级人物,一个韩昌黎,一个白居易。然而韩昌黎写得过乡野少年李长吉么?韩愈摇了摇头。没把握。三十年锤炼的诗心,诗心有不甘啊,读书万卷下笔如有神,却被李长吉惊人的才华牢牢吸附。这说明什么?说明韩愈虚怀若谷似孔圣人,见贤思齐也似孔圣人。对一个官场和文坛的大人物来讲,这真是谈何容易。是的,谈何容易。真正的大师有此风范。活得不固化。白居易晚年对年轻的李商隐说:我这辈子是写不过你了,且让我来生做你儿子吧!五十岁的欧阳修读二十一岁的苏轼写的文章,惊得浑身冒汗,称:"老夫将放他出一头地,三十年后,无人道着老夫也!"欧阳修把文化的接力棒传给了更为强大的苏东坡。

韩愈的豪华车驾碾过一百五十里泥巴路,驰入昌谷小城,引起轰动。大师专程叩访乡野的无名之辈,李长吉的激动可想而知,来者可是一代文宗韩昌黎啊,韩愈的名望与白香山在伯仲之间。李贺作《高轩过》:有云:"入门下马气如虹……庞眉书客感秋蓬,谁知死草生华风。我今垂翅附冥鸿,他日不羞蛇作龙。"《说文解字注》:"轩,大夫所乘车矣。"

韩愈下马气如虹,李贺死草生华风。巴童杀鸡扑鹅。李贺的母亲和妻子含笑忙碌。李贺剧饮剧谈,长爪舞东风,庞眉欲飞扬。布衣锦袍相接,寒士高官畅叙。韩大师醉走昌谷的原野,骑驴转了几大圈,古锦囊中无诗篇。大约在李贺面前拿不出手。

李贺二十岁,奔长安求功名,"他日不羞蛇作龙。"

从洛阳到长安八百余里,青石路细沙路,起伏而弯曲,越水过丘,每隔五里有一根"里柱"。这是唐朝最好的、可能也是最长的一条官道。皇帝时常带着庞大的食粮集团来洛阳。洛阳四通八达，货物远比长安丰富。里柱、寺壁、屏风、船帆、树皮、石头，写满了知名或不知名的诗人的句子。歪诗总被人迅速抹掉。文化的传播方式恰到好处，歪瓜裂枣传不开。哪有媒体、"红包批评家"胡乱起哄。

昌谷肥驴一日百里，"春风得意马蹄疾。"亢奋的诗人面孔紫涨，"鼻息干虹霓"，"少年心事当拿云。"遇到不相识的行路人他也要谈几句，遇上士子，必谈韩愈。住客栈饮他几盅，羊毫书他几笔，忽停杯掷笔，又大笑而起。半夜里抚古琴弹箜篌，"梅花三弄"，"高山流水"……野地人家有知音。李贺的音乐天赋极高。次日大雾弥天，驴蹄照样轻快，很懂得主人欢畅的心。然而在长安出了意外。李贺自视甚高，不屑于其他的考生。在考场附近的客店他独往独来，人又生得奇怪。他已经有些名气了，一些学子想巴结他，凑近搭讪，他懒得答话，转身走人。有个崇拜者抄写了他的诗歌，希望叩访他，他嗤之以鼻。崇拜者当众失了面子，恨声连连，把他的诗歌揉碎，弃之于地；这还不解恨，又狠狠扔进厕所，佳句散入粪坑。李贺抡起青筋暴起的拳头，要打架……

时为京官的韩愈劝他忍着点儿，他哪里肯听。

诗人合群就不是诗人了。作家善于社交，下笔必定歪瓜裂枣。艺术家热衷搞关系网，艺术就沦为幌子，甚或坑蒙拐骗。冒牌的艺术家，不要沦为骗子的近义词才好。

李贺在河南府试考得不错，却受阻于朝廷礼部的考试。秀才们联合起来把他告了，探知他的父亲名叫李晋肃，晋与进是谐音，犯了讳，不能考进士。唐朝的避讳制度五花八门，李贺被指犯了"家讳"，考进士就是不孝。长安闹开了，韩愈作《讳辩》，愤怒地指出："父名晋肃，子不得举进士；若父名仁，子不得为人乎？"韩愈等人奔走呼号未能奏效。李贺十年奋斗，无望于仕途。不特此也，寒窗苦读的弟弟也失掉了考进士的资格。家用日艰，老母悲娇妻啼……十二月河南府试，李贺高中秀才，拥鼻高吟众人传抄："依稀和气排冬严，已就长日辞长夜。"眼下在长安他跌入冰窟，一张瘦脸上愁云惨雾，十条长爪垂如冰棍。杜门谢客，一度谁也不见。元稹慕名而来，被他吼退三丈，风流才子且走且抱怨：好你个李长吉，我叫白居易先生来找你，看你的门开是不开。

白居易没来。韩昌黎来了,仍吃他闭门羹。

他在门内揖别韩愈:"长安有男儿,二十心已朽。"

"我当二十不得意,一心愁谢如枯兰。"

绝望盛开了词语之花,一万年开不败。词语兼具疗伤的功能,词语是内心疼痛的缓释胶囊。方块字暗藏杀机,富含着生机……李贺待在长安崇义里的小灰屋,遥思他的昌谷。时任国子监教授的韩愈又来了,拉着他的手问长问短。长安是李贺的伤心城市,那么,走吧,记忆中挂满了团红丛绿,矗立着女几山峰。韩愈设家宴为他送行,京城的许多朋友赶来揖别。诗人大醉,随手一挥名篇出矣,《致酒行》疯传两百里大长安:"零落栖迟一杯酒,主人奉觞客长寿。主父西游困不归,家人折断门前柳。吾闻马周昔作新丰客,天荒地老无人识。空将笺上两行书,直犯龙颜请恩泽。我有迷魂招不得,雄鸡一声天下白。少年心事当拿云,谁念幽寒坐呜呃。"呜呃:消沉气短貌。关于这首诗,可参见徐传武《李贺诗集译注》,或是名家注释的唐诗选本。网络古典诗词的解读流于平均水平,希望能改进。李贺的律诗少,像李白一样不受格律的束缚。

人向何处去?西风深处是吾家。——李贺看旷野永远亲切。从长安归昌谷恰好一千里。瘦马瘦男人,秋水秋波横,枯草连天。圆圆的头颅垂进西风,瘦削的背影镶入夕阳。沉重的男人,庶几享受着沉重。习惯了。有死亡意绪垫底,一切愁、恨、悲、颓、凄、凉,李长吉照单全收。负面情绪活跃,诗歌需要它们。化蝶的庄周卸掉了生存之重,逍遥复逍遥。而李贺滞留于愁山恨海,"飞红万点愁如海。"

忧愤伤了身子,伤就伤吧。天大地大诗心大,《开愁歌》:"秋风吹地百草干,华容碧影生晚寒。我当二十不得意,一心愁谢如枯兰。衣如飞鹑马如狗,临歧击剑生铜吼。旗亭下马解秋衣,请贳宜阳一壶酒。壶中唤天云不开,白昼万里闲凄迷……"贳酒:典当秋衣换酒。壶中唤天云不开,犹言科场失败,生存展不开。纵有韩昌黎的再三帮助也不行。生存的展开与否,是海德格尔哲学的核心概念。卡夫卡一生的失败就在于成为卡夫卡。

归宜阳昌谷的李贺毫无办法,举目万里凄迷,却收意外之功:诗笔随手一划,寿同天地。失败者步步成大功。《京城》:"驱马出门意,牢落长安心。两事向谁道？自作秋风吟。"牢落：沉寂苦闷。两事指功名。去年来长安驴蹄轻快，今秋归昌谷马首低垂。日行二三十里，岔道信马由缰，不问古村落。再三咀嚼着痛苦，反复品尝着绝望。从孟秋走到暮秋，李贺差不多走了两个月。愧对家人呐。日夜用功的弟弟，折柳望夫的娇妻，母亲，姐姐，巴童……归途中的李贺情绪饱满，尽管都是负面情绪。他是痛苦的老朋友了，他是忧伤与惆怅的烂兄烂弟。情绪的浓度决定了野地的力度。杜甫："感时花溅泪，恨别鸟惊心。"而以现代式的平均化的心境看原野，看崇山峻岭，所有的意绪都蜻蜓点水，过眼云烟了。人有内心纵深，山山水水才有纵深。比如我们疯狂嬉戏的孩提时光，哪有风景二字？人在野地中，野地在无限的感觉中。人的内心纵深与大地之广袤野作一团，互相深入，互相持久深入。生存当如是也，即使活上三百年五百年，亦能回首早岁光景如昨天。笔者不避重复：感觉的丰富性乃是一切生活质量的前提，古今皆然。

李长吉是韩退之一手举荐的奇才，长吉后依潞州（今山西长治）太守张彻，张彻是退之的至交之一。

李贺早逝，韩愈哀伤不已，逢人就说李贺诗篇……

儒家之精髓入了韩愈的血脉，文化，可不是这位高官涂在嘴上招摇于市的口红。唐宪宗元和年间，韩愈在朝廷担任了七八份显赫官职，总的说来是个称职的好官，虽然他不像以前那样激烈，动不动就锋芒毕露。诗佛王维首创了"吏隐"，静悄悄隐于朝堂。孔夫子也提倡在乱世做隐士。唐宪宗有中兴之志，尽管唐帝国的国运持续走低，但中兴的希望尚存。韩愈的另一种身份是文坛领军人物，古文运动的先驱，韩孟诗派的旗帜。高官，大儒，教育家和文学家，声望如日中天，门徒遍及天下。先后四次任职于国子监的，唐朝仅他一人。他卓越的教育理念来自他广泛而深入的教育实践。最后一次是在十余年后，韩愈的职务是国子监祭酒，类似最高学府的校长，把他的教育理念推向全国，传之后世。"业精于勤荒于嬉，行成于思毁于随。"这类话，现在和将来都是教师们学生们的座右铭。"弟子不必不如师，师不必贤于弟子，闻道有先后，术业有专攻。"韩愈《上宰相书》云："乐得天下之英才而教育之，此皆圣人贤士之所极言至论，古今之所宜法者也。"讲得真好。韩愈说：

韩愈

"化当世,莫若口。传来世,莫若书。"不难想象他在课堂上的口若悬河,妙语连珠。启人思也,而不仅仅是简单的传授知识。

教育问道,文章载道,做人循道。

京城的日子大抵赏心悦目。韩愈的体质原本不大好,元和年间慢慢好起来,一大家子受其惠。小女儿韩挐尤其活泼可爱,韩愈视为掌上明珠,抱她逗她,伏在地上做女儿的坐骑,园子里爬来爬去。作为俸禄丰厚的京城高官,他不纳妾,和打了三十多年光棍的白居易很不同。同在朝廷为官,韩愈想见见白居易,发出去的请柬没有回音,托人捎话,白香山也没反应。也许,香山居士不喜欢韩愈对佛道多年不变的攻击。

韩昌黎有一段军事生涯,做宰相裴度的高级军参谋,展现了他的军人气质和谋略。古代的文豪以及书画艺术家们,能文能武的不少,杜甫是跃马打猎的好手,岑参是远走大漠的战士,颜真卿在河北率先反击安禄山叛军,"首唱恢大义。"宋代辛弃疾、岳飞不用说了,陆游既是抗金战士,又是大散关的打虎英雄……清代的戏台把文人学士搞得状如妇人好女,唇红齿白,纸扇方步,吴侬软语,手无缚鸡之力,在民间,尤其在江南的戏台,把文人的野性血性拿掉了。这个题外的话题倒是值得探讨。吴侬软语乃是地域特征使然,这也没办法。江南才子毕竟不是关西大汉。

淮西节度使吴少阳两年前死了,他的儿子吴元济自封节度使,搞独立王国,不纳贡赋,还兵犯洛阳。朝廷紧张了,分成主和、主战两派,百余日吵吵嚷嚷,而自视为英主的唐宪宗拿不定主意。中唐时期的藩镇割据是家常便饭,按了葫芦起了瓢。天下不听朝廷号令者,多达五十余州。如果吴元济持续猖狂,其他的州郡很可能仿效。不纳贡赋,自定属官,是节度使们乐意干的事情。宪宗每日忧心如焚。中唐的皇帝真是不好当。这个紧要关头,韩愈上书主战,讲六点:一是征兵,二是集中优势兵力,三是优待俘虏以瓦解叛军,四是决不休战,五是赏罚分明,六是分化藩镇,孤立吴元济叛军所在的蔡州。韩愈讲的六点都有具体的实施步骤,表明他对军事的研究非一朝一夕。

皇帝拿定主意了,启动了战争机器。

元和十二年,五十岁的韩愈随裴度征讨淮西,旌旗向东慷慨激昂,过洛阳,过福昌县的女儿山,他挥笔写下《奉和裴相公东征途经女儿山下作》:"旗穿晓日云霞杂,山倚秋空剑戟明。敢请相公平贼后,暂携诸吏上峥嵘。"峥嵘,把形容词直接用作名词。

出征三个月,生擒吴元济。大军从蔡州凯旋,韩愈写诗《过襄城》:"郾城辞罢过襄城,颍水嵩山刮眼明。已去蔡州三百里,家人不用远来迎。"又有诗云:"荆山已去华山来,日出潼关四扇开。刺史莫辞迎候远,相公亲破蔡州回。"赞美裴度很正常,但是有人不高兴。不高兴的人还不是普通人。由于此人不是泛泛之辈,所以掀起了日后的大浪。

韩愈回京,升为刑部侍郎,四品高官。后来迁吏部侍郎,韩吏部成了韩愈的别号,欧阳修诗句:"吏部文章二百年。"平淮西大胜,唐宪宗"龙颜大悦",命韩愈撰写《平淮西碑》,韩愈领旨,"闻命震骇。"为何震骇?多年的官场经验使他有了政治敏感性,撰写碑文既是莫大的荣誉,又是一件可能要得罪人的麻烦事。韩愈写了七十天,征求了各方意见,希望能端平一碗水。但是,什么叫端平一碗水呢?你觉得平了,别人未必认可。韩愈在树碑立传的文字当中首赞主帅裴度,是可以理解的,但是一位叫李愬的将领感到不舒服,很不舒服。李愬是谁?他的妻子是唐安公主的女儿。《平淮西碑》,宪宗皇帝都点头了,下旨了,刻石树立于朝廷大殿和各军营,可是李将军一闹,附和者不少,包括一些王公贵族和小公主。中唐的官员是大面积活在利益的链条上,利高于义,利益长期纠缠,有些人就成了乌眼鸡,恨不得你吃掉我,我吃掉你。明里一把火,暗里一把刀。仁义礼智信变成了嘴上功夫,说得越起劲,肚子里的坏东西反而越多。

唐宪宗迫不得已,再下旨,废掉韩愈撰写的《平淮西碑》,让一个叫段文昌的人重写。一时百官大哗,韩愈羞于见人。皇帝是朝令夕改的皇帝,大臣是见风使舵的大臣。有些媚上的官员砸韩愈写的碑,砸了一通又一通,围观者大抵看热闹,伸长了脖子。碑碎了,韩愈的心也碎了。然而时光是站在韩愈这边的,不消几十年,段文昌写的碑成碎石,埋没于荒草,韩愈的断碑倒是流传。苏轼《记临江驿诗》写道:"淮西功业冠吾唐,吏部文章日月光。千载断碑人脍炙,不知世有段文昌。"

朝廷大臣韩愈跑到渭水边钓鱼了,想做个隐士,飘然河边蓑笠翁,斜风细雨不须归。家里人都支持他。荣华富贵多好,何必拼搏朝堂。

他身体又欠佳,养几年总会好起来。他是韩氏家族的顶梁柱,单是恩荫子侄辈,让他们不试而官,就让族人感激无穷。恩荫,指中高级官员可举荐子孙、亲戚、门人不试而官。韩愈远远不是韩愈一个人,他是亲朋们共同仰仗的大人物,他是若干社会关系的核心。为家庭、为族人活着,难道不是大多数人的选择吗?韩愈钓鱼,韩愈弹鸟,韩愈走马看尽长安花,回家喜滋滋,总抱着小女儿韩挐。温馨的后面还有更多的温馨。政事之余,他又是文章泰斗,诗坛巨匠,教育英才的宗师。韩愈有十二分的理由就这么过下去了,地位、俸禄、教书事业。然而,血液中流淌着一种源自童年少年的东西,他未必知道。潜意识支撑着意识,形成念头,催生意志,决定他的行为方式。

文脉乃是血脉。纵是每日三省吾身,他还是拿血脉中的文化本能没办法。不平则鸣。地势高低不平,风吹而不发声,有悖于自然界的规律。当唐宪宗兴师动众,要把凤翔的释迦牟尼的指骨舍利迎入长安时,韩愈跳起来了。五十多岁的男人血脉贲张,连夜书写《论佛骨表》,言辞激烈,恐怕连他自己都有点始料未及。每一个字都是燃烧的火焰。家里几十口人紧张凝望着他的书房,瞧他走来走去又伏案疾书的身影。过了知天命的年纪了,那激昂的身姿俨然热血青年,那挥斥四方的手势酷似一名勇敢的战士。要出事。全家人的心七上八下,唯有小女儿韩挐像往常一样唱歌蹦跳,她不知道发生了什么事。

韩愈的这篇檄文讲,佛教自东汉传入中国,那些崇佛的帝王多罹祸而亡,而包括黄帝和尧舜禹汤在内的很多贤君,不知有佛,却寿长而位久。韩愈骂佛教徒,"口不言先王之法言,身不服先王之法服,不知君臣之义,父子之情。"他说:如果释迦牟尼尚在人间,来大唐朝拜,那么君王最多也只能对这位佛祖以礼相见,见完了就送出境,以免他惑众,更何况他是"身死已久,枯朽之骨",万万不可迎入宫中。韩愈还建议,将佛骨舍利"付之有司,投诸水火,永绝根本,断天下之疑,绝后代之惑"。

韩愈的性格由此可见。这一次,直接冲着至尊而自负的皇帝,把话说绝了。何以如此?我真是有些疑惑,原因可能两点:1.韩愈斥佛已有三十年。2.儒学是他唯一认同的正道。武死战而文死谏,韩愈表达过这类意思。就他所看见的佛寺僧侣的过度扩张而言,他的建议有可取之处,然而,他针对佛教的思考仅限于此,思维圈子小了,看不见儒释道的相异相生,对社会生活的利大于弊。就这一点而言,他堪称汉代"独尊儒术"的董仲舒的唐代版。任何事物都有它的两面性,包括现代科学技术。由皇家来推动的佛教更有失掉分寸乃至走火入魔的历史现象,韩愈要刨掉佛教在中国的根基,实在是显现了他旷日持久的盲区。火气又大。硬骨头冒死以谏。正在安排恭迎佛舍利的皇帝勃然大怒。

陕西凤翔法门寺的佛舍利,我和眉山东坡文化讲师团的老师们去朝拜过,虔诚之心油然而生,一个个的目光不离圣物,慈悲之心悄然而起,出了寺庙犹议论纷纷,词语有了好的指向。生存是要朝着更高的方向。神性的笼罩是有现实意义的。向善而善生,向恶而恶起。彼岸不存,此岸焉附?李泽厚教授"一个世界"的理论有明显缺陷。

韩愈一表呈上去,惹来杀身之祸。宪宗皇帝说:"愈言我奉佛太过,犹可容。至谓东汉奉佛以后,天子咸夭促,言何乖剌耶?愈人臣,狂妄敢尔,固不可赦!"宰相裴度等人为韩愈求情,皇帝不点头;过了一阵子,再恳请免韩愈一死,怒火稍减的宪宗让步了。韩愈免死罪而活罪难逃,贬到八千里外的潮州(今属广东)去。一家子赶出长安。

韩愈名篇《左迁至蓝关示侄孙湘》:"一封朝奏九重天,夕贬潮阳路八千。欲为圣明除弊事,肯将衰朽惜残年!云横秦岭家何在?雪拥蓝关马不前。知汝远来应有意,好收吾骨瘴江边。"贬官接到诏书,当天就得启程。天寒地冻的,全家乱成了一锅粥,搬东西凄凄惶惶,妇孺的啼声掩不住。韩昌黎作何感想呢?后悔吗?讲天子因崇佛而夭折是否太过?从这首诗看,他不后悔。为圣上除弊事,不惜残年。

风雪坎坷的路上,韩愈十二岁的可爱女儿韩挐,长安大宅子生长的娇艳花朵,凋谢了,稚气的笑容永凝固。韩愈哭天抢地,恨不得随女儿去死。撕心裂肺啊!诗人心死。大伤元气。挣扎着病躯赴贬所,青山处处凄凉,绿水都是眼泪。从长安到潮州走了七十天,一大半的日子悲痛欲绝。可怜的韩昌黎,还能重新站起来吗?

他在长沙写诗,《次邓州界》有云:"潮阳南去倍长沙,恋阙那堪又忆家。心讶愁来惟贮火,眼知别后自添花。"恋宫阙,忆旧家。没有家了,茫茫贬途是他的家。爱国是先于爱家的,这种士大夫情怀从屈原开了头。韩愈走到岭南,写《题临泷寺》:"不觉离家已五千,仍将衰病入泷船。潮阳未到吾能说,海气昏昏水拍天。"八千里路的疼痛与诗歌。看来,词语是一切疼痛的缓释胶囊,表达一次,疼痛就减轻一点。法国哲学家萨特的母亲说,人是不能够百分之百地痛苦的。换言之,人的任何情绪都是有限的,要消耗自身的。爱与痛都不能永恒。人类找不到情的铀矿,找到煤矿气矿页岩矿而已。

韩愈入广州,道士元集虚从广西的柳州来,带来贬柳州的柳宗元的问候。韩柳二人互相牵挂。韩愈到贬所潮州,马不停蹄察访民情,发现当地人非常害怕窜入河流的鳄鱼,于是写《鳄鱼文》,宣布了鳄鱼的若干罪状,命令鳄鱼在三至七天之内回游到海里去,否则用"强弓毒矢"格杀勿论。奇怪的是,在后来很长的时期,潮州的鳄鱼都未再离开过大海。

驱鳄鱼,讲儒学,办学校,惠民生,刺史韩愈在岭南潮州的八个月,在地方志上留下重重的几笔。他吃蛤、蚝、蛇和章鱼一类的"海鲜",俨然岭南人。中原人不吃这些。韩愈诗《答柳柳州食虾蟆》,提到虾蟆做成的美味。看来他意志强,于是他胃口好,很快融入一方习俗。苏东坡贬岭海七年也是这样,"此心安处是吾乡。"

唐宋士大夫,强悍者真多。既有深沉的家乡眷恋,又能以四海为家。自己命运不济,却还要帮助别人,带动一方。文化精英们贬向了所谓蛮荒之地,却播下文明种子,这是可作专题研究的。李白流放夜郎,遇赦而归,写下"朝辞白帝彩云间,千里江陵一日还"。杜甫避安史之乱到成都,成都就有了杜甫草堂,诗圣的光辉永远闪耀在蓉城。白居易贬为江州司马,写下不朽的抒情长诗《琵琶行》。柳宗元贬永州、柳州,详细记录地方风物。黄庭坚贬眉州的丹棱县,首创"大雅堂"。苏辙贬雷州,和当地人相处甚洽。秦少游贬岭南,诗风大变,"严重高古"。陆游贬嘉州(今四川乐山市),骑驴悠悠到眉山,惊叹:"孕奇蓄秀当此地,郁然千载诗书城。"眉山的孙氏书楼有唐、宋皇帝的题匾。

命运的低谷反指艺术的高峰,生存的落差催逼佳作纷呈。"天意君须会,人间要好诗。"文豪们仕途顺了,日子安逸了,"志满气得",难免要迈方步。苏东坡在汴京叹曰:"三年光景六篇诗。"六篇诗都不算佳作。一坎坷,好诗就来了。"笔落惊风雨,诗成泣鬼神。"

韩愈的一系列散文,如《师说》《送李愿归盘谷序》《祭十二郎文》

等,乃是永载教科书的佳作。苏轼甚至说:"唐无文章,唯韩退之《送李愿归盘谷序》一篇而已!"

  元和十五年(公元820年),宪宗崩,穆宗即位,赦天下。韩愈量移袁州。袁州八个月,如同潮州的八个月,这位大儒和杜甫的崇拜者心系底层,释放了731名奴隶。富人放债,穷人还不起,变身为奴。后来韩愈回京,请皇帝释放天下的奴隶,未见成效。唐朝的奴隶现象值得专题研究。

  前文曾提及,韩愈担任过长安国子监祭酒,这半年期间,他广揽天下英才而教之,是最高学府的"校长",也有利于向全国推广他的教育理念;此后迁兵部侍郎,复迁吏部侍郎,三品官位高而权重。然而他生命冲动不减,凌云壮志尚存,竟不顾性命之忧,不顾唐穆宗的劝阻,千里入虎穴,"日驰三百自嫌迟",赶到反叛朝廷的镇州节度使王庭凑的军营,陈说利害,历数安禄山、史思明、李希烈、梁崇义、朱滔、吴元济、李师道等乱臣贼子的可耻下场。原本杀气腾腾的王庭凑被说服,或者说,被韩愈的气势和讲述的事实吓住了。朝廷避免了一场藩镇兵乱。当年跟随裴度平淮西吴元济之乱,现在他一个人镇住了王庭凑。

  国运走低,壮士韩昌黎准备了一腔热血。如果没有一大群有良知的士大夫的力挺,李唐王朝早就完蛋了。一边是官场持续的利争权斗,另一边是好官良吏们正义的脊梁骨,令人感慨复感慨。暮年苏轼发哀声:"许国心犹在,康时术已虚。"这位《宋史》称道的"挺挺大节,群臣无出其右"的士大夫,不能匡时救世,挽国运之颓败。

  韩愈叹曰:"自天宝以来……不朝不贡者六七十年。"藩镇割据已成大势。韩愈是明知不可为而为之。范仲淹"先天下之忧而忧"的句子源自韩愈。

  韩愈升京兆尹,从二品,掌京师军政大权。他整顿纪律松弛的禁军,不许将军和士兵扰民,违反军纪者严惩。一向骄纵的军官们纷纷说:别惹那个烧佛骨的,咱惹不起啊!

  韩退之的身体时好时坏,他一有空闲就退到终南山的别墅。贾岛来陪他,张籍来陪他,学生们来看望他。诗人们诗酒酬唱,"且将新火试新茶。"师生间生动活泼几十年。由于他在朝廷、文坛和教育领域的崇高威望,他对李白杜甫的推崇,压制了一群目光短浅者对诗仙诗圣的攻击,《调张籍》:"李杜文章在,光焰万丈长。不知群儿愚,那用故谤伤。蚍蜉撼大树,可笑不自量。"中唐晚唐,李杜的诗集"家家有之",可见文之化人化到了何种程度。文化大师们多由文化大师来发现,来传承,其次方为学者教授的基础性工作。唐宋例子尤其多。例如陶潜田园诗祖的符号,由欧阳修苏东坡等人确立。

大师暮年风采依旧。有些事要赶紧做,以防不测。他把小女儿韩挐迁葬于家乡的韩氏墓园,书写旧作泪飞如雨:"数条藤束木皮棺,草殡荒山白骨寒。惊恐入心身已病,扶舁沿路众知难。绕坟不暇号三匝,设祭惟闻饭一盘。致汝无辜由我罪,百年惭痛泪阑干。"大师在山溪间住了几个月,发现山林气盖不住忧国心,说:"山林者,士之所独善自养,而不忧天下者所能安者也,如有忧天下之心,则不能矣。"范仲淹受他的精神指引,复以知行合一之风范,指引宋代更为庞大的、更为杰出的士大夫群体。

长庆四年(公元824年)十二月二日,韩愈病逝于长安,享年五十八岁。张籍一直陪伴他最后的时光,后来作《祭退之》:"公有旷达识,生死为一纲。及当临终晨,意色亦不荒。"韩退之非凡的意志力抵达了死亡。谥曰文,世称韩文公,韩吏部。

韩愈早孤,长嫂郑氏抚养他成人。有慈无威的日常生活塑造了他的心灵,小时候既有自由宽松的环境,又有良好家风的浸润。学孔孟李杜,学到了骨子里,影响他一生的所作所为。他耿介的性格由文化来强化,生命冲动宛若强有力的弹射装置,把他弹射到连他自己都难以预料的高度,却常常是危险的高度。要讲话,要写作,要行动。要力挽国运于倾颓,"哀民生之多艰……虽九死其犹未悔。"

韩愈爱过,恨过,忧过,享受过。如此而已。在宇宙中这些都不重要,存于人世间却是丰碑。

2018年4月19日　再改于山东旅途中

范仲淹
（北宋　989—1052）

正直的官员挑战权臣，虽败犹荣，表明优秀的士大夫力量并不弱。宋仁宗后期，大批名臣涌现于朝堂，与范仲淹在景祐三年（公元1036年）呈百官图、斗吕夷简的举动是分不开的。

范仲淹名言："宁鸣而死，不默而生。"身在高位而不忘忧患，以天下为己任，乃是宋学的主要价值取向。钱穆总结："这已是一种时代的精神，早已隐藏在同时代人的心中，而为范仲淹正式呼唤出来。"

朱熹称范公："本朝人物第一。"

范仲淹

范仲淹家境贫寒,幼孤,母改嫁,他经过寒窗苦读而踏上仕宦之路,为官数十年,官至参知政事(副宰相)。他是规模宏大的"庆历新政"的发起者之一,兼具政治远见和官员良知,又曾带兵到甘陕与西夏打仗,军事才能受人称道。他是著述颇丰的学者,是教育家,是浪漫的诗人,是边塞词唯一的圣手,是音律及古琴的行家,是写过棋史的围棋高手,是医药的研究者,是书法绘画的妙手(宋四杰之一的黄庭坚,对范公书法赞誉有加),他又是经验丰富的旅行家,一生到过南方北方的许多地方。

《渔家傲》写他的军旅生涯,上片云:"塞下秋来风景异,衡阳雁去无留意。四面边声连角起,千嶂里,长烟落日孤城闭。"

情绪饱满如柳永。范仲淹和欧阳修、包拯、柳永、张先、晏殊是同时代的人,年龄比王安石和司马光大十几岁。嘉祐二年(公元1057年),苏轼高中进士的那一年,当听欧阳修说范公已仙逝五年时,这个眉山青年流下了热泪。不独苏轼,全国的士子都景仰范公为人。远在西南小城眉山的学子们,对欧公、范公、韩公、包公,敬若神明。

"榜样的力量是无穷的",一大批士大夫表率于庙堂,引领士风,呼应良好的民风。

晏殊留给人的印象是富贵宰相,日子过得精致,"一曲新词酒一杯,去年天气旧亭台,夕阳西下几时回。 无可奈何花落去,似曾相识燕归来,小园香径独徘徊。"晏殊去世后,盗墓者掘坟撬棺要大捞一笔,进了墓穴却沮丧,珠宝一件没有,"仅得瓦器数十。"晏殊留给子孙的遗产也不多。范镇散财是出了名的,包公无欲则刚,司马光的日常生活近乎寒酸,王安石拒绝享受锦衣玉食,苏轼做高官不羡豪宅,文同老是资助别人,身为多个州的太守、"墨竹第一"的大画家,几乎一贫如洗,全家人年年穿布衣……

北宋名臣如云,名臣又大多节俭,尽管宋太祖赵匡胤让开国的将军们卸甲归田,多置田宅享清福,京城的王公贵族声色犬马不休,但是,一百二十年间,官风总体是好的,什么原因呢? 1.学子寒窗奋斗,做官懂得珍惜。2.纯正的文化基因强化了道德因子。寒族冷族,大规模进入官员阶层,大规模打破利益固化,绵延三百年,汉唐七百年是不可想象的。大学者大文人纷纷跻身权力核心,古代中国绝无仅有。世界历史上恐怕也没有。另外,宋代官员的俸禄高于唐代,养家一般不是问题。一个宰相能养活百余人。

社会真正的多元,生活严格意义上的丰富多彩,赵宋一朝臻于极致也。城乡的布局充满诗意,创造性的艺术家层出不穷,百工技术好,普遍受尊重,"天干不饿手艺人",商家的坑蒙拐骗少,商人们乐于向书香门第靠拢,讲究家学家风,抑制奢靡之风。士大夫的价值引领惠及各阶层,千余年来仍然令人怦然心动。

向往宋朝者岂止我辈焉,再过一千年也复如是。

要回望,要学习。要检点浮躁顽疾。

范仲淹是今之河北正定县人,生于宋太宗端拱二年,公元989年的10月1日。他父亲范墉是官员。两岁,父逝,母亲谢氏带着他艰难度日,转嫁一朱姓人氏,受虐待,受冷落。范仲淹有个姐姐一同到朱家。后来他对皇帝写道:"鞠养在母,慈爱过人。恤臣幼孤,悯臣多病,夜扣星象,食断荤茹,逾二十载。"生身父亲没印象,姓朱的又对他和母亲不好,辛酸的童年继之以灰色的少年,反而凸显母爱的无限温馨。母亲为他遮挡世界的冷酷,这对塑造他仁慈的灵魂有帮助。世界乃是母爱的延伸物,朱家人的冷漠催他奋起。我猜想,此二者是他成长的两大动力。单纯的母爱容易滑向溺爱:母爱是为了满足母爱。这类情形不绝于古今。说母爱无私,是一种笼统的说法。如果我们细看,就会发现母爱有不同程度的满足自身的现象。简言之,伟大的母爱并非完全无私。

父权缺席,父父子子悬空,是很多文化精英的共同特征,父亲或宦游,或早逝,从孔子到鲁迅先生,可以开出很长的名单。我今年才思及这一层,所以在本书中阐释了两三次。父权缺席,通常意味着儿童天性的较多释放,自由意志赢得较广的空间。仕途复杂,自由受挫,意志受阻,生发强力意志。古代文人的走向官场与背向官场,其间强对流生焉,电闪雷鸣生焉。小文人扛不住,大文人是因为扛住了才成为大文人,成为历史优秀者。何谓扛住?不改变自由意志的大方向,要做事,要思考,要反抗,要表达。

范仲淹的继父朱某,宦游到湖南的安乡县、长山县等地,数年一迁居。朱的几个儿子不待见范仲淹,欺负他,变着法子捉弄他,侮辱他。人的欺负人,是会有瘾的,有惊人的想象力,比如美国人虐囚。可怜的范仲淹常常躲在角落里。忧郁的童年蓄积着心劲。苦日子望不到头。他读书,缺吃少穿,好在家里不缺书卷。长白山有一座醴泉寺,范仲淹三年待在寺庙,冬天把加入了菜根的冻粥划成四块,早晚升火热了喝,如是者千余日。冻粥是为了节约时间。为何住寺庙?大约为了躲开朱家人的面孔。三年在山寺吃得那么差,亲爱的妈妈不知道吗?这不可能。朱某是长山县的县令,只顾他自己的亲生儿子,纵容几个败家子浪费钱财。谢氏"食断荤茹"二十年,怜悯多病的儿子,只能忍气吞声。

范仲淹一直缺营养,导致身体差,却养成浩然之气,为官为文,元气淋漓。

他在南都(河南商丘)的应天书院又待了五年,欧阳修《范碑》记云:"既长,知其世家,感泣去之南都,入学舍,扫一室,昼夜讲诵。其起居饮食,人所不堪,而公自刻益苦。居五年,大通六经之旨。"朱熹《五朝名臣言行录》注引《遗事》:"五年未尝解衣就寝,夜或昏怠,辄以水沃面……同舍生或馈珍膳,皆拒不受。"

少年范仲淹始知家世,泣之而去。一个泣字,多少辛酸、屈辱在其中。他心疼母亲。挥泪远走应天府,兜里无铜钱,举目无亲戚。一千六百多个日夜,过着人所不堪的生活。苦其心志,饿其体肤,范仲淹的寒窗奋斗,堪称宋代典型。学舍的同窗给他好吃的,他一概拒绝。为何拒绝?一颗敏感的、自强不息的心不要任何施舍?只怕接受了怜悯,人就自怜起来,奋斗的意志力就衰退下来,不足以再应对严酷的环境。五年和衣而卧,为什么呢?担心冻坏了身子?这应该是指寒冷的季节。夜里昏昏欲睡,捧冷水抹面。他是喝过三年冻粥的人,吃苦抗寒不在乎。

倔少年范仲淹。不难想象他在朱家受欺负时的横眉怒目。几乎肯定是那样。他拒绝母亲和姐姐之外的任何人的怜悯。柔肠与钢铁意志在生成。后来他做了高官,倒是对朱家人好,把积怨一笔勾销。这种博大胸怀的基础性情态是什么呢?有些人心宽,有些人心窄,饱读诗书有助于克服人性的弱点。

应天书院是宋代的四大书院之一,公元十一世纪初,一颗坚定的心在书院无声无息。

童年苦,少年苦,青年苦,范仲淹品尝着苦中之甜。读书时有领悟,美食偶尔有之。咀嚼或吞吃的快感长时间留在唇齿间,留在记忆中。世上从来就没有绝对的苦,强力意志倒是把受苦推向它的反面。范仲淹有未来,他活向未来,于是眼下的苦变得不太苦。意志消除了顾影自怜,喝粥咽菜就无所谓了,和衣而卧也习惯了。未来是支撑所有人的苦日子的灵丹妙药。单纯地活在眼下,锦衣玉食混光阴,何尝比得有追求者的粗茶淡饭。

范仲淹二十七岁考上进士,踏上仕途,娶副宰相李昌龄的侄女为妻。苦日子熬到头了。婚姻为他搭建了很好的交往平台,李氏夫人生下的范纯仁,数十年后成为范家另一位名相。父子皆名相,古代不多见。父子做宰相均以节俭著称,更是罕见。范仲淹馋肉二十年,做官后,并未大吃特吃如吕蒙正(吕在寒寺吃斋苦读,后来官运亨通),什么原因呢?我很想知道个体行为差异的由来,但是,难度大。太多的事已成永久性谜团。

范仲淹痛恨浪费,切齿奢靡,和他自幼目睹的朱家兄弟的挥霍有关吧?他每日吃菜根,朱家小子啖肉嘴流油,惹他暗暗吞口水。日后的高官范仲淹大兴义庄,救济他的族人,范氏义庄绵延九百年,源头很可能是他在朱家的感受,点点滴滴的孩提感受是要贯穿一生的。这些事当然是我的猜想。重温海氏:文献史要变成问题史。

范仲淹的仕途第一站,是到广德军任司理参军,广德军与今江苏浙江相接,是皖南山区。治狱有政声。两年后迁权集军(即亳州)节度推官,干了四年多,调泰州西溪镇监盐仓。他三十几岁了,九品小官干了多年,给枢密院副使张知白写干谒信,未见回音。他写诗。结识了泰州军事推官滕子京,认识了优秀青年富弼。他在泰州干的一件大事是重修海堤,保护良田和渔民,堤长150多里。范尝言:"救水旱,丰稼穑,强国力。"接下来,他担任泰州兴化县的知县。谢氏亡,他回乡丁母忧三年。

仁宗天圣五年(公元1027年),晏殊出守应天府(今河南商丘),辟范仲淹掌府学教席。宋代的乡校、县学、州学、府学比较普及。他潜心学问的同时,"不以一心之戚,而忘天下之忧。"给时宰写万言书,苏轼称,范公"为万言书以遗宰相,天下传诵"。这是庆历新政的先声。芝麻小官思考国家大事,并且思考深入。位卑不忘忧国。年轻的王安石、司马光、苏轼也复如此,可见当时的官场风气和言事背景,大官小官都敢于讲真话。

次年,范仲淹还京,为密阁校理。复出任河中府(今山西永济)通判数月,迁太常博士,移通判陈州(睢阳)。通判是一州的副职,有监察知州的特权。仁宗亲政后他担任朝廷的谏官,直接对抗老谋深算的宰相吕夷简,以谏权挑战相权,遭贬,出守睦州。

宋仁宗的重视言官胜于唐太宗,御座前敢说话的大臣,何止十个魏征。仁宗不愧是仁君,他把尖锐的言官们贬出去,不过是做个姿态,安抚一下受冒犯的宰执大臣,却往往"稍事薄责,旋即超擢",鼓励言官们批评朝政和皇帝本人。超擢:越级提拔。

范仲淹出京时写诗:"重父必重母,正邦先正家。一心回主意,十口向天涯。"

主意:圣主之意。

范仲淹官船水路三千里,抵睦州,在新安江畔的桐庐写诗。治理小邦轻松自如,公务之余,邀来诗朋酒友,"杯中好物闲宜进,林下幽人静可邀。"看来他酒量不小,又嗜茶,《和章岷从事斗茶歌》,在中国茶史上留名。官员们斗茶的佳话多,例如蔡襄与杭州名妓周韶斗茶。范诗云:"忘忧曾扣《易》,思古即援琴。"诗,琴,茶,酒,《易经》,访古,狩猎,漫游,听歌观舞……"枕上诗书闲处好,门前风景雨来佳。"官员有美政冲动,又能流连于美好的事物,把滚烫的诗心融入山水,妩媚温柔或苍凉雄浑照单全收,这日子就优哉游哉了,一天抵寻常之辈的十天。

范仲淹在桐庐重修严光祠堂,作《严先生祠堂记》,盛赞严光的品质,"云山苍苍,江水泱泱,先生之风,山高水长。"人们读此名文,脑子里会浮现范公与严光的叠加形象。

数月后,范仲淹迁苏州太守。在朝廷斗姓吕的宰相仅半年,他调到富裕的苏州,苏州也是他的祖籍。恰遇苏州发大水,范太守全力"疏五河,导太湖注之海",显示了卓越的治水才能。复向朝廷请求赈灾,救苏州十万灾民。他一度移知明州(宁波),又因为善治水,再次做苏州的知州,继续治理水患。为政之余写下《苏州十咏》,给如画的姑苏再添韵致。朝廷调他还京担任礼部员外郎,天章阁待制,皇帝的侍从官。苏州人舍不得他,父老乡亲送了一程又一程。"苏州十万户,尽作婴儿啼。"这是白居易调离苏州时的情景。历代大文人的为官,都是好官,文气与正气看来是相通的。

范仲淹还朝,由侍从官转知开封府,复与吕夷简斗争。吕是老宰相,势力盘根错节,官员的进退多由他说了算,要把皇帝架空。吕氏门庭俨然另一朝廷,掌握大大小小的乌纱帽。赵宋王朝已七十余年,类似吕夷简的大佬总是要出现。

小人同利为朋,汉唐教训太多。

范仲淹要摸一摸老虎屁股,向仁宗呈百官图,把官场隐秘的利益链条亮出来,矛头直指吕夷简和吕一手提拔的数十个官员。一时百官大哗。吕夷简恼怒,对仁宗说:"仲淹迂阔,务名无实。"范仲淹连上《帝王好尚》《选贤任能》等四书,指吕为奸臣。吕反扑,说范"越职言事,荐引朋党,离间君臣"。双方斗争激烈,欧阳修、余靖、尹洙、蔡襄等官员力挺范仲淹,但终究斗不过吕夷简。仁宗把范仲淹贬为饶州知州。

范仲淹三次言事,三次遭贬,可见维系正常的舆论环境多么不易。蔡襄写诗,称"四贤一不肖",四贤之首范仲淹,不肖之辈吕夷简。这首政治讽刺诗盛传东京,手抄本无数,传到州县,泗州通判陈恢讨好吕,上章弹劾蔡襄,左司谏韩琦出面,弹劾陈恢。苏舜钦《乞纳谏书》,明指仁宗贬范仲淹:"使正臣夺气,鲠士咋舌,目睹时弊,口不敢论。"

正直的官员挑战权臣,虽败犹荣,表明优秀的士大夫力量并不弱。

宋仁宗后期,大批名臣涌现于朝堂,与范仲淹在景祐三年(公元1036年)呈百官图、斗吕夷简的举动是分不开的。这一年,苏轼诞生在西蜀眉山。宋代良好的士风乃是长风,一刮百余年。

范仲淹名言:"宁鸣而死,不默而生。"

范仲淹知饶州,迁润州、越州,晚年知邓州、杭州、青州,大州的长官做了十数年,一如既往地为民造福。这是做地方官的好处,很多事,想做就能做。例如饶州的鸟嘴茶是贡品,年年上贡数量大,困于专卖制度的茶农挣不到钱,反受其累。范仲淹奏请免贡茶,茶农们欢呼雀跃。南宋王十朋盖思贤堂,在州学建敬爱堂,纪念开几代士风的范仲淹。洪迈说,范仲淹在庆朔堂"手植九松,今盈百尺"。范仲淹在其官邸,对两棵百年老松赞不绝口。《岁寒堂三题·序》:"尧舜受命于天,松柏受命于地,则物之有松柏,犹人之有尧舜也……吾家西斋仅百载,二松对植,扶疏在轩。灵根不孤,本支相茂,卓然有立,俨乎若思。霜霰交零,莫能屈其性;丝桐间发,莫能拟其声……持松之清,远耻辱矣;执松之劲,无柔邪矣;禀松之色,义不变矣;扬松之声,名彰闻矣。有松之心,德可长矣。"这是我见过的写松柏的最好的文字,"要知松高洁,待到雪化时。"

雪压霜欺松不凋,说的就是范仲淹。

他的《润州谢上表》云:"人心不在于权门,时论尽归于公道。"这位久经官场的士大夫说:"进,则持坚正之方,冒雷霆而不变;退,则守恬虚之趣,沦草泽以忘忧。"

值得注意的是,这类话在北宋后期就显得不合时宜了,官场风气日益崩坏,范仲淹等一批良知官员的肺腑之言,听上去恍如隔世,甚至显得莫名其妙,被视为唱高调。

治国就是治吏。然而历朝历代的官风难治。官风坏了,重振艰难。范仲淹最大的雄心乃是振起官风,呵护纯朴的民风。他对教育的重视令人想到韩愈,想到欧阳修。

汉唐宋一千年,高擎道德旗帜的士大夫,当首推范仲淹。

牟宗三说:"中国哲学之重道德性,是根源于忧患的意识。"

身在高位而不忘忧患,以天下为己任,乃是宋学的主要价值取向。钱穆总结:"这已是一种时代的精神,早已隐藏在同时代人的心中,而为范仲淹正式呼唤出来。"

《五朝名臣言行录》:"范文正公曰:吾遇夜就寝,即自计一日饮食奉养之费,及所为之事,果自奉之费与所行之事相称,则鼾鼻熟寐;或不然,则终夕不能安眠,明日必求所以称之者。"做的事要对得起俸禄,否则入睡难。贪官庸官看了这些话,不知作何感想。也许有人自惭,也许有人反而要坏到底。想想宋徽宗时代的一群痞子大臣吧。

范公《与朱氏书》云:"居官临满,直须小心廉洁。稍有点污,则晚年饥寒可忧也。"

又云:"凡见利处便须思患,老夫屡经风波,惟能忍穷,故得免祸。"

《范集·尺牍》:"荣利无穷,千古困人。"

范仲淹做过官的十几个地方,后人称作"过化之州",造福一方,又教化百姓。人们为他建生祠,盖景范楼,各地都有。欧阳修知扬州出色,扬州人在平山堂栽下"欧公柳"纪念他。苏轼每到一地都要全力以赴地推行美政,永远检点自己做得不够多,在密州(山东诸城)叹曰:"永愧此邦人,芒刺在肌肤。"

古往今来的好官都是严于律己的,范仲淹对家人苛刻,不居豪宅,不食重肉,很少用绫罗绸缎。重肉一词,类似今之大鱼大肉,在古代常用,含贬义。曹操做了汉丞相,食不过一肉,一床被褥要用十年,缝了又缝补了又补。诸葛亮更不用说,非淡泊不足以明志。司马光堂堂国家领导人,朝廷百官之首,"食不敢常有肉,衣不敢纯有帛。"在京城和地方,司马光等一批元老有效地推广四菜一汤,荤菜少于素菜。"成由节俭败由奢",汉唐教训须牢记。而由于学养丰厚的士大夫的价值引领,食重肉须在过大年过大节,平时不可以,街坊要议论。《道德经》说"五味浊口",符合味蕾的特征。宋代官员大都学富五车,谁敢公开小视老子和孔子啊?肉吃多了,人就变成肉坨坨。

肉多灵就少,这是一般规律。

适当的物质匮乏有利于精神飞升,古今中外的优秀人物几乎都这样。伟大的人物,无一例外都是生活的朴素者,都能够把握灵与肉的分寸。

鲁迅先生说,书桌前不能放软椅。身体舒适了,大脑转迷糊。

要防止生存的肉身化。不要单纯地、难以逆转地活个嘴巴。否则,画一幅嘴巴占领面部的漫画是何模样？我写此文临近春节了，请柬漫天飞，到处都是肉，餐桌上日复一日堆几层的饲料肉，倒掉的美味佳肴足以堆成大山。每斤肉由五斤粮食转化而成，非得年复一年地消耗大地吗？我熟悉的一些城市，光盘行动很难推动。吃货一词，正在变成市井与网络的中性词。

律己者善待他人，为他人想得细，律己的官员为国家想得远，"居庙堂之高则忧其君，处江湖之远则忧其民。"范仲淹的仕宦生涯，军旅生涯，几十年利他如一日。尧舜生之于天，松柏生之于地，这种利他主义不是偶发的，是有历史土壤的。起于寒微的高官，不乏贪图享受者，皇族贵族享乐，一批又一批高官却力行节俭，倡导养廉，二者之间庶几达成了均衡状态。到嬉皮笑脸、倡导娱乐到死的宋徽宗，这种均衡状态才被彻底打破。北宋王朝也完蛋了。

欧阳修为范仲淹作《文正范公神道碑铭》："（范）公为人外和内刚，乐善泛爱。丧其母时尚贫，终身非宾客食不重肉，临财好施，意豁如也。及退而视其私，妻子仅给衣食。"

大公无私可不是说大话。朝廷大臣范仲淹的妻子儿女，仅给衣食而已。妻子有没有意见？包括他年轻的继室夫人张氏。子女发不发牢骚？范仲淹的儿子范纯仁娶王质的女儿，王家富裕，锦衣玉食习惯了。女儿嫁范家，欲以上等的丝织品作帷幔，范仲淹大不悦，说："罗绮岂帷幔之物耶？吾家素清俭，安得乱吾家法？敢持至吾家，当火于庭！"

家法家风是宝贵的，北宋的官二代，官三代，有出息的很不少，成大器的比较多，可作专题研究。家学家风家训，乃是普遍现象，强劲带动社会各阶层。一百多年的好光景，名臣廉吏星罗棋布。范仲淹的利他，鲜有人感到奇怪。大环境是那样。如果北宋末年出一个范仲淹式的官场人物，人们会视为怪物。

高官俸禄高，范仲淹的钱去哪儿了？"临财好施，意豁如也。"范公仗义疏财，如同民间的及时雨宋江。宋人陈与义写诗这么说："范公深忧天下日，仁祖爱民全盛年。"宋仁宗在位四十多年，亲政三十年，继承了真宗朝的政治遗产，牢牢把握仁政的大方向。北宋名臣，大半起于真宗、仁宗二朝。宋太祖赵匡胤奠定了赵宋国运的基础。

范仲淹告诫他的两个侄子:"莫纵乡亲来部下兴贩,自家且一向清心做官,莫营私利。"乡亲们来东京做生意,范家侄子难免同商人乡亲打交道,结成或明或暗的利益链条。有良知的士大夫防范这一层。良知与远见共属一体。赵宋国运好,一切都好。否则一切都不好。苏东坡为什么首重风俗和道德呢?把人放进风俗道德,好官好人就会占多数,素心人多于杂心人。把人放进复杂的利益链条,人就复杂,生出花花肠子来,见利忘义成气候,官场倾轧成常态。倾轧常态也不过二三十年,民怨沸腾,被金人窥破,铁骑长驱直入,赵宋江山刹那间分崩离析,北中国沦陷一百多年,百姓苦难深重。

目力长远者与鼠目寸光者的斗争,历史上从未断绝,有时候惊心动魄。

范仲淹《岳阳楼记》:"先天下之忧而忧,后天下之乐而乐。"公元960年,赵宋立国。1046年,五十八岁的范仲淹发出这一感慨。时在立国八十六年以后。

人的本性自私,逐利是本能。利他主义何以在北宋成风尚?答曰:士大夫的远见卓识,皇帝认同。义与利的万年交锋,在一些历史时期呈现了道义占上风的好光景。德政为什么万年不衰?回答是:德政因应于炎黄子孙的生活方式。同窗而学,合耦而耕,联户而工,并市而商,乡里相招呼,有事要敲门,埋下深不可测的利他种子。

儿童受教育,德育永远摆在第一位。为什么?警惕自私自利蔓延开来。如果大家都变成乌眼鸡,"计算机",那么,谁有好日子过?

利他的种子如何生根开花?眼下是个难题。墙上的雷锋难以转化成心中的雷锋。当年赵朴初先生写道:"为善不辞心力,为学只争朝夕。多少英雄山岳立,向雷锋学习。"

百般呵护利他的种子,儿童期是重中之重。一定要减少溺爱生自私。要防范社会的不良风气入侵校园。儿童以天性相处,利己的边界亮出来,利他的种子自动发芽。老师们家长们再加以引导。

利他难,无私难,克己难,知难而进吧。

利己之风不要刮成压倒性的长风,否则,家难为家,国难为国。

公元1040年,西夏国主李元昊,对延州(今陕西延安)大举进攻,宋军驰援的主力被围困于三川口,全军覆没。朝野震惊。这个李元昊,彻底打破了宋夏三十多年和睦相处的局面。富弼尝言:"自与(西夏)通好,略无猜情,门市不讥,商贩如织。"

李元昊的目标是:"得中国土地,役中国人力,称中国位号,仿中国官属,任中国贤才,读中国书籍,用中国车服,行中国法令。"这个党项族人的野心何其大,他一次又一次把战火烧到宋夏边境,烧杀抢掠奸,无所不用其极,抵达其兽性之畅。唐朝杂胡安禄山的二十万人马横扫中原,盖因"中原百年不识刀兵"。宋朝类似,区区西夏小国,地广而人稀,三分之二的国土是沙漠。生存条件的恶劣,使其一有机会就要马踏中国。

游牧民族相对单纯,形成合力比较容易,而唐、宋立国几代人以后,利益纠缠,矛盾重重,恩恩怨怨一堆乱麻,政治军事的发力,斥力与合力参半。北宋末年,立国仅十年的女真金国,吃掉一百六十多年的大宋。汴京即将沦陷,城里的帝王将相还在扯皮。

春秋末年的孔夫子为什么罕言利?这个问题要深思。利字含刀。多一个利字,多一把刀。利益滔滔血浪滚滚。陆游的名句值得重温:"利欲趋人万火牛。"

宋军抵抗西夏的野蛮入侵,范仲淹和韩琦是临危受命的主帅。范主张积极防御,韩却要主动出击。宋军三十多万人马,数量占优势。但李元昊的军队士气正旺,宋军要破贼,当徐图之。范仲淹到前线,"修完诸栅,训齐六将,相山川,利器械,为将来之大备。"又先后加固战略要地青涧城(今陕西清涧),大顺城;他派一支劲旅深入西夏境,攻破白豹城,破其四十一族帐,俘获甚巨。李元昊闻之而惊异。

西北前线的大宋子民饱受战争的创伤,范仲淹巡视诸城池数百里,挥泪对百姓。他上书宰相晏殊:"戎马之后,原野萧条。"他凄然落笔:"秋霖弗止,禾穗未收,斯民之心,在忧如割。"宋词中的边塞绝唱《渔家傲·秋思》:"塞下秋来风景异,衡阳雁去无留意。四面边声连角起,千嶂里,长烟落日孤城闭。 浊酒一杯家万里,燕然未勒归无计。羌管悠悠霜满地,人不寐,将军白发征夫泪。"

这是在 1040 年秋,范仲淹将军 52 岁。

韩琦让宋军主动出击,屡战屡败。李元昊发狂言:"亲临渭水,直据长安。"西夏军打到了渭州（今甘肃平凉一带）城下，沿线"屠掠居民"六七百里。关中震骇，朝廷紧急调整对敌方针，积极防御而不是贸然进攻。范仲淹提出"渐复横山，以断贼臂，不数年间，可期平定"的长远目标。此后，李元昊在西线战场上的攻势受挫。民谣称："军中有一韩，西贼闻之心骨寒；军中有一范，西贼闻之惊破胆。"

陆游《上殿札子》："范仲淹气压灵夏，故西讨而元昊款伏。"

西夏与契丹辽国又交恶，李元昊的嚣张气焰终于熄灭了。

庆历三年（公元1043年），范仲淹还京任枢密院副使。次年，担任陕西、河东宣抚使，在今之山西和陕西境内大规模整饬武备，一面应西夏的请求谈判和平条约，一面作战争准备，"以和好为权宜，以战守为实务。"这是朝廷对西夏战略的关键性转变，此后四十多年，宋夏不复有大战。宋神宗上台后总想打仗，大军主动进攻西夏，败得很惨。公元1125年，宋徽宗联金灭辽，结果被小小的金国掉头吃掉，北宋亡。蛇吞象成事实。

北宋一百多年间的几次主动进攻，均以失败而告终。范仲淹等人的积极防御的军事智慧，未能延续五十年、阻止雄心勃勃的神宗皇帝。

庆历新政是历史大事，是赵宋王朝在立国八十年以后的一次自我更新。北宋的三冗问题，冗官，冗兵，冗费，有愈演愈烈之势。既得利益集团牢牢守护着既得利益。汉如此，唐如此，宋也不例外。不过，宋较之汉唐，士大夫的力量要强得多，敢于讲真话的大臣层出不穷。欧阳修："开口揽时事，论议争煌煌。"朱熹："自范文正以来已有好议论。"叶适称欧阳修为"本朝议论之宗"。到苏轼《上神宗皇帝书》讲得更透彻："历观秦汉以及五代，谏诤而死，盖数百人。而自建隆（赵宋开国年号）以来，未尝罪一言者，纵有薄责，旋即超升。许以风闻，而无官长。风采所系，不问尊卑，言及乘舆，则天子改容；事关廊庙，则宰相待罪……台谏固未必皆贤，所言亦未必皆是，然须养其锐气而借之重权者，岂徒然哉！将以折奸臣之萌，而救内重之弊也。"苏轼讲这番话时三十几岁。

宋仁宗庆历三年（公元1043年），吕夷简死了，权臣夏竦垮了。范仲淹的恩师晏殊出任首相兼枢密使，这是新政发起的人事背景。另一个军事兼政治背景是打仗打输了，朝廷急于反思，言官们趁机进言。欧阳修、余靖、蔡襄、王素,这四个人相继出任谏官,汴京人戏之曰"一棚鹘",像鹰隼一般瞄准朝廷的弊端。参知政事(副相)范仲淹上《答手诏陈十事疏》,拉开新政的大幕:"我国家革五代之乱,富有四海,垂八十年。纲纪制度,日削月侵。官壅于下,民困于外。夷狄骄盛,寇盗横炽,不可不更张以救之。然则欲正其末,必端其本;欲清其流,必澄其源。"这是庆历新政的宣言。

赵宋王朝八十余年,富有四海,但问题多且严重。必须正视国家的严重问题。皇帝重不重视呢?皇帝重视,这就好办了。宰相、副宰相和言官们把国家的问题亮给他看。范仲淹《十事疏》分别是:1. 明黜陟。2. 抑侥幸。3. 精贡举。4. 择官长。5. 均公田。6. 厚农桑。7. 修武备。8. 减徭役。9. 覃恩信。10. 重命令。

钱穆《国史大纲》说,前五项为肃清吏治,后三项为富民强兵,末二项为赏罚分明。换言之,新政的重头戏是整顿官僚阶层。冗官多了,官风坏了,贫富悬殊大了,社会就出现整体崩盘的趋势。十条新政的每一条都有具体的措施,对士农工商形成自赵宋开国以来最强的冲击波。"得士者昌,失士者亡",这是范仲淹提纲挈领的大思路,一切以得士为出发点。得好官,就得去掉坏官庸官冗官,而官与官已经形成的利益链条如何拆解?官壅,民困,兵弱,外敌入侵,内忧外患的局面如何应对?

利益链条上,不讲君子与小人。君子的代表范仲淹,要对抗这个错综复杂的链条,让官场生态重归义高于利的局面。从孔孟到唐宋,义高于利始终是士大夫奋斗的方向。唐宋有过一些好光景,所以理想并不是不可企及。宋代打破利益固化、阶层固化明显好于唐代,但历经了几代人,"三冗"凸显,到仁宗朝愈演愈烈。冗兵耗费国家财政的大半,朱熹说:"财用不足,皆起于养兵。十分,八分是养兵。"司马光说:"方今国用所以不足者,在于用度太奢,赏赐不节,宗室繁多,官职冗滥,军旅不精。"

概言之:"享国"的官员多起来,百姓就穷下去,国力就衰退,国运就难保长久。

"抑侥幸"拿冗官开刀,削减恩荫制度带给中高级官员的特殊待遇。宋初"只及子孙,他亲无顾",到真宗朝渐渐扩大恩荫的范围。范仲淹请求限制恩荫的范围和人数,并且,恩荫的子弟也要考试。仁宗下

《任子诏》,准其所请。一时朝野大哗,文臣不乏切齿怒骂的,武将威胁要砸烂范家门。新政的鼓吹者余靖倒戈,上疏请罢《任子诏》。包拯《请依旧考试奏荫子弟》反驳余靖:"自(任子)敕下之后,天下士大夫之子弟莫不靡然向风,笃于为学,诏书所谓'非惟为国造士,是乃为臣立家',实诲人育材之本也。近闻有臣僚上言,欲议罢去,是未之熟思耳。且国家推恩之典,其弊尤甚,因循日久,训择未精……"

双方唇枪舌剑,谁的背后人更多呢?可惜不是包拯。

皇帝听谁的?听人多的。再下诏,罢《任子诏》。

范仲淹仰天长叹。

不过这事没完。像十事中的大多数新政一样,抑侥幸在宋仁宗后期得到补充和完善。仁宗的风格是徐徐图之,慢慢改良。而宋神宗、王安石的熙宁变法操之过急,终于导致政治、军事、民生的多重失败。

庆历新政中的"均公田",为中下层官吏考虑利益,也惹了上层官僚。"减徭役",减轻百姓负担,大大小小的官府都不高兴,因为触动了官吏的利益。"精贡举"则得罪许多寒窗苦读的士子。总之,八十多年的利益格局不动不行,动也艰难。

君子之争也不可能完全排除利益的考量,于是,形势变得更复杂。

范、欧、韩等大臣,常欲分君子与小人,这是源于孔孟之道。但谁是君子谁是小人呢?谁是半君子谁是半小人呢?常常是一笔糊涂账。小人不会自称小人。君子有所不为,小人为所欲为,肆意释放病毒的能量,病毒又加上伪装。

司马光《资治通鉴》有一段话堪称透彻:"夫君子小人之不相容,犹冰炭之不可同器而处也,故君子得位则斥小人,小人得势则排君子,此自然之理也。然君子进贤、退不肖,其处心也公,其指事也实;小人誉其所好,毁其所恶,其处心也私,其指事也诬。公且实者,谓之正直;私且诬者,谓之朋党,在人主所以辨之耳。是以明主在上:度德而叙位,量能而授官;有功者赏,有罪者刑;奸不能惑,佞不能够。夫如是,则朋党何自而生哉……故朝廷有朋党,则人主当自咎,而不当以咎群臣也!"

庆历新政看上去失败了,范仲淹、韩琦、富弼、欧阳修等骨干人物被贬出京师,从中央大员变为地方大员,依然位高而权重。一些新政在州县得以悄然实施。一大批优秀的士大夫活跃于朝廷和地方,这是仁宗朝留给后世的宝贵的政治遗产。

大面积触动官僚体制和官员利益,历来不大行得通。范仲淹凭着一腔热血与真知灼见,把自己推向历史长河的风口浪尖。剪不断理还乱的利益格局,以深不可测的斥力把他边缘化,也使他作为士大夫杰出代表的符号亮出水面,永远闪耀在波翻浪涌之间。《岳阳楼记》:"庆历四年春,滕子京谪守巴陵郡,越明年,政通人和……"

谪守,谪知(某州),是仁宗朝的常用语。到宋神宗后期,把大臣贬到蛮荒之地的情况就比较常见了,到宋哲宗亲政,更把忠心耿耿的大臣们置之死地而后快。到宋徽宗,"矜小智"的痞子皇帝与恶棍宰相蔡京等辈联手,奢侈不休,终于反噬自身,摧毁了北宋王朝。范仲淹司马光苏东坡,三代士大夫泉下有知,不知作何感慨。

"居庙堂之高则忧其君;处江湖之远则忧其民。是进亦忧,退亦忧,然则何时而乐耶?"接下来的两句,千余年来家喻户晓。词语的力量远未断绝。

范公名言:"不以己欲为欲,而以众心为心。"

范公名言:"不以物喜,不以己悲。"

黄庭坚说:"此文正公饮食起居之间先行而后载于言者也。"

知行合一的高风亮节不是说故事。当世风日坏,范仲淹的形象就会显得孤单。而世风向好,范仲淹做的事、讲的话,又进入人们的日常语境。历史有循环,但圣贤不会退场。任何一个国家都需要对先贤的持久仰望。自断根系就是自掘坟墓。

庆历五年(公元1045年)范仲淹出知邓州,在邓州待了三年。为政,写诗,喝酒,养生,漫游,下围棋,弹古琴,逗幼子,欣赏官妓们的歌舞。四个儿子长大后皆有出息,长子范纯佑,次子范纯仁,三子范纯礼,四子范纯粹。纯粹生在邓州,母亲张氏原是范家侍女,在几个侍婢当中应该是比较慧丽的,她活了七十多岁。范仲淹的原配李夫人去世早,继娶的聂夫人也未能长寿。古代的官宦子女平均寿命有限,庶民家庭可能更低。

范仲淹在邓州过得很享受。

范诗《琴酒》:"弦上万古意,樽中千日醇。清心向流水,醉貌发阳春。"

三十年后,黄庭坚写诗追忆范公:"公有一杯酒,与人同醉醒。遗民能记忆,欲语涕飘零。"范公在邓州为百姓造百花洲,荡舟于花深处,"红雾湿人衣。"当地人回忆他的风采,诉说他的音容笑貌。见过他的人都想念他,有些人说起他要掉泪。

范公书法的代表作《伯夷颂》《道服赞》,黄庭坚赞曰:"至其小楷,笔精而瘦劲,自得古法,未易言也。"杜甫瘦,王安石瘦,他们的书法也是瘦劲。苏东坡稍胖,字如墨猪,"绵中带骨。"可以猜想范仲淹的体型偏瘦劲,他的肠胃不大好,与早年艰苦有关。

他注意养生,养气,劝韩琦读《素问》,说:"宜少服药,专于惜气养和,此大概养生之说也。道书云'积气成真',是也。"他练气功也曾练偏,伤了身子。

范家近七十口,三代同堂在一个宅院,难免生口角。范仲淹有书信:"千古圣贤,不能免生死,不能管后事,一身从无中来,却归到无中去。谁是亲疏?谁能主宰?既无奈何,即放心逍遥,任委来往。如此断了,既心气渐顺,五脏亦和,药方有效,食方有味也。"

这段养生文字,书法家们不妨写了送人。

生活为什么赏心乐事多?因为短暂者自知短暂,短暂者又操心深广,又情趣多多。通身分布的兴奋点几百年也消耗不完。一首诗,一盘棋,几杯酒。一群好朋友,素心朋友,每天见到的人大都是想见的人,"闲暇辄相思,相思则披衣。"范仲淹是地方长官,部属向他露出好的一面。居庙堂则不然,杂心人扑面而来。

张氏小范仲淹32岁,老夫少妻的格局,唐宋常见。王朝云小苏东坡27岁,生一子名苏遁,苏为王写诗填词十几首。范的先后三位夫人,似乎与他的文学创作无关。士大夫囿于礼教,写母亲和夫人的诗篇甚少,苏轼的诗笔也不写他亲身感受的伟大的母爱。

范仲淹存词有限,龙榆生《唐宋名家词选》选他三首,头一首《苏幕遮》:"碧云天,黄叶地,秋色连波,波上寒烟翠。山映斜阳天接水,芳草无情,更在斜阳外。　黯乡魂,追旅思,夜夜除非,好梦留人睡。明月楼高休独倚,酒入愁肠,化作相思泪。"

相思泪抛向谁?不得而知。

范仲淹到过数以百计的州、军、县,陆路水路几十万里,羁旅之思饱满。对世界的惊奇没完没了,对自然界的细腻感受成千上万。这种惊奇与感受更多地属于古人,相应的诗、词、书、画也成了不可再生的"资源"。书法和水墨画超越古人几无可能。

范词《御街行》:"纷纷坠叶飘香砌,夜寂静,寒声碎。真珠帘卷玉楼空,天淡银河垂地。年年今夜,月华如练,长是人千里。 愁肠已断无由醉,酒未到,先成泪。残灯明灭枕头欹,谙尽孤眠滋味。都来此事,眉间心上,无计相回避。"

政治家形象之外的个体情绪,读来别有滋味。玉楼空,伊人无处觅,唯见银河垂地。范仲淹思念谁呢?"酒入愁肠,化作相思泪。"恋爱中男人的明月夜,残灯孤枕无眠。

范仲淹迁杭州,复迁青州,几年间车马辗转,从南方到北方,照例是美政之余享受着朴素的生活。青州人苦于支移,范仲淹废除了支移苛政。支移是官府命百姓把税粮运往异地缴纳,而人力物力和长途耗损均由百姓承担。杭州大水患,范仲淹首创了以工代赈,救济了十万灾民。

"一个人做一点好事并不难,难的是一辈子做好事,不做坏事。"

宋仁宗皇祐四年(公元1052年),范仲淹移知颍州(今安徽阜阳),扶病启程,行至徐州不起。5月20日,范公病逝于徐州。他生前不治家产,全家七十多口只能权居官舍守丧。

临终前,范公向朝廷上《遗表》,没有一个字说到家事。四十多年以后,司马光去世,弥留时神志不清,含含糊糊说了几天,说的都是国事。再十余年,苏东坡病逝于常州,生命中最后的时光还拖着垂死之躯,跪拜黄荃画的龙王图,为久旱的常州祈雨。

从范公诞辰到苏公之死(公元989年至1101年),一百多年间,几代士大夫为国运长久而殚精竭虑,而呕心沥血,而犯颜直谏,而赴汤蹈火,而死不瞑目。

"岂余身之惮殃兮,恐皇舆之败绩。"

"路漫漫其修远兮,吾将上下而求索。"

朱熹称范公:"本朝人物第一。"

陈寅恪论宋代:"华夏民族之文化,历数千年之演进,而造极于赵宋之世。"

宋史学者邓广铭进一步说:"宋代是我国封建社会发展的最高阶段,两宋期内的物质文明和精神文明所达到的高度,在中国整个封建社会历史时期之内,可以说是空前绝后的。"

2018 年 5 月 28 日　再改于眉山之忘言斋

司马光
（北宋　1019—1086）

司马光抬眼便是百年，史笔逾千年，可是那些利欲熏心之辈，日趋活在眼皮子底下，利字当头，义是幌子。北宋官场流行"享国"一词，享受国家。享国一百年了，子子孙孙还要享国，这股力量极大。司马光对此有相当清醒的认识。高瞻远瞩与鼠目寸光的斗争是长期的斗争。

如果评选中国古代的十大道德模范，司马君实落选的可能性小。若是宋人投票，君实先生当为第一。

司马光

司马光字君实,号齐物子,晚号迂叟。他真够迂的,一迂几十年,否则就不会有三百万言的《资治通鉴》。他中年在汴京七上辞状,拒绝做枢密副使(类似国防部副部长),冷面揖别二十年的老朋友王安石,终身不复谋面。洛阳他一待十五年,炎炎夏日钻地室写大书。严冬不生炭火。自言:"食不敢常有肉,衣不敢纯有帛。"而他做高官已经很久很久了。宋代的经济繁荣乃是同一时期的全球之最,官员们的俸禄也丰厚,但司马光王安石苏东坡范纯仁等一批大臣不搞奢靡,力行节俭以表率全国的官员。司马君实不迂,哪有这么强悍的、一竿子插到底的精神?司马君实不迂,哪有宋代士大夫道德的巅峰?

司马光生于公元 1019 年,山西夏县人,父亲司马池是一名官员。和其他官员的孩子一样,司马光与父亲相处的时光有限。官员们在全国范围内调动,不会总带着家眷。幼年的司马光有足够的空间蹦蹦跳跳,花园和书房都是捉迷藏的好地方。那么多的书,他一生下地就呼吸着书卷的气息,对父兄捧书卷的模样留下最初的印象。人的最初印象并不进入记忆,却会以某种难以追溯的方式流入记忆之河。最初的涟漪是美妙的涟漪,绽放了心灵最初的花朵,它是文字有可能捕捉的对象,不大理会现代精密仪器的测量。

户内和户外渐渐分化成两个天地,花木虫鸟的世界是活生生的世界。成群结队的孩子们疯玩春夏秋冬,小小司马光跟在后头,显得有点呆头呆脑。据他自己讲,小时候看书背书记不住,比同龄小孩儿差远了。于是咬牙发愤。为何发愤呢？父兄的批评,玩伴们的嘲笑乃至奚落,促使他暗暗下狠劲。笨鸟决定要先飞。别人背三遍,他就背十遍。倔孩子的性格可能由此发端,下狠劲不知道下了多少回。感觉生念头,念头生意志。天长日久的,形成所谓禀性难移,当然包含了只能揣测的遗传因素。而司马光砸缸的故事却显现了他的灵动。笨鸟有时候并不笨,当他意识到自己的笨拙,会想方设法去摆脱,尽管有些人一辈子摆脱不了。当司马光已经不笨的时候还认为自己笨,他就靠近灵动了。

另外一点,非常重要的一点,是他的道德感的生成。

有个关于核桃皮的故事：家里的女仆用开水除掉核桃的青皮,司马池回家问谁用这巧法子,不足六岁的司马光勇敢地站了出来,煞有介事地讲一通,结果挨了一顿训斥。他撒谎,不诚实,多半不是头一次在父母的面前撒谎。父亲严厉的训斥可能还加上一记响亮耳光,使他六十多年以后犹觉脸上火辣辣的。道德感在六岁那一年深入了皮下,慢慢绽放出诚实之花。父亲要他做诚实的君子,君实二字,当由此而来。名字暗示或明示心理。

宋代士大夫对道德修养极重视,形成时代大环境。

四书五经容易捆住人的手脚,思绪和四肢都动弹不开。以我观之,中国传统文化,打得通便是好汉,打不通则麻烦,摇头晃脑晃到老。腐儒,迂夫子,穷酸秀才,乃是古代和近现代的常用词。鲁迅先生笔下的孔乙己,描画最生动。如何打通？血性是个渠道。血性之力能把束缚人的东西冲开,孔子孟子庄子皆属此类。笔者当年写司马迁,眼下写司马光,意识到血性之于经典读物的重要性。当然,血性冲力也把更多的人冲到一边去了。血与智的内在联系尚待考查。这方面,注重个体的西方人占据明显的优势。

司马光二十岁考上进士,二十岁娶吏部尚书张存的女儿张氏。金榜题名与洞房花烛在同一年。幸福双双到家了。张氏美丽而贤惠,这位大户人家的小姐知诗书,识大体,此后的漫长时光与丈夫朝夕相处,琴瑟和谐。司马光做了朝廷大臣不纳妾,与妻子有关。妻子倒是鼓励他置二房,主动为他张罗。

司马光初仕,担任华州(今陕西华县)判官,对公务很上心。回家也像是待在官厅,持笏而坐,口中念念有词。温柔的妻子常常忍俊不禁。小官司马光思考着国家大事。他跑到相邻的同州(今陕西大荔)去,和一个叫石昌言的眉山人连骑共游,石昌言是他父亲的手下。游山玩水,造访古迹。娱乐是他童年就得以释放的天性,他说:"虽嬉戏之间,亦不忘乎正也。"嬉戏的细节未见于史料。司马光是否干过荒唐事,我们不得而知。他讲"不忘乎正",可见嬉戏不乏胡闹。史料中的司马光给人留下一本正经的印象,我相信这只是局部的真实。司马光的生活不可能一味古板,否则他进入不了历史的波澜壮阔。要捕获历史的能量,自己得有足够的能量才行。形形色色的历史人物,迂夫子哪里能够精准描画;复杂万端的历史事件,腐儒酸儒哪里能够掂量仔细。

在华州干了一年多,司马光调到苏州去,从陕西到江南,从黄土黄河到青山绿水,从高亢的秦腔到吴侬软语,每走一步都是异地风情,他乡风物。官员上任不须赶,车行,马行,舟行,步行,享受不一样的城镇与乡村,过荒山野岭,宿鸡毛小店,听人故事和鬼故事,眼睛瞪得大,耳朵竖得高。时时刻刻兴奋着。

哦,每一天的太阳都是实实在在的新太阳。

君实读着经典,又读天地大书,读社会大书。

他写诗一般,书法端正,几乎不填词。柳永的婉约词传遍江南市井,吸引了张子野、晏几道、欧阳修和稍晚的苏轼,更晚的秦少游周邦彦,却看不出对司马光形成了词语冲击波。苏杭越的丽人娇娃,官妓私妓,惹不动年轻的司马光。他的心在书上、路上和妻子的身上。做官五十年,妻子陪他四十五年,跟随他辗转京城与州县。士大夫夫妻情好的例子多。司马光的母亲去世,他回夏县丁忧;两年后父亲去世,他接着守孝。五年的时间待在家乡的涑水旁,大量阅读的同时关注着百姓的生活。人们尊称他涑水先生。他开始撰写论述历史的文章,《四豪论》《十哲论》《贾生论》等,把质疑的目光投向所谓的历史定论。疑古,是宋学的几大特征之一。司马光后来写《疑孟》。

宋代士大夫们乐于越过汉唐,回思夏商周三代。越过,回思,都需要有历史的穿透力。宋代学人的思之力,盖非唐人可比。

丁忧期满,司马光回汴京做官,几年间担任了若干职务,其中重要的工作是在史馆修史;复做地方的官员,包括到山东的郓城和西北的并州前线。长期的基层历练使他对政治有了信心。他是双管齐下：史学修养与政治眼光。不过，小官有了大智慧也是令人烦恼的一件事，缺乏施展智慧的空间。四十岁，他吃惊地发现有了几根白发，对着镜子想拔掉，转念又说："拔之乃违天。"此前他认识了江西临川人王安石，很快被对方吸引。王安石字介甫，是个学富五车又举止奇特的人物，治经学常有新解，读古书能读出当下；书法的风格"横风疾雨"，不守常势；走路像一阵旋风。二人在汴京一见如故。法国哲学家萨特说，男人的友谊以世界为背景。司马光与王安石有太多的共同点，其中最大的共同点是下决心辅佐皇帝，让立国已八十年的赵宋王朝再创辉煌。当时北宋已历五朝，士大夫有较为普遍的共识，有明显强于汉唐的士大夫意志，庶几形成合力，要大大延续赵宋的国运，造福于天下苍生。从朝廷到州县，有一大批兼具良知与才干的官员。

王安石看书"目射纸上"，看人"目露精光"，把一双穿透数千年的眼睛用来打量周遭，会产生一些他意想不到的效果。他的童年难称幸福，父亲王益宦游入蜀，他跟着严肃的父亲过秦岭，走栈道，栉风沐雨，鬼兽惊魂，饱一顿又饿一顿，吃了不少苦头，有时候面目全非像个小叫花子。父权阻碍了他对于仁慈的想象。后来他做官心肠比较硬，为了长远的目标而忽略眼下，我估计和他的童年经历有关。可惜，这类猜想总是缺少史料的充足支撑。王安石写诗说："三十年前此地，父兄持我东西。"父亲和哥哥带他辗转南北多地，仿佛他是父兄手上的一件东西。相比之下，苏东坡的童年备受程夫人和乳娘任采莲的呵护。苏洵长年累月在外面"游荡"，这个词是苏洵本人用的。苏轼做官，宅心仁厚达四十多年，为百姓谋利益至死方休，应该追溯到他的孩提时代。三岁看大，五岁看老。北宋中后期的政坛，司马光、王安石和苏东坡上演了一场大戏。

司马君实一见贤就思齐，盯上了当时的一流人物，如欧阳修、吕公著、包拯、庞籍等人，庞籍在仕途上也有恩于他。关于孔夫子倡导的见贤思齐，本书多次涉笔，只因在眼下是个难题。贤者之贤不易被辨认。什么是贤呢？这个现象正在变得模糊不清。如果人仅仅是利益链条上的人，贤不贤就变得不重要了。如果人只对权钱敏感，生活的多元景观将自动隐匿。由衷地钦佩一个人，朴素地学习一个人，如今实在是不多见了。见贤犯嘀咕倒是常态,见贤就急于把目光挪开。急于把目光倒转,寻找那点自我推许的小感觉,抓紧自家优点,抓牢别人的缺点。一味放大自家的小感觉,势必弄出幻觉来。

"谦虚使人进步。"虚心才能见贤。

虚怀若谷,不要变成一种稀有之生存情态。着眼于未来吧。希望单纯的积极进取的生活态度,不是少数人的事情。

司马光

司马光酒量不大,王安石滴酒不沾,但两个人碰在一起永远有说不完的话题。生命的多重奏使个体持续兴奋,只嫌时间不够用。宋代优秀的士大夫们,一生中的若干个兴奋点,美政、琴书、诗词、美器、美食、美酒、团茶、学术、艺术、官妓、漫游、怀古、访古、骑射、僧道、建筑、种植……宋词的兴旺发达,与官妓的空前活跃有着深广的联系。司马光对曲子词和唱词的官妓都不感兴趣,他对古物感兴趣,有空就往大相国寺跑,舍得掏钱买。漂亮夫人典当心爱的首饰也要支持他。痴迷古物乃是追怀历史的衍生情态。一轴古画,一件青铜器、一卷唐人抄本,半刀澄心堂纸,半丸潘谷佳墨……这些古物像弹射装置,把司马光弹向历史的悠远与幽微,发不尽思古怀古之幽情。一旦得了宝贝,他会兴冲冲去拜谒"集古"大师欧阳修,请教鉴赏细节。手头缺钱时,他眼睁睁看着心爱的古物让别人买了去,怏怏不乐,叹息弥日。痴迷啊。买回家的东西,断不肯再卖出去。古玩,妙在一个玩字。司马光为官著书之余,最大的兴奋点就是寻觅古物。北宋末年,金石学家赵明诚与李清照拥有几十年古物,居青州十年,展玩不休,宁愿拮据度日,不肯卖掉一件。

王安石迷古书。熙宁初他在金陵丁母忧,一千个日子睡在铺谷草的地上,青灯黄卷,蔬菜馒头。思念着父母生前的孩儿,不能把自己弄舒适。孝道乃是提升人性善的最佳途径,是唐宋六百年的制度安排。孝子司马光和孝子王安石惺惺相惜,迷古物的司马光与迷古书的王安石互为知己。二人的友谊看上去要地久天长。包拯,吕公著,范纯仁,刘贡父,刘恕,不时与君实、介甫共游汴京城,惊叹她的繁荣。还有一个博学的吕惠卿。

关于汴京城,我多写几句。

北宋中期的人口已近一亿,后期过亿。据学者考证,汴京一百多万。全国三百多个府、州、军,数千个城镇,人口规模远胜唐代。城镇人口的占比,宋代是古代之最。百工前所未有地踊跃,精致的器物随处可见。商业发达,商贾不绝于水路陆路。服务业兴旺,汴京城单是酒楼就有三千多家,每日供应数十种美酒,包括三十几度的烈性烧酒,例如剑南烧春。"市食"五百多种,市声彻夜不绝,早市、夜市、鬼市、河市,热闹劲儿百年不衰减。有一座白矾楼的高度超过皇宫,太监们联名上札子,强烈呼吁拆了它。大臣们倒是认为,拆名楼是小题大作了。双方争执不下。皇帝的意见只能算他的个人意见。顺便提一句:宋代君权、相权、谏权,在某种程度相互制约。中书省决策,门下省审议,尚书省执行。门下省有封驳圣旨的权限。当然,皇权变着法子绕过封驳、抵制台谏的事也时有发生。赵宋王朝卓越的开国智慧能管一百多年,其后,渐渐变形。

城镇是长期自然生长起来的城镇,类似悠久的自然村。推动力来自民间:农工商兴旺了,与之相应的东西应时而生。建筑大抵精美,器物讲究,服饰多样化,美味佳肴数不清。都市的节庆日多达七十多种,国家节日,宗教节日,民间自发的节日,从年初到年尾,平均五六天一个节庆日。还不算单个家庭的喜庆。可惜伊永文先生《宋代市民生活》一书,未能将节庆日罗列仔细。孟元老《东京梦华录》,记东京城市生活甚详。张择端《清明上河图》,叫人一窥北宋后期的市井繁荣。单是汴梁金明池花样繁多的水上游戏,已叫人向往个没完没了。民间自发的乐子层出不穷,花样翻新,这一点非常重要。成年人的乐趣,小孩子的游戏,经过了数百年的自然筛选,完全是优胜劣汰。

生活之意蕴层的形成,缓慢而又扎实。

老百姓不分老幼男女,活得投入,几十年活不够,这是为什么?苏轼总结,主要是因为道德与风俗罩着大局。此二者,源自遥远的尧舜时代。追求财富是民间的自发行为,不独市民村民,寒窗士子亦然。宋真宗亲自写《劝学歌》。草根阶层大量进入官吏阶层,注入新鲜血液。更值得一说的是,民间的兴奋有士大夫精神作长期引领。士农工商的价值排序始终不变。商风不能主导民风,远不足以挑战士大夫的话语权。农工商子弟,一旦考中进士走上仕途,便进入精英阶层,大规模瓦解了汉晋唐的阶层固化。宋代的重商,有严格的上限。儒释道相异而相生,合力限制了商业型人格的越界膨胀。有钱人倒是向书香人家看齐,乐于联姻,既提高家庭家族的社会地位,又减少败家子。

义利之辨,义是价值规范,利是本源性冲动。北宋后期,苏轼在迩英殿侍读,力谏宋哲宗:"言义而不言利。"本源性的冲动不须谈,倒是需要严加防范。从孔夫子就开始防范了,孟子又加以发挥,形成一千多年的儒家道统。笔者一直感兴趣、甚至很有些诧异的,是宋代蓬蓬勃勃的生活局面,同时又有道德的大面积覆盖。南北各地的乡风民俗,蕴含大量的道德因子,士大夫加以强化。老臣富弼对仁宗皇帝讲:"与士大夫治天下。"盖指有良知的士大夫的表率作用。道德风俗有固化,有过头,有弊端,总体说来是好的。

宋代生活世界的敞开度明显高于唐代。敞开的反面叫遮蔽。有遮蔽,就有解蔽。

汴京城坊、市相通,高官也能去市场,而唐代城市是不允许的。唐代的女人不得离婚,不可二嫁,婚礼还不能动用鼓乐,宋代突破了这些束缚人性的礼教樊篱。元宵节,寒食节,端午节,中秋节,类似全民狂欢节,民众连日走东窜西,持续兴奋,双眼亮如灯,观灯也观人,男女相约黄昏后,河边桥头影成双。街头的表演花样百出,名媛淑女们,命妇贵妇们,一反平日里的矜持,她们要亮一回本真面目,她们要活出一番异样风采。面具面纱要去掉,至少趁了夜色要去掉。男欢女爱的自主倾向对礼教构成冲击。有些媒人的说合,先要安排男女于酒楼或别的地方见个面,挑战父母包办婚姻。婚俗繁复而多趣,往往亲朋数百人卷入喜庆中,闹它个三天三夜不罢休……拙作《李清照》,对宋代婚庆有较为详细的描写。民间自发的婚俗花样百端,端端叫狂欢。自发,自主,自由,三者环环相扣。有限的商业逻辑不能左右市井习俗。而眼下的婚庆公司把情感纳入算计,把婚礼模式化,把新郎新娘玩偶化。利润逻辑吃掉自发自主的婚庆狂欢。

宋代艺术的本体(以自身为根据),男女情爱的自主趋势,构成了礼教运动的反运动。换个词叫解构。

汴京的早市、夜市、鬼市(通宵营业),店铺林立,每日吸引大量市民。外来人口更是川流不息,高鼻子蓝眼睛的异域人士在其中。著名的大相国寺可容万人交易。据考古,汴梁的主要街道一百多米宽,中间

司马光

的行道树唤作"杈子",树的品种因街道而异。御街宽达一百四十多米,数十辆豪华马车可以并驰,至今彪炳于全球。大虹桥横跨汴河;精致的小桥卧波于支流,俨然江南水乡;汴河两岸万家灯火,舟楫千帆竞渡,不舍昼夜;大大小小的码头,人如织车如龙。——这是东京五六代人眼中不变的景象。

唐时的长安周长两百里,宋代的东京或许更大。

好玩的去处永远数不清。春秋多佳日,倾城去看花。美感渗透生活的各个角落。

东京人的市内交通工具主要是驴,次为马,再次为轺车(轻便小马车)和肩舆。驴子慢悠悠,足力长远。司马光、王安石上街,最喜骑驴。马行桥夜市,古玩字画多多,书肆一家挨着一家,雕版印刷的,名家手抄的,有些珍贵图书论页卖,后来衍生为活页图书。马行桥的小吃夜食,又比别处精致,吸引着官员、士子、庶民。苏东坡感慨:"马行灯火记当年。"西京洛阳的繁华仅次于东京。河北大名,河南商丘,当时称北都和南都。中原的名城,齐鲁的名城,蜀中的名城,江南、淮南、华南、荆楚的名城……北宋的"一二线"城市究竟容纳了多少人,准确的数据恐怕是没有的。唐代士子奔长安,宋代士子奔汴梁、后奔临安(杭州),六百年浩浩荡荡。北宋拥有十万人以上的城市五十多个,大城小城的生活花样多。民间自发的乐子耍子,没人数得清。

自发意味着,经过了漫长时光的自然淘汰,类似物竞天择。

自发生自主。自主性生存,乃是二十世纪法国人爱用的"被生存"的反义词。

迄今为止,人类智慧尚不足以维系人的多样性,物种的多样性,生活方式的多样性。近现代西方资本和技术逻辑的越界扩张,使"世界的祛魅"有覆盖这个星球的势头。"祛魅"这一概念,正是西方哲人发明的,人类学家们加以推广。返魅的道路复杂而漫长。当人类有能力像坐飞机一般漫游外太空时,也许能够重新唤起天地魅惑,"宇宙式的虔诚"(罗素语),不过,这种可能性小。我们的星球永远孤独的可能性很大。飞船以光速行驶的星际漫游之类,听上去还不如孙悟空翻筋斗云。科学神话听多了,反而使人更不珍惜已经伤痕累累的地球,愚蠢地认为技术能够解决所有的生态与环境危机,气候变化危机。

笔者拜读胡塞尔《生活世界现象学》一书，感慨良多。

清代丁传靖编著的《宋人轶事汇编》，轶事多取自宋人的笔记，讲司马光的篇幅甚多，一如讲王安石，讲苏东坡。有一次包公请喝酒，赏牡丹，司马光尊重上司小酌数杯，王安石却一直板着脸不举杯。包公也是他的顶头上司，奈何他不给面子。包公屡劝他饮美酒，他板着脸生气。包公面黑，王安石也面黑，两个倔男人在盛开的牡丹花下，面对面黑对黑。司马光写日记："王介甫终席不饮，包公不能强也，某以此知其不屈。"

王安石是一头黑牛，有时候是一头蛮牛。宋人笔记称："安石，牛形人也，故敢为天下先。"黄庭坚说："王介甫终日目不停转。"

司马光有几年时间与王安石同朝做官，交往比较频繁。二人骑毛驴闲逛汴梁，远游西京洛阳，春秋佳日纵论于道路，官舍野店放眼于古今。赵宋立国近百年了，士大夫们珍惜国运，甚于珍惜个人和家族的命运。为什么？国败，家不保。中唐的惨痛教训要汲取。从范仲淹那一代人起，延续国运的声音又持续了两代人。嘉祐二年（公元1057年）苏轼高中进士，致信章子平说："自今日起为许国之始！"如此发宏愿，有它的时代氛围。而目睹过庆历新政流产的王安石，对国家的问题有深入的思考。他要做一名医国手。国家的病症是三冗：冗官，冗兵，冗费。如何施治呢？这是医国手面临的另一个重大问题。

司马光对王安石钦佩有加。欧阳修《赠王介甫》有云："翰林风月三千首，吏部文章二百年。"称赞王安石诗如翰林学士李白，文如吏部侍郎韩愈。这首诗一出，东京城传疯了，王安石的酬唱七律更叫人"耸然惊异"，诗中说："他日若能窥孟子，终身何敢望韩公。"王安石自视为孟子，把他的恩师欧阳修比作逊于孟子的韩愈。骂他的人接二连三，宰相韩琦、言官吕诲、老处士苏老泉等人，纷纷指责王安石自负太甚，"囚首垢面而谈诗书"，将来得志是要误国的。众议沸腾，而司马光对王安石的看法不变。

司马君实的官服干净整齐，王介甫可以几个月不洗澡，懒得换衣裳，胡须上有虱子爬。魏晋士人"扪虱而谈"，介甫效仿之。君实瘦，介甫瘦，两个瘦男人都有千钧力，能否形成合力呢？人们拭目以待。

宋仁宗嘉祐六年（公元1061年），司马光知谏院。谏院是谏官们办公的机构，谏官也称言官，对朝廷大事和百官提意见，要敢于唱反调，敢于得罪人。司马光一上任，就有《陈三德上殿札子》，说："人君之大德有三，曰仁，曰明，曰武。"仁君明君要有决断才行，这是暗示仁宗皇帝对大事优柔寡断。又有《言御臣上殿札子》，说："致治之道无他，在三而已，一曰任官，二曰信赏，三曰必罚。"他阐释人君三德与致治三道："仁，明，武，所出于内也；用人，赏功，罚罪，所施于外者也。"不久，他又上奏《进五规状》，五规是：保业，惜时，远谋，重微，务实。这五个方面是"守邦之要道，当世之切务"。他希望皇帝要有清醒的头脑，要深知"太平之世，难得而易失"。他统计，自周王室东迁到五代末年，一千七百余年，统一只五百余年，乱世多于治世。所以一定要防微杜渐，"销恶于未萌，弭祸于未形。"他说："治之于微，则用力寡而功多，治之于盛，则用力多而功寡。"

司马光的议论，融合了政治理想主义与经验主义，谏院的位置可能是他最好的发力点。他缺乏做地方长官的足够经历，虽然他父亲司马池出任凤翔、杭州等地的知府、知州，父子常常交流。苏轼在十几个地方做知州和副职，长达二十年，基层经验丰富，且在朝廷多个部门担任过首长，包括吏部、礼部尚书。苏轼讲务实，就不仅落到纸上，而且落到地上。宋哲宗元祐年间，翰林学士苏轼与宰相司马光产生分歧。

1063年，在位四十多年的仁宗驾崩，英宗继位，司马光把人君三德、致治三道呈献给新皇帝，后来复呈神宗、哲宗，他说："臣平生力学所得，至精至要，尽在于是。"

英宗身体不好，四年后消失了。他在位时，《资治通鉴》的庞大工程得以确立，设书局，拨专款，为司马光配了几名年轻助手，如刘贡父，刘恕，范祖禹。二十岁的宋神宗登基，改元熙宁，司马光修史的工作继续受重视。他做了翰林学士，替皇帝起草诏令，又变更科举，革除科场陋习，继欧阳修之后，进一步打通选拔人才的渠道；又弹劾贪官庸官，严防太监乱政。繁忙的朝政之余写他的史书。《史记》大抵是司马迁的个人行为，汉武帝不感兴趣。《资治通鉴》则不然。这部史书初名《通志》，宋神宗命名《资治通鉴》。司马光的本意，是写给学子考生们看，后来规模渐大，成了君王们治国之必读。

熙宁初,现实的波澜取代了历史波澜,朝野上下紧张关注。王安石从金陵抵京师,携带着他万众瞩目的变革大计。宋神宗于便殿召对,迅速委以重任,君臣合力,要在短时间内谋取下天下财利。王安石由翰林学士升参知政事(副相),主持变法机构:制置三司条例司。很多大臣嗅到危险的气息,近乎本能地抵制。忧国运,而不是忧他们得来不易的乌纱帽和钱袋子。这叫文化本能。宰相韩琦、曾公亮进谏神宗,三朝老臣富弼,警告龙椅上的年轻人勿生战争的念头。宋神宗看地图常流泪,想打仗,收复被契丹辽国拿去的燕云十六州,雪西夏屡犯宋境之耻。王安石的生财战略正合上意。

北宋中后期,约一百三十万军队,禁军八十万,虽有种种毛病,但保境安民绰绰有余。宋辽两国自"澶渊之盟"后,长期交好,通婚,通商,通文化,通感情,七十多年间,贸易顺差很大,商品的技术含量很高,比如丝绸、茶叶和瓷器换来契丹人的牛羊马。宋钱在包括日本、高丽在内的许多国家是硬通货币,类似今之美元。不同于美元者,是商品贸易支撑着宋钱,而不是坚船利炮加丛林法则,加弱肉强食,加国内法凌驾于国际法。

宋神宗上台想打大仗,生大财。总之,要想尽一切办法充实国库。《品中国文人·王安石》对熙宁变法有详述。王安石进京之初,司马光欢呼雀跃,称:"介甫独负天下大名三十余年……太平可立致,生民咸被其泽。"御史中丞吕诲弹劾王安石,司马光责备吕诲说:"众喜得人,奈何论之。"韩维、王珪等大臣支持王安石。吕惠卿和曾布是王安石旗下的两员大将,"护法二沙门"。然而,仅仅数月光景,司马光与王安石针锋相对了。原则问题上寸步不让。司马光说:天下财利,不在官就在民,王安石的一系列生财大法,无非是变着法子夺民财,与民争利。他连连写信,指出王安石的四条错误:征利,生事,拒谏,侵官。王安石《答司马谏议书》逐一为自己辩护。在宋神宗的御座前,吕惠卿挑战司马光,吕辩不过,气得发抖,竟然大动肝火,出言不逊,连皇帝都摇头。司马光始终"气貌温粹",一派大儒风度。

司马光说:"介甫之意,必欲力战天下之人,与之一决胜负。不复顾义理之是非,生民之忧乐,国家之安危。"又说:"介甫为政,尽变更祖宗旧法……使上自朝廷,下至田野,内起京师,外周四海,士、吏、兵、农、工、商、僧、道,无一人得袭故而守常者,纷纷扰扰,莫安其居。"赵宋立国一百年了,问题丛生,变革是必然,但骤变还是渐变很重要,渐变的过程中可以纠正偏颇,让新法有个试行期,让官员和百姓有个适应期。骤变类似下猛药,肌体承受不了。一个"初至太平"(王安石语)的百年大国肯定有其合理性,袭故而守常,变革而图新,二者并行,方为上策。

知谏院范镇,当着皇帝的龙颜怒斥王安石:"陛下有纳谏之资,大臣进拒谏之计;陛下有爱民之性,大臣用残民之术。"王安石的一张黑脸顿时更黑。范镇自请外放,不劳王安石来驱赶。司马光推荐苏轼做谏官,说苏轼的敢言甚于他自己。皇帝不点头。熙宁二年,王安石即将正式拜相,力推市易、青苗、均输、免役、保甲、方田等大法。宋神宗搞平衡,升迁司马光为枢密院副使,为军事首脑之副。司马光再三上辞状,"坚辞"不就。皇帝再请,司马君实再辞,先后七上辞状,一时朝野大哗,年轻气盛的宋神宗嗟叹连连。一个又一个朝廷重臣走了,皇帝流泪,拉臣子的手,终是劝不住。而条例司新进的一些年轻人难免邀功心切,朝为君子暮为小人。苏辙看不惯,辞去条例司的检详文字一职。程颐上书,言新法之不当,被贬到了贵州的穷乡僻壤。连曾布也唱反调了。王安石的两个弟弟也反对哥哥,兄弟一度断了往来。王安石的亲家吴充站在他的对立面。

宋神宗在熙宁二年(公元1069年)苦留司马光,而君实去志已决,除非神宗罢除青苗、市易等新法,追回奔赴各路的提举官。他提醒昔日至交王安石:"谄谀之士,于介甫当路之时,诚有顺适之快;一旦失势,必有卖介甫以自售者矣。"几年后,吕惠卿出卖王安石。最器重的门徒,打击恩师既准又狠。安石晚年,不提吕惠卿三个字,只说福建子……

司马光在汴京待了很多年了,决计全家迁洛阳。夫人张氏舍不得,垂泪连日,但是没办法。韩琦、富弼、文彦博、张方平等大臣,纷纷携家带口离开京师。

有一天,王安石对官员们说:"尔辈坐不读书耳。"有人反问:尧舜之世有何书可读?"介甫默然。"侍读学士孙固评价王安石:"狷介少容。"

出京前,司马光上《弹劾王安石表》,不复称介甫而直呼安石:"安石首倡邪术,欲生乱阶……学非言伪,王制所诛!非曰良臣,是为民贼……"这道火气十足的弹劾奏章表明,司马光有意气用事的一面。他在另一篇文章中写道:"然光与介甫趣向虽殊,大归则同。介甫方欲得位以行其道,泽天下之民;光方欲辞位以行其志,救天下之民,此所谓和而不同者也。"此文与弹劾表的写作日期相隔不远,而说法大异。

司马光出知永兴军(今西安),干了不足一月,调洛阳御史台。永兴军一路,领京兆、河中二府,辖十七个州、军,司马光以一方大员的身份整顿边防禁军,上疏呼吁停止大规模征兵,避免主动与西夏开战。他的军事主张,后来被证明是有远见的,宋神宗两次对西夏大举进攻,损兵折将六十万,国家和皇帝都大伤元气,后者当庭痛哭,染疾不起。

司马光马不停蹄奔赴各地,治理关中旱情,同时抵制青苗法和免役法,请求朝廷免除农民积欠的青苗贷款。关中大旱,导致百姓大逃亡,司马光忧心如焚,掌司农寺的吕惠卿却不予理睬,还变着法子利用常平仓盘剥削农户。司马光直接给宋神宗写密奏,指责皇帝"唯安石之言是信"。神宗下诏,把他调到许州去,希望他路过汴京时入京面谈,他拒绝。君臣僵持了三个月,皇帝让步了,同意司马光去洛阳。时在1070年的年末。

王安石拒绝皇帝的召见,司马光同样拒绝,可见北宋士大夫的风骨。为什么把他调离永兴军呢?司马光想不通,后来想通了。他独挡一路,有碍熙宁诸法的推行,尤其是青苗法。八百里秦川是种粮的好地方,贷青苗款的农户多。司马光把民生放在首位,而皇帝和宰相更看重国库的进账数字。神宗不改青苗法,君实就拒绝入京面圣。神宗但凡释放一点暂缓追缴农户积欠的信号,司马光也可能改变主意。事实上,双方都拧着。

去洛阳写他的《资治通鉴》吧,不能影响当今皇上,且做后世的帝王师。

司马光写这部书憋了多大的心劲,是不难想见的。宋神宗登基后的两三年间,司马光巨大的内心起伏将转向冷静的历史叙述。热与冷共属一体。

1071年春,年过半百的司马光抵达西京洛阳。洛阳官员为了保护他,在他的临时居所的围墙上插满竹签,他一看就火了。竹签当天被拔去,门外也不设守卫的士兵。书局随他搬到洛阳,身边的助手只一个范祖禹。刘贡父被贬到泰州去了,刘恕回江西老家。范祖禹字纯夫,范镇的侄子,学识文笔称一流,后为翰林学士,他撰写的官文、草拟的诏书,"当世称第一。"南宋朱熹盛赞,范祖禹下笔,一个字合当一个字,更改不得。高太后听政的元祐年间,范祖禹是苏东坡的好朋友和秦少游的亲家,他冒死谏宋哲宗,被贬到荒凉之地,死于贬所。司马光身边的人都像司马光,犹如苏东坡身边的人都像苏东坡。王安石却遭到亲信吕惠卿背后捅刀子。

1073年,司马光搬进国子监旁边的"独乐园"。他买了二十亩地,盖居所,辟园子。作《独乐园记》,有云:"孟子曰:'独乐乐,不如与人乐乐;与少乐乐,不如与众乐乐。'此王公大人之乐,非贫贱者所及也。孔子曰:'饭疏食饮水,曲肱而枕之,乐亦在其中矣。'颜子一箪食,一瓢饮,不改其乐,此圣贤之乐,非愚者所及也。若夫鹪鹩巢林,不过一枝,鼹鼠饮河,不过满腹,各尽其分而安之,此乃迂叟之所乐也。"

迂叟司马光写了一首小诗《乐》:"吾心自有乐,世俗岂能知?不及老莱子,多于荣启期。缦袍宽称体,脱粟饱随宜。乘兴辄独往,携笻任所之。"老莱子即老子,荣启期是晋代隐士。宋人笔记《渑水燕谈录》:"司马温公优游洛中,不屑世务,弃物我,一穷通,自称曰:齐物子。"老庄式的逍遥来照面了。齐物:天地万物等量齐观。庄子:"以不齐为齐。"王安石罢相退居金陵的钟山,研究老子学说。苏东坡将儒道释内化为日常举止,融入他的诗词文赋。这三大文化板块相异而相生,宋代臻于极致。

洛阳的高官巨富多,豪门贵族的阔园子随处可见,李清照的父亲李格非作《洛阳名园记》。豪门的园林动不动就二三百亩,司马光的园子只有五亩。有学者称,宋代私家园林多是开放式的,游人可以出入,夜不闭园。苏东坡眉山老家的园子也是五亩园,他造访司马光的五亩园,写诗说:"花竹香而野。"他早年在汴京的居所南园,有古槐树,称:"一似山居,颇便野性也。"西方人的园林修剪整齐,处处人工痕迹,我是不大欣赏的,还是中国的园林舒服,逼近了自然本相,微缩了奇山异水,亭台楼阁隐于其间,人与草木虫鱼亲如一家。自然:是她本来所是的那个样子。《道德经》首创了自然这个决定性的概念,庄子大力推广,惠及艺术、器皿、衣饰、建筑,惠及不同地域的生活方式,引领为政者的无为而为,"治道清静。"司马光、苏轼等人都推崇西汉的曹参。

然而太平盛世时间长了,有权有势的人忍不住要乱来,要勾结,富者想要更富,于是穷人注定更穷。司马光等一批士大夫对唐朝的突然衰败高度敏感,他们朴素的日常生活是想带动全国的官员。安贫乐道的颜回在宋代地位很高,称季圣。

官员为什么要朴素,要节俭?因为官风对民风的影响最直接。

官在做,民在看。官风一坏,民风难保,尽管民风的变坏要缓慢得多。

司马光抬眼便是百年,史笔逾千年,可是那些利欲熏心之辈,日趋活在眼皮子底下,利字当头,义是幌子。北宋官场流行"享国"一词,享受国家。享国一百年了,子子孙孙还要享国,这股力量极大。司马光对此有相当清醒的认识。高瞻远瞩与鼠目寸光的斗争是长期的斗争。北宋后期皇帝坏了,奢靡之风大盛,蔡京在东京的豪华园子横跨四十里,强拆民居一千多家。宋徽宗纵容一帮唱曲踢球装怪的臣子,鼓励他们刮民脂民膏。君实泉下有知,不知作何感想。多少人为了国运长久,而付出毕生的精力!

写作吧,让语言去对付朝代的由盛转衰、去对付人性中的恶吧,坚决捍卫人性之善。

司马温公居独乐园地室,"侍吏唯一老仆,一更二点即令老仆先睡,看书至夜分,乃自篝火灭烛而睡。至于五更初,公即自起发烛,点灯著述,夜夜如此。"《资治通鉴》就是这么写出来的。西汉一个司马迁,北宋一个司马光,矗立两座史学高峰。

天长日久的,仆人们也像司马光了。政要们到独乐园,通常会赏钱给下人。"有园丁吕直……微有所得,持十千(一万钱)白公,公麾之使去(意思是:你留着自用吧)。后几日,吕直自建一井亭,公问之,直以十千为对,复曰:'端明要作好人,直如何不作好人。'"司马光做过端明殿大学士。白公:告诉温公。

司马光卖马,洛阳人盛传。卖马可不是一件小事,因为小事嵌入一系列的小事,小事就不小。古训曰:"莫以恶小而为之,莫以善小而不为。"宋人笔记《萍州可谈》:"温公闲居西京,一日,令老兵卖所乘马,嘱云:'此马夏月有肺病,若售者先语之。'"老兵去马市卖马,告诉买家,马有肺病,这事由买家传开了。一传十,十传百,西京传东京。古代传当代,当代传未来。一件孤立的小事传不广,传不久,几十年点点滴滴做好事,毫不张扬,做好事的人又是鼎鼎大名的司马光,合当盛传。

小时候砸水缸救人有智,老来卖马有德。哦,九分人司马光。

有朋友点评:"君实,脚踏实地人也。"温公深以为然。那个朋友又说:"君实,九分人也。"这世上本无十分人,得九分非常高了。如果评选中国古代的十大道德模范,司马君实落选的可能性小。若是宋人投票,君实先生当为第一。

又一年,司马君实从外地归洛阳,发现独乐园多了一座厕所。可见园子里厕所少。司马问守园者:"何从得钱?"守园者答:"积游赏者所得。"司马再问:"何不留以自用?"那园吏说:"只相公不要钱。"相公不爱钱,仆人亦捐资。园子是大家的园子,人不分贵贱。五亩园优哉游哉,花竹香而野,由其自由生长。先生写累了,园子里看树,听鸟,嗅花,观鱼,干点体力活,那才叫悠闲,情绪思绪双重饱满,又如柳絮般轻飘,整日飘不散,着实爽也爽也,果然妙哉妙哉。萨特说,严谨的工作之余,生活应该是一连串的赏心乐事。请记住这个"之余"。中国作家陈学昭有一本小说:《工作着是美丽的》。

凡事须亲历,劳心者去尝尝劳力的滋味,累得一身臭汗,方知歇息的舒畅,吞吃的快活,细胞的舒展,入梦的香甜。这个生活智慧,习惯于现成在手之物的九零后、零零后,要有继承才好,有一些反思,从常态中捕捉异态,才能够在感觉的层面把生活品质提高,把生命撑饱满。亚里士多德尝言:缺乏反思的生活是没有价值的生活。

黑格尔讲得干脆:哲学就是反常识。

投身事业、且能抽身的人才懂得悠闲。能思索的人,才知道什么叫情绪饱满。从悠闲到无聊只隔了一层纸。眼下随处可见的是物欲太强,功利太甚。功利抓空,人便失措。悠闲,蜕变为双目空洞无所事事。总有一些人,把旷日持久的打牌赌钱称作休闲。笔者真是见得太多,见得太久。人与人碰面,三分钟不进入刺激状态就要散伙。

鲁迅:"人到无聊,便比什么都可怕,因为这是从自己发生的,不大有药可救。"

我仔细回思七八十年代的生活场景,无聊的面孔几乎没有。为何没有?这是一个大问题。牵挂亲朋,投身百事,操心世界,每一天都活得认真,活上三百年也活得起劲。此曰"生存的敞开",反之曰遮蔽。理想之光与现实之光的双重照耀下,个体生存在朝着更丰富的过程中,方有闲适来照面。阅读下功夫,审美在里边。凡事认真做,闲适在里边。思绪强劲伸展,优哉游哉在里边。一味的闲闲闲,哪有一丁点儿闲适可言。

日常生活中的闲,存在大量误区。无所事事乃是无聊的前兆或近邻。无聊之能量驱使无聊者去寻找刺激,刺激完了他一定更无聊,一定再寻新刺激,形成恶性循环。

悠闲,无疑是后天获得的一种能力。如今太多的人以为温饱之后就能享受悠闲了,深入误区而不自知。闲而不适,心慌,打呵欠,于是沉溺于打牌,上网,酗酒,编段子嬉皮笑脸,手机微信群每日受制于小瘾头,生命碎片化,生存难以逆转地趋向于逼仄,锁定于单一。海量的信息把脑袋搅成浆糊。千人一面常态化了。

生存展不开,潜在的能量释放不了。

更糟糕的是,总有一些人闲得丑态百出。"一粒耗子屎坏了一锅汤。"

利欲熏心者,就是百无聊赖者,他的生存不可逆转地向瘾头收缩。无聊劈头盖脸,无聊无孔不入,无聊将庸众牢牢锁住。无聊加嬉皮的面孔何其多矣,文明赋予的精神潜能封闭甚矣。现实位移。慌,直奔瘾头去也,世界不复世界着,世界收缩到眼皮子底下。牌客网虫吃货一大片。米兰·昆德拉的近作《慢》,道出他的忧虑:"悠闲正在退化成无所事事。"不过,依愚见,人类拥有超强的技术仅仅几十年,新鲜事物蜂拥,人的受制于物,亦属常理。形势比人强。而人类文明已有数千年,文明反弹的力量深不可测,一似受到技术催逼的自然力的反弹。受损的日常生活之意蕴层,会慢慢修复。

重温海氏:"人类不可失掉与简单事物打交道的能力。"

司马君实当然有缺点,有错误,后来他做宰相,走了"尽废新法"的另一极端,苏轼坚决反对他。日常生活中,君实的道德自律也不是天生的。他曾被朋友拉出去游山玩水,丝竹歌舞,官妓流连,玩了五十天,不归独乐园。老仆批评主人:"这许多日,相公何曾看得一页书?"温公顿时很惭愧,一贯倨犟的脑袋耷拉于老仆前,像个犯了错误的小学生。小仆,园丁,丫头,一时七嘴八舌,纷纷指出他的不足,要求他改正,俨然现场的民主生活会,展开批评与自我批评。君实到村子里去讲学,一村父问一个有关经书的问题,他答不上,曰:"某虑不及此。"村父逢人便说:"吾难倒端明殿学士也。"

圣人云:"知之为知之,不知为不知,是知也。"西哲说:我知道我不知道。

今日之麻烦在于,许多人,根本不知道他不知道。

我记得冰心先生的书斋叫"知不足斋"。那一辈作家谦逊者多,学力深厚者多。

元宵节,君实先生的夫人张氏出门看灯,他在书堆中探头说:"家无灯耶?"张夫人笑道:"看灯复看人。"君实佯嗔:"我是鬼耶?"东、西两京的贵妇民女争传此事,乐惨了(眉山土话)。司马光的幽默可见一斑。

迂叟自有迂处,讲原则寸步不让,与人争论唇枪舌剑,却从来不生气,向孔圣人的风度看齐。平时的为人也能圆通。吕公著带了许多美味进独乐园,"温公笑而延之",招来几个老友大快朵颐,吃了再说。事后却语人:"吾不合放此人入来。"不合:不该。过了半年,吕公著邀约范镇,两袖清风再拜独乐园,温公迎于门外的古槐下。槐者,怀也。温公迎佳客,方至门外古槐。三巨公笑谈饮酒,下酒菜只二荤一素一豆,做得精美可口。这些小事传开去,官吏闻而谨肃,不敢奢靡铺张。大吃大喝只能悄悄干,就像干坏事。

吕惠卿做了宰相,写信问候温公的起居,温公不答。北宋的奸相,这吕惠卿与蔡京有一比。北宋士大夫的是非观是明确的,价值判断不含糊。君子不与小人同流合污。如果道德的模糊空间膨胀开来,是非观就退场,利益图就随之清晰,很多人会去玩"两可":这也可那也可。

一张脸随时准备变成另一张脸,像阳光下的鬼脸。

人与人如此相处,不打鬼主意也难。

德难,诚难,善难,爱难,义难,孝难。

司马温公无亲生子,闷闷不乐。张夫人忙着替他张罗小妾,他不同意,一拒再拒。独乐园有个侍女颇知书,善解人意,容貌身材亦佳。张夫人故意远走,让侍女单独为温公奉茶。此前,这侍女"偶然"撞见温公,浅浅一笑低眉而过,隐现她的风流婀娜,拿捏了她的姿色分寸。眼下她"靓妆奉茶书院",还从书架上抽出一卷《尚书》,并且念了几句。家里静悄悄,炉香绕茶香,茶香又含了脂粉香。侍女的端庄举止暗藏了妖娆……温公"蹙眉久之",终于斥曰:"院君(张夫人)不在宅,尔出来此作甚?"

靓妆侍女羞颜而退,出院门"哭奔"。张夫人再也不提这事。

有个官员与洛阳的官妓"有私",约会于某寺庙。恰好温公也去那寺庙,撞个正着。官妓越墙而逃,温公爬墙而追……官员顿足曰:苦也苦也,本官一世前程,尽毁裙钗!

温公爬墙追妓,拽她散开的裙带,气喘吁吁拿了证据在手,返身回步,面孔庄严,对狎妓的官员严加训戒而已,放他一条官路。官员道声阿弥陀佛,千恩万谢地去了。

江南三个州的太守与官妓有私,荆公(王安石)拿掉了他们的乌纱帽。按宋制,各地官妓供声色娱目,不得私侍枕席。由官妓转为家中的侍儿歌女,另当别论。

道德与风俗,覆盖南北三百州。士大夫精神罩着大局。小局不论。

司马光远离声色固然好,否则,他不可能专心于纷繁国事与庞大的修史工程,但也因之而形成盲点。琴者,情也,士大夫多善于琴棋画。君实不弹琴,也不大解琴心。词者,本属艳科也,士大夫竞为倚声,君实不为。他的书法庄严有余而灵动不足。我怀疑他对美味的兴趣受制于他的节欲意志,犹如王介甫的怪异举止受制于偏执。范镇送的一件被子,君实用了十几年。"奢则不孙,俭则固"(孔子),节俭是美德,但易生固执的毛病。孔夫子的洞察幽微,司马光未能深思。性格决定他在这些事情上思不细,影响他的执政理念与行事风格,这是后话。可见拿捏理性与感性的分寸有多难。罗素以他的数学家朋友怀特海为例,说意志力太强的人易生大毛病,这也是罗素反观自身得出的结论。

包括老庄孔孟在内的任何人,都有生存论意义上的遮蔽,老庄少一些遮蔽,盖因他们拒绝进入名利场,避免过多的人事纠缠。思想以自身为根据,赢得更多的思想,先秦诸子造极也。跃入生存的万顷波涛、而能拍浪弄潮者,做官四十年的苏轼是个例子,"我坐华堂上,不改麋鹿姿。"热爱生活一生不休,惊奇世界一生不休,意志强,固化少,生命冲动直抵弥留的时光,所以,我称苏东坡是历史上非常罕见的、近乎完美的男人。林语堂先生的《苏东坡传》未能思及这一层。林的国学功底好,哲思寻常耳。

洛阳的独乐园清静又热闹,政要们连连造访司马光,五亩园子俨然隐形的政治枢纽。范镇来,张方平来,范纯仁来,富弼来,苏轼来,吕诲来……司马光笑迎佳客,花竹间谈古论今。九个大人物在洛阳发起"真率会",饮食非常简单,议论十分热烈,郊游甚是逍遥,朴素的欣悦年复一年,东、西两京的官吏们关注着真率会,虽然心态有异,享乐型的官员心里打鼓。南宋犹有真率会的群体画像。

范纯仁是范仲淹的儿子,范仲淹是宋代好官的榜样,后来范纯仁做宰相,正直如其父。吕诲大义凛然,堪称朝堂勇士,他误服庸医的药,在洛阳去世,临终前对国家不放心,紧紧拉着司马光的手,说:"天下事尚可为,君实勉之!"说完就咽气了。司马光为吕诲写墓志铭,言词激烈,直指宰相王安石,一些官员躲在家里不敢去听。王安石倒显得大度,称赞说:"君实之文,两汉之文也。"还把司马光写的墓志铭摹本挂在墙上欣赏。

宋神宗要对西夏大举进攻,张方平不安,从东京跑到西京,找司马光紧急商量。由苏轼起草、张方平呈送皇帝的《谏用兵书》,一针见血指出:"贼民之事非一,而好兵者必亡!"奈何皇帝听不进去,未久,发动了战争,先小胜,后大败,大伤国家元气。司马光闻之,连日泪洒五亩园,池塘细雨皆是泪。大宋啊,一亿人口的大宋啊!

范镇居许昌,常到洛阳来,有时拉着司马光溜出独乐园,瞒着憨直的老仆吕直。范镇是蜀人,人称范蜀公,大君实十一岁,有着强壮的体魄和坚毅的内心。二人远足,攀岩登峭壁,六十几岁的司马光要搀扶范镇,那须眉尽白的范蜀公一口气登上山顶,手抚青松转身而笑。二公相约:后死者为对方撰写墓志铭。温公去世,范蜀公如约命笔,请"宋四家"之首的苏东坡书写,刻石,苏曾遭遇乌台诗案,有些后怕,迟迟不研墨,不铺宣纸,范蜀公摇摇头,自提鼠须笔。熙宁初,知谏院范镇弹劾王安石,自请离京,苏轼去送他,说:"公虽退,而名益重矣!"范镇叹曰:"吾独不得为此,使天下受其害而吾享其名。"

苏东坡到独乐园有点任性,想多吃肉,多饮酒,尽管这位大文豪是出了名的小酒量,中年"把盏为乐",玩他自创的荷叶杯。他嚷嚷美酒佳肴,温公由着他。温公家里冬不生炭火,夜里不增添蜡烛,来了远客嘉宾也不破老规矩。东坡纠缠温公,又嚷嚷冷飕飕,黑洞洞,温公只好叫吕直升炭火,添蜡烛。明亮的烛光照着司马君实中过风的瘦脸,东坡先生真是崇拜啊,写诗云:"儿童颂君实,走卒知司马。"吕直一直称司马光为秀才,东坡说:"当呼相公。"吕直改了口,温公长叹,好端端一仆,让东坡教坏了。

司马君实有句话:"吾无过人者,但平生所为,未尝有不可对人言者。"讲真话讲了一辈子,从六岁那一年撒谎挨骂之后再也不撒谎。且身在高位,在北宋后期异常复杂的官场。活动变人形,君实绵历世事而人形不变,初衷不改。真人真到家了。

洛阳"真率会"之外复有"耆老会",十二个元老定期相聚,以史为鉴,纵论国是。司马光年纪不够,范镇拉他入会。依然吃得简单,每每剧谈激烈。国运堪忧啊。温公大论滔滔之后伴之以长时间的沉默。火山的沉默。岩浆之上地表的沉默。暴风雨袭来前的宁静。

汴京城里有个门吏叫郑侠,王安石的高足,黄庭坚、晏几道的至交。此人家贫,一大家子盼他涨俸禄,王安石调他到东京,要委以重任,他却宁愿待在毫不起眼的安上门(东京城门之一),做个薄俸小吏。各地还不起青苗贷款的农民、遭灾离乡的流民不断涌入京师,郑侠含着悲悯、冒着风险画长卷《流民图》,越职调驿马驰送深宫,高太后和宋神宗看图看哭了。诏下,罢青苗、市易、免役诸法。王安石大怒,向皇帝递辞呈。

这消息像风一样传开去,请求罢免熙宁新法的奏折雪片般飘向皇宫。司马光挥泪上奏《应诏言朝政阙失状》,一口气讲了六条,其中说:"一曰广散青苗钱,使民负债日重,而县官无所得;二曰免上户之役,敛下户之钱,以养浮浪之人;三曰置市易司,与细民争利,而实耗散官物;四曰中国未治而侵扰四夷,得少失多。"王安石拼全力挺着。吕惠卿将郑侠打入黑狱。可怜的七尺男儿受尽折磨。

熙宁七年(公元1074年),宋神宗罢免王安石,又拒绝大臣的吁请起用司马光。次年,王安石复相,急于进身的吕惠卿把王安石的私信透露给皇帝,恶斗王安石的独子王雱,使其郁愤,暴病而亡。王安石伤心伤肝心如死灰,熙宁九年,二度罢相,退居金陵的钟山。

元丰八年,三十八岁的宋神宗崩。九岁的哲宗坐上龙椅,太皇太后高氏权同听政。

司马光"以高才令德,大得中外之望",入东京议朝政,开封城数万百姓夹道欢迎:"都人叠足聚观,致马不能行。"上房上树上墙者,不计其数,踩烂瓦,折断枝,跌破骨,压伤腿,引发了百余起民事纠纷。宋人的笔记,记之甚详。连山东青州一个偏僻的小山村,成群结队的村民也雀跃欢呼:"传司马为宰相矣!"事见《渑水燕谈录》。

明朝马峦《司马温公年谱》:"时得人之心如此,盖千载一人而已。"

东京人冲他的马车大喊:"留相天子,活百姓!"

司马光进京原是为了吊丧,参加宋神宗的葬礼,但京城市民欢迎他的盛大场面令他吃惊。葬礼的肃穆与民众的笑脸形成鲜明对照。他嗅到了某种气息,葬礼一结束,赶紧打马回洛阳。高太后得知温公不见了,连夜把主丧的官员召进宫去问责。朝廷特使星夜赶赴洛阳。二十天以后,司马光再进京,半路上接到诏书,要他"过阙入见"。这是要他入主朝政的信号。由此可见,司马光待在洛阳写书,齐物,逍遥,珍惜自由自在的、自己能掌控的生活。也许他真不想当宰相。没有足够的心理准备,再者,他身体也不好,为《资治通鉴》付出心血太多,几近油尽灯枯。

皇命一下,义不容辞。时人评价:王安石以"术"进,司马光以"德"进。

高太后听政,力推"贤人政治",前提是朝堂的贤人尚多,以司马君实为百官之首,吕公著副之。赵宋王朝历一百三十年,君子的队伍依然可观。章惇罢枢密使,范纯仁出任军事首脑,他是苏州人,熙宁年间先后知谏院,力抵王安石,奏言"王安石变祖宗法度,掊克财利,民心不宁"。这位谏官"所上章疏,语多激切","安石大怒,乞加重贬。"范纯仁被贬出京师,为官多地,皆有政声,且廉洁。《宋史》:"纯仁及司马光,皆好客而家贫。"宋人笔记:"纯仁谓光:'(新法)去其太甚者可也。'光不从,持之益坚。"

范纯仁的政治主张与苏轼相似:熙宁新法推行近了十六七年,形成惯性力和一大批官员的利益格局,不宜一切推倒重来。可惜司马光走了另一极端。书斋人物治国,有盲区而不自知。洛阳十五年的时间,他写大书,和大臣们交往也多,有真知灼见,有"真宰相"之美誉,但是,埋首于万卷书和日理万机,乃是不同的生存向度,生存向度决定意识的向度。司马光缺乏基层长官的经历,又长期远离朝廷,单凭着一腔热血和书斋式的政治眼光去治理国家,殊难应对人与事的汹涌,他血液中的那股子拗劲与王安石不相上下。正直本身形成了遮蔽,变通与妥协通常是大政治家之必备。范纯仁劝他,苏东坡屡与他争辩,他听不进去。他纠偏纠过头了,导致宋哲宗亲政后熙丰官员的反扑,朝堂成了格斗场。哲宗二十多岁夭折,更坏的宋徽宗上台,娱乐至死,终结了北宋王朝。

且说金陵王安石。他写了一幅字挂在书房:"思量诸葛成何事,只合终身作卧龙。"他骑驴转悠山间小道,斜风细雨不归,喃喃自语:"司马十二为相矣。"司马光在从兄弟中排行十二。此间的王安石是否有反思?他的高足郑侠为什么要画《流民图》?从汴京到州县,为什么那么多的官员抵制他?熙宁变法害苦了百姓么?问号一大堆。

仁义道德的价值体系,民间风俗的千百年稳定运行,王安石并非不知,但重视的程度远远不够。杜甫说:"致君尧舜上,再使风俗淳。"杜甫不是政治家,凭借大诗人良好的直觉,意识到风俗之重。苏东坡将风俗与道德纳入为政理念,一生不变。

德政,也是孔子的核心理念。"子曰:不义而富且贵,于我如浮云。"

宋代士大夫闭口不谈善于经商的孔门高足子贡(参见李泽厚《论语今读》),各地文庙,大抵不立子贡像。士大夫谈颜回的固穷乐道,大谈而特谈,其中深意存焉。市民社会勃然,商品贸易发达,文化精英们反而不言商,不让单纯逐利的商业型人格越界膨胀。

安石晚年,把精力尽付于文化传承,编唐诗,作《字说》,修订《三经新义》,精心撰写《老子注》。他迷上禅宗,写诗有了禅味儿:"云从钟山起,却从钟山去。借问钟山人,云今在何处?云从无心来,还向无心去。无心无处寻,莫觅无心处。"王介甫一辈子有心多也,于是转问无心。暮年悟道,追忆老子,却已日薄西山……

介甫去世,享年六十六岁,寿同欧阳修。汴京的揣摩型官员跃跃欲试,竞相诋毁介甫,讨好司马丞相。司马光什么态度?且看他这么说:"介甫文章节义过人处甚多,但性不晓事,而喜遂非,致忠直疏远,谗佞辐辏,败坏百度,以至于此。今方矫其失,革其弊,不幸介甫谢世,反复之徒必诋毁百端,光意以谓,朝廷宜伏加厚礼,以振起浮薄之风。"反复之徒,希合(迎合)之辈,是当时官场流行语。有个叫杨畏的,绰号杨三变。

司马丞相又评价王安石:"介甫无他,但执拗耳。赠恤之典,宜厚大哉。"

王安石的家人,因之而受到朝廷的特殊照顾。

司马光执政十八个月,累死在宰相官邸。高太后发起的"元祐更化"阻力太大,而阻力很大程度上来自尽废新法。欲速则不达。提速转向太快,易翻车。深邃的史学眼光并不足以转化为卓越的政治眼光,高尚的品德也不足以在短时间内转化为政治才干。性格遗传,生存向度,心理惯性,朝野氛围,都有碍他在年近古稀之时发现自己的短板。事实上,没人能够完全发现,一日十省吾身也做不到。生存朝向几十年,固化是常态,反固化是异态。庄子能在任何人生阶段改变生存的朝向,灵动造极也。庄子以后,鲜有问津者。司马君实说王介甫执拗,他本人何尝不如此。高太后的用人,也有情绪因素。

公元 1085 年,司马丞相"躬亲庶务,不舍昼夜"。人们劝他以身体为重,举诸葛亮"食少事繁"以为戒,他说:"死生,命也。"废寝忘食,"为之益力。"罢青苗、市易诸法,造福于苍生,苏轼《司马温公行状》:"天下释然。"高太后特许他不用每日上朝,他却天天拖着病躯上朝面圣,说:不见君主,不能办事。高太后特许他坐轿入宫,他坚持步行。病转沉重,他待在家里养病,办公,请求按朝廷律例俸禄减半,高太后不允许。病中的司马光挣扎着,坐轿子到吕公著家说事,从午后说到黄昏,从黄昏说到半夜,几番答应不说了,杖而后起,却又徐徐坐下。国事重如山,无一语说家事。官员到他家一律不说官事,为此还写了条幅挂在客厅,南宋的洪迈亲眼见过,写入《荣斋随笔》。

北宋后期,几许士大夫的高风亮节,能表率百官、振起朝廷的浮薄之风吗?

可惜各部门"利孔百出"久也。君子争原则,小人只争利。

1086年的秋天,司马君实的病越来越重了。食少,事繁,一似五丈原秋风落叶中的诸葛亮。温公知道自己不行了,留遗嘱:"光以身付医,以家事付愚子,惟国事未有所托,今以属公。"公:指吕公著。从寇准、范仲淹、欧阳修、韩琦、富弼、包拯、狄青、吕海、吕公著,到范镇、范纯仁、范祖禹,到司马光、王安石、苏东坡,到汴京小吏郑侠,徐州处士陈师道……一百多年间,多少仁人志士忧国忧民啊。

《离骚》:"岂余身之惮殃兮,恐皇舆之败绩。""虽九死其犹未悔。"

质疑古代的鲁迅先生被盛赞为"民族的脊梁"。

司马光的弥留时光,病榻上神志不清了,含含糊糊说了几天话,说的都是国家。许国之志渗入了潜意识,点点滴滴流淌到死亡的边缘。床头还有八页要上奏的札子。

这一年的九月一日,北宋王朝最坚硬的一根顶梁柱倒下。温公长逝宰相府,享年六十九。正在明堂主持大礼的高太后当场大恸,哭奔西府,奔向司马温公的灵床。这位宣仁太后不仅仅哭温公,她更有一种不祥的预感。朝廷举哀,停止办公三日。市场停止一切交易。汴京、洛阳的市民,大街小巷尽是哭声。温公的画像供不应求,家家有之,饭前合掌默念,祈祷温公升天堂。自发送葬者多达数万,他们来自四面八方,包括大量农夫、工匠、商贾。唐宋六百年,如此感人的送葬场面绝无仅有。

朝廷赐龙脑水银以敛。谥曰"文正"。司马光生前说过:"谥之美者,极于文正。"北宋谥文正者,数人而已。司马文正葬于家乡夏县的涑水旁。

司马康为养父筑庐守孝,"居庐蔬食,寝于地,遂得腹疾。亲戚勉以食肉,终不肯。"司马康病死庐中,才四十出头。这个细节值得注意。尽孝过头的例子,宋代颇不少。秦少游的一个姑母,夫死,姑母上吊殉夫,还受族人的表彰。礼教吃人的一面露出狰狞。宋明理学的极端化也吃人,戴震怒曰:"以理杀人。"

司马康是司马旦的儿子,幼年就抱给司马光。长期耳濡目染受教导,偏执胜于乃父。温公自号迂叟,作《迂书》,未料到他儿子司马康迂起来更不可收。康有三个儿子。

司马温公《资治通鉴》,二十年成大功,写了1362年的华夏史,起于周威烈王二十三年,止于五代的后周显德六年。自周威烈王二十三年起,乱世多于治世,乱臣贼子不绝于史。司马光把历史真相放到君主们的书桌上。另有《国朝百官公卿表大事记》《稽古录》《涑水记闻》,实际上,司马光的史笔贯通了古今。《史记》有"太史公曰",《资治通鉴》有"臣光曰",都是亮出自己的立场,褒贬历史,臧否人物。

意大利哲学家克罗齐:历史叙述进入价值判断,历史就变成了哲学。

海德格尔:文献史要变成问题史。

梁启超《新史学》:"司马温公《通鉴》,亦天地一大文也。其结构之宏伟,其取材之丰赡,使后世有欲著通史者,势不能不据为蓝本,而至今卒未有能逾之者焉。温公亦伟人哉!"司马光的《资治通鉴》,价值不在《史记》之下。有学者考证,司马光与司马迁有颛顼时代的共同祖先,曰重黎氏。

翦伯赞《跋资治通鉴稿》一文说:这个通鉴永昌手稿的发现,说明了一个极其重要的事情,它说明了司马光对于通鉴的编写,不只是在事后修改润色,而是一开始就抓住纲,不仅抓总提纲,而且抓每年的提纲,至少抓重要年代的提纲。王仲荦《资治通鉴选说明》:司马光本人对于编修通鉴的态度,严肃认真。对于全书的体例、书法(笔法)以及史料的考证,文章的剪裁,乃至句法的锤炼,事事不肯稍有忽视。史料考证,一件事要参考几种说法;句法锤炼如《史记》,场景描写和人物刻画也令人联想《史记》。

《资治通鉴》的开篇写三家分晋,收篇于唐末五代之乱,其喻义不言自明。

司马光《进贤资治通鉴表》:"臣既无他事,得以研精极虑,穷竭所有。日力不足,继之以夜。遍阅旧史,旁采小说,简牍盈积,浩如烟海。"

自《史记》到《五代史》,累积到宋代的史学著作就有一千五百多卷,还不算先秦的经史。一个人的目光去对付浩如烟海的著述,旁采杂史小说三百种,删繁就简,取精用宏,例如七百卷的《唐纪长编》,经司马光删定后,只剩下八十一卷。孔子的工作也是"删述",例如删诗,删去近三千首,只剩下《诗经》三百首。在孔子那个年代,所谓知识就已经太多了。用文字的力量去挑战人性中的恶,言词多了,一堆乱麻。

眼下的网络文字量,亿万倍于华夏族圣贤著述。对此,要高度警惕。且不谈学术工业生产的沙多金少的海量出版物。笔者于后者印象不浅。

悟得圣贤两三家,胜做网虫一亿年。

司马光另有一些著作,涉及他的哲学思考。《潜虚·名图》:"人之生本于虚,虚然后形,形然后性,性然后动,动然后情,情然后事,事然后德,德然后家,家然后国,国然后政,政然后功,功然后业,业终,则返于虚也。"《迂书·士则》:"天者,万物之父也。"又云:"万物祖于虚。"这是老庄哲学之宋代波澜。

历史学由自身的推力所推动,朝向更高更精辟的哲学。

2018年5月　二稿于四川眉山之忘言斋

岳 飞
（南宋　1103—1142）

岳飞是历史上堪用伟大来形容的民族英雄之一。亿万民众崇拜他,形成历史大潮,岳王庙南北多有。不喜欢他的封建统治者也要利用他。

当中华民族面临外敌入侵之时,岳飞二字势同千军万马,鼓舞战士奋勇向前。爱祖国,恨敌人。爱与恨铸就岳飞,铸就抵抗侵略的钢铁长城。

岳飞这个符号的另一个意义是成长的坚实,童年,少年,青年。这对今天的启示不言而喻。岳飞是生存敞开的万年楷模,是灵与肉完美结合的人类典范。

每一秒钟都活得昂扬,这是什么样的生存姿态?

生活简朴而抵达生存的极致。

这话说的是什么? 简朴方能抵达极致。

岳飞

先说"靖康耻"。

董卓之乱,安史之乱,靖康之耻,是汉唐宋一千年间的三大悲剧。

靖康是宋钦宗的年号,只有一年多,公元1125年到次年春。国家危难之际,宋徽宗赵佶撂挑子,跑到江南娱乐去了。宋徽宗是极坏的皇帝,一手终结了最好的北宋王朝(参见本书之《范仲淹》篇末引用的邓广铭语)。他在位二十五年,极尽娱乐之能事。此前的宋哲宗为他做了充分铺垫。哲宗玩女色死得年轻。宋徽宗玩尽天下,复受潜意识的助推玩战火。《宋史》称他"矜小智"。这耐人寻味。

宋徽宗是娱乐至死的头号人物,可见现代的无厘头、嬉皮笑脸有它的古代苗头。

他重用的高俅是个"球太尉",他让太监童贯带重兵打大仗,他让巨奸蔡京做了十七年的宰相,他任命唱曲的李邦彦当宰相,他的爱卿蔡攸在朝堂上爬柱子搞笑,裸露上半身展示纹身,他宠信的苏州富商朱勔,连家奴三百都缠上御赐的金腰带,称霸街市耀武扬威,民谣吼道:"金腰带,银腰带,赵家天下朱家坏。"

蔡京"天资凶诈,舞智御人",老贼在东京的豪华园子方圆四十里,强拆民房一千多户。蔡京、朱勔、童贯、李邦彦,加上王黼,梁师成,时称"北宋六贼"。几个乱臣贼子,夺肥田多达数百万亩。下面的官员拼命刮地皮,搞娱乐。

蔡京的长子蔡攸进言:"所谓人主,当以四海为家,太平为娱。岁月几何,岂可自苦。"宋徽宗听着很舒服。蔡氏一门三人入相,高官十几个;蔡京的一个儿子娶了宋徽宗的女儿。

东京民谣:"打破筒(童),泼了菜(蔡),便是个清凉好世界。"

民谣是民意的直接表达。庶民草民惹不起昏君奸相贪官,就在坊间悄悄流传。收集历代民谣是一件非常有意义的事。比如明朝的民谣:"若要柴米强,先杀董其昌。"擅长书法的董贼,是个臭名昭著令人发指的恶霸。

宋徽宗本人在宫中装乞丐玩,糊弄宫女玩,半夜爬墙溜进市井玩,自称赵乙,钻地道幽会东京名妓李师师,玩疯了,宣布有痔疮,不上朝。这厮在平旷的开封弄一座巨大的万岁山,号"艮岳",周十余里,高百步,仿江南的山水布局,收尽奇峰怪石,奇花异草。朝廷向四面八方派出的太监特使搜寻奇石,源源不断运往开封,有些石头比三层楼房还高,于是过河拆拱桥,包括拆掉千年古桥,城门不够高就拆城门。满载石头的船行驶海涛中,翻船死人无数。官员只问石头,不问人。十二只官船为一纲,所以叫作花石纲。各地官员竞献花石以邀宠。听说百年祖坟有陪葬的宝贝,挖坟掘墓也要弄出来……

宋徽宗上台几年,财政支出猛增十倍,于是大幅度提高赋税,铁、盐、茶、酒、绢的税额翻了几番。民不聊生连年,官员奢靡如常。民众过不下去了,李勉、刘五、方腊、宋江等揭竿而起,起义军登高一呼,百地响应。官军去血腥镇压。阶级压迫登峰造极。

北宋末年,王公贵族和官吏的坏起来,凶起来,恶起来,无边无际。任何禽兽不能比。三十年前的北宋朝廷还有一大批正直的官员,而王朝的垮掉,弹指一挥间。

一百六十年前的开国皇帝赵匡胤,将在天堂上注视靖康耻。

女真族是在契丹辽国内部生长的一股力量,吃掉辽的一块,建立金国。金吃辽,一点点地吃。女真族从公元五世纪起就活动于黑龙江流域,也是长期受契丹人的勒索压迫,进贡人参、貂皮、生金、名马、北珠、俊鹰等,且受凌辱,契丹人叫"打女真"。邓广铭先生《岳飞传》是本文的参考书之一。我念小学时读《说岳》,岳飞二字入了骨髓。

公元1115年,金立国,仅仅十年后,小金吃掉大宋(北宋)。

宋徽宗及其乱臣贼子吃人,自作孽不可活,终于反噬自身。金不吃宋,作恶多端的宋徽宗也会被义军推翻。梁山泊的好汉们唱道:皇帝轮流做,明日到俺家。

宋联金攻辽,灭了辽国。宋得了燕云十六州的几个州,满朝庆贺,龙颜大悦。然而金兵铁骑反过来吃宋,金主完颜氏窥破了宋廷彻头彻尾的腐败。宋徽宗、宋钦宗被掳走,太后皇后、公主们、金枝玉叶们做了性奴隶,包括宋徽宗的母后。报应。

过了两三年,北中国沦陷。金兵所到之处,烧杀抢掠造极也,兽性远不足以形容。

金兵在中原拉壮丁,拉士大夫补充兵源,拉多了,又嫌吃粮食吃得太多,干脆活埋,一次就坑杀几千人。又有把壮丁插标签卖给西夏换战马的;又有攻下一座城屠城的,全城杀光;又有一个村子只要一人抵抗就全村老幼杀光;又有丁口逃跑者,杀家长,没收家产,家产的一半赏给告密者,鼓动当地人告密。金兵占领的地方,汉人一律剃头,结辫子,穿女真族的服装……清兵入关后也如此,大肆屠杀汉人,从北方杀到南方,"扬州十日,嘉定三屠",尸骨堆千丈,野蛮还要改造文明。

开封城同样惨不忍闻,单是投河自杀的女人就有数千,名媛贵妇,大家闺秀小家碧玉,连小女孩儿也受到金兵的凌辱、践踏。

一百五十万人的全球第一城,刹那成地狱。

一百七十年的汴京城啊,几代士农工商魂牵梦萦的汴京城啊,可怜成焦土。

"靖康耻,犹未雪。臣子恨,何时灭?"

现在我们看岳飞,他是忠、孝、勇、廉兼具的代表性人物,先说他的少年时光。

岳飞谥武穆,民间称岳王,称武圣,称民族英雄。公元1103年,岳飞生于相州汤阴县(河南汤阴县)的永和乡孝悌里。里名孝悌,应当有来历。宋代的以孝治国,孝道遍及每一个村落。岳飞的父母皆务农,父亲岳和,母亲姚氏。岳飞初生时,屋子上方有大鸟冲天而起,于是取名飞,字鹏举。从这名字看,岳飞的父亲可能是个识字的农夫。

其时宋徽宗在位,蔡京做宰相。昏君奸相正在把赵宋帝国拖进深渊。

岳飞未满月,遭遇了洪水泛滥,装入一大瓮随波漂流。大瓮飘出几十里搁浅了,未来的民族英雄才逃过一劫。官僚穷奢极欲,穷人越来越穷。岳家由自耕农沦为佃农,累死累活仅能糊口。岳飞渐大,家境稍有好转。岳飞劳作之余读史书,读经书,读孙子兵法。买不起蜡烛,点柴火照明。看书看到忘情,连日熬夜,柴火用掉一半。父亲颇诧异。没有念学堂的记载,大约是外公教他识文断字。村里也有几个读书人。

由于印刷术的广泛运用,宋代书籍大增,大城小镇书肆兴旺。宋代以前的书都是手抄本,文化普及的程度有限。宋代开科取士的数量十倍于唐朝。

劳作,读书,习武,是少年岳飞每天要做的三件事。武术教头教他射箭,点拨他的枪棒功夫。当年我读《说岳》,对岳飞的师傅崇拜得五体投地,仿佛神出鬼没的岳家枪就出自这位师傅之手。我牢牢记住了四个字:闻鸡起舞。天不亮就翻身下床,冲进残月天或大雾天,橘树枝乱舞,捉对厮杀,树林子成了格斗场。眉山城习武成风,估计全国都这样,五花八门的拳谱秘籍,传递于男孩子们兴奋的手中,千百年不衰……直到二十世纪七八十年代,男孩子的练拳术,南北各地皆盛行,蜀人把打架或切磋武艺叫作抢手。男孩儿的成长过程中通常要打架,天天伙起八方疯玩,如何不扯皮?如何不打架?但一般点到为止,决不朝脑袋扔石头。在我的记忆中,眉山城数以万计的中小学生,十年间从未听说过把人打进医院的事。道德感几乎无处不在,羞耻心大抵人人有之。

念小学三年级时,我在苏东坡公园外的古楠下练散打正起劲,动不动就要腾空而起,跳进学校的操场犹比画,擒拿搏击,俨然东京八十万禁军教头、豹子头林冲。脾气也冲,忽然打架,挥出一巴掌,在一个姓赵的同学脸上留下了五条手指印,于是老师批评,邻居谴责,路人呵斥,父亲叫我饱吃一顿"笋子炒肉"(挨竹片打)。我挨完打,还得写检讨书贴在门上,贴家门,贴教室门,耳听围观同学的议论。那羞愧,那持久的内心自责,至今记忆犹新。念中学我见了赵同学,犹觉歉疚,想去"捉手致歉"。

笔者熟悉的1970年代的男生,半数以上都会几手拳脚功夫,全都崇拜赵云岳飞林冲,崇拜八路军解放军志愿军。而现在的小男孩儿,雄性渠道的畅通是个大难题。缺崇高,也缺野性,缺疯劲,包括运动场上的疯劲,真是不好玩儿。冒牌的理性嚷嚷着所谓文明的腔调。这个局面若是再持续二十年,阴盛阳衰或成定局。

那部拍岳飞的电视剧,屏幕上可疑的民族英雄,为了区区收视率弄得唇红齿白。我们的盖世英雄,正在被媚俗的导演编剧演员拉变形。真爱岳飞者,当嗤之以鼻。

影视剧男主角追韩剧的阴性化,又添上轻佻轻浮的所谓喜剧元素,竟然成风尚。

演艺圈纸醉金迷毒品泛滥,网络的爆料很可能只是冰山一角……娱乐圈糟糕的价值取向尽早收场吧。

岳飞的师傅名叫周同,箭法了得,百里有名望。先前的枪棒教头叫陈广。岳飞十六岁,已是名播汤阴县的武艺高手,据说全县后生无敌手。周同把一身本事毫无保留地传授给他。而大多数武术教头不会这么做,"师傅留一手"是普遍现象。为何要留一手?因为师傅总要一直是师傅,哪能败给徒弟。这不仅是面子问题,常常是饭碗的问题。

周同不收学费,不小看穷家少年,悉心培养练武的好苗子,传武艺,更传品行,对岳飞的影响很大。一日为师,终身为父。岳飞健全的人格得益于周同甚多。

常有练家子来找他切磋,想要打败他的后生来自十里八乡,菜园子旁边便是格斗场。勇气、胆魄和强壮的体魄一并增长。放下锄头扁担,拿起枪棒刀枪,激烈的对打之后又捧读书卷,孝敬父母和师傅,疼爱新婚的妻子。岳飞十五岁,娶一个比他稍大的刘姓女子,十七岁,儿子岳云呱呱坠地。

新婚之夜犹读书,晨光初露照常起舞,大汗淋漓了,单手拎一桶井水,从头顶上哗哗淋下去。爽啊。当年的我,我们,井台边单手拎水桶,颤巍巍举上头……学习啊,崇拜啊。

杰出人物生命中的每一秒钟都充盈着张力,真是令人着迷。着迷,是因为缺啥想啥。河南汤阴县的岳飞杰出,却有广泛的民间基础,他在历史的惯性中追求着身心并完。崇文、习武、尽孝、务农、会友……一天天活得饱满,一步步走得扎实。生命当如是也,至少要朝着这个身心并完的方向,否则,人活着有什么意思呢?地主的儿子好逸恶劳,佃户的儿子健康向上。衣来伸手、饭来张口的生活是乏味的。

眼下的一些青少年活得两眼空洞,盖由于宅着活,步态懒洋洋,钢筋水泥手机堵塞了主动性,削减了创造性,降低了对真实世界的热情。生活趋于瘾头化,瘾头直指平均化。瘾头化加平均化的个体,不可能赢得事物的千差万别。绝不可能。无聊、无聊再无聊。而少年岳飞是无聊的反义词,他只愁时间不够用。每天只睡两三个时辰,除了蜜月里赖过几次床之外,这习惯二十多年不变。总是半夜捧书卷,凌晨起床摸黑练武,太阳升起来,金色阳光又照着他躬耕田野的身影。佃户的儿子依然是佃户,长工短工受剥削。吃东西总是狼吞虎咽,胃口超好,在师傅家,敞开肚子吃。其实周同家并不宽裕。

周同拍着爱徒的虎背说:你呀,你呀。

岳云倒生得羸弱,十三岁从军之时,军中呼为"赢官人",身子骨跟豆芽似的,三年后,却将重达八十斤的铜锤舞得风雨不透。岳云上阵杀敌,勇猛不输其父。可见身体与心智的潜能巨大。爱因斯坦一生思考,也只用了大脑约五分之一的潜能。

岳飞高大魁梧,史料称"鹰视虎步"。岳云中等偏下的身材,也许岳飞的妻子刘氏个头不大。刘氏早卒,岳飞继娶的李夫人,生了四个儿子和一个女儿。

周同教岳飞的武艺,当有两三年,忽然一病西去。父亲般的师傅壮年就死了,年轻的岳飞痛不欲生,一练武就哭,想起师傅教他的细节,想起师傅把有限的肉食留给他。每月的初一、十五,岳飞哭坟,祭坟,守坟。他拼命干活,挣钱买酒肉却不带回家,而是放在师傅的坟头。他百步连射三箭,皆中靶心,以此告慰师傅的亡灵,神箭手后继有人!当年我读到这一段,不禁想象:将来也要有这么一位好师傅,挽弓要挽强……北方乡下的天越来越冷了,岳飞的衣裳倒越来越单薄。父亲岳和感到蹊跷,担心成家不久的儿子跟地主家的败家子混在一起,典当衣衫吃酒胡闹。父亲盯儿子的梢才发现了真相,感动得掉泪,掉头便走。家教是成功的。孝心几乎能萌发所有的好品质:勤劳,节俭,诚信,仗义,廉洁,忠诚。若干年以后,岳珂回忆祖父岳飞说:"先臣天性至孝。"

爱父母,爱师傅,延伸到爱国家,爱士兵,爱百姓。

少年岳飞的爱,一定要研究。要有情感的热度,零度观察与热烈洞见并重。人文学者,不可摆出一副自然科学的研究架势。重温海氏:一切科学源于前科学的日常领悟。

公元1127年,赵宋王朝仓皇渡江,偏安于江南,南宋立。岳飞随军南渡后,与老母和妻儿失散多年。家人犹在汤阴孝悌里的老家,金兵和伪军把守甚严。岳飞派人接老母,接了十几次未获成功。姚氏托人传口信给儿子,说:"为我语五郎(岳飞小名),勉事圣天子,无以老媪为念也。"事见《忠武王传》。

母子终于团聚,岳飞喜极而泣,跪地不起。其时岳飞担任湖北路宣抚使,守卫长江中游的防线,军务积山,应接不断,却每天到母亲的住处问安。这位叱咤风云的将军,一旦进入母亲的起居室,脚步顿时变得很轻,说话轻言细语。只要他人在大本营,没有一天不问安。时隔近九百年,岳飞恭顺问安的形象如在目前。

鲁迅先生的书信全集,写给母亲的信占了不小的篇幅,关注日常琐碎细到毫厘,信的开头,自谓曰"敬禀者",末尾总有一句:"叩问金安。"反礼教的先生,也至孝如此。

尽孝要抓紧时间。那些长时间不回家省亲的人,不回家扫墓的人,不问父母坟头朝东朝西的人,不管他官居何职,不管他宣称的所谓事业有多么重要,他的内心一定可疑,他的漂亮言词一定是伪装,他的人品要打问号。能忙到什么程度呢?比战争时期的岳飞元帅更忙吗?比新文化运动的旗手、质疑四千年封建统治的鲁迅先生更忙吗?

孝子通常不知道自己是孝子,然而左邻右舍敏感于此,孝子一词,眼下尚能流传。但形势也严峻:洋观念的大规模入侵,使中国人的孝道步步退却。西方的利己主义与中国的五千年传统是格格不入的。尧舜,孔孟,都讲孝道。苏东坡"无病而多蓄药,不饮而多酿酒",旁人表示疑惑时,坡翁专门讲了一段话,等于宣告:利他才能利己。

苏东坡真像雷锋叔叔。

孝与爱本是一体,很难想象一个孝子会对妻子儿女无情,对朋友不义。孝道作为核心价值,作为中国人的生活之本,这个本稳固了,生活世界就不至于整体坍塌。

是时候了,必须遏制利己主义的泛滥。不能让无声的悲剧大规模上演。

汉语,饮食,家庭观念,本土性生活方式的三大防线固若金汤,中国人将永远是骄傲的中国人。多少年来,亿万农民工春节奔向家园,火车汽车人潮。浩浩荡荡的摩托车,不辞道远、山高、路滑、冰坚,不怕恶少豪车欺侮。天寒地冻摩托车啊,只为省下一点给儿女的压岁钱,恭呈父母的孝敬钱。

　　华夏民族孝的基因,爱的基因,惊天地泣鬼神。

　　岳飞说:"若内不克尽事亲之道,外岂复有爱主之忠?"他以一个佃农而官至太尉,子孙沐浴皇恩浩荡,对皇帝的忠诚可以理解。岳母刺字"尽忠报国",不单刺入了皮下,更深入内心,刻入灵魂。生存的诸环节是环环相扣的,起于幼年,强化于少年青年。个体差异决定行为的差异,这里并没有一个现成的、数学般精确的公式。

　　岳母姚氏南渡几年后去世,岳元帅奔丧,扶棺,筑庐于墓旁,数月守着母亲的亡灵,"终日号恸"。原本爱戴他的百姓闻讯而至,哭成了一片。岳飞请求守孝三年,朝廷不准。为了北伐大计,岳飞"终制起复",回到原来的中军帐指挥千军万马。

　　岳飞的至孝,至爱,至俭,至诚,至勇,至忠,显然有着内在的紧密联系。

　　公元1126年,数万金兵三面围困汴京,而城内的守军有二十万,从各地赶往开封的勤王军和民间武装还有好几十万。然而撂挑子的宋徽宗提前跑到安徽亳州去,带着一帮唱曲踢球搞笑的臣子,玩得不亦乐乎。他儿子宋钦宗坐龙椅尿裤子,患上恐金症。宰相李邦彦嚷嚷割地赔款求和,太学生愤怒,截住下朝的李邦彦一顿暴打。宰相当天报复,捉杀太学生数十人。然而开封军民群情激愤,十万人呼吁惩治六贼。太学生陈东,率千余诸生上书,强烈要求清君侧。新皇帝拿不定主意。宰相慌了,佯作镇静,因为他后台硬。夏四月,太上皇宋徽宗笑嘻嘻回来了,蔡京父子的豪车紧随。蔡京的如意算盘:跟着太上皇亲家还会有危险吗?然而没过几天,老贼仓皇动身,踏上了黄泉路;他被贬向岭南,未至贬所就一命呜呼,僵硬于道路。炎炎七月,五天无人收尸,路人朝尸体泼粪,扔石头,再现了董卓死于长安百姓称快的场景。老贼踉跄于茫茫贬途,还填词《西江月》:"八十衰年初谢,三千里外无家,孤行骨肉各天涯……"他的子子孙孙都没有好下场,虽然他本人"祸害活百年"。

老天爷有眼的。报应在蔡京尸身及其子孙上。

童贯被枭首示众。朱勔在循州(广东境内)被执行死刑,行刑者从他刺青了御手的部位动刀。李邦彦死于贬所。高俅吓死在开封。王黼、梁师成均被赐死。

1126年11月25日,金兵攻破开封,囚车带走了宋徽宗、宋钦宗并数以千计的皇室宗亲。金兵呼啸街巷,见男人就杀,见妇女就扑倒。繁华汴京成焦炭,名楼古刹毁于战火。次年,开封米价暴涨,人吃人。汉末董卓之乱,人吃人。盛唐安史之乱,人吃人。

宋徽宗到了金国还在娱乐,嚷嚷娱乐至死。当年轻佻的章子厚评价:"端王轻佻,不可君天下。"轻佻者熟悉轻佻的路数。赵佶没有像他的皇族兄弟那样,把自己玩夭折,却玩死了北宋王朝。他是娱乐化生存的头号人物,《品中国文人》第四卷有专章写他,逼近他的轻佻内核,描绘他的轻薄嘴脸。

人类的基础性情绪,爱、喜、怒、哀、乐、忧、愁、恨、怜……周而复始,于是张力生焉。断不可放大其中的某种元素,尤其是娱乐元素。断不可大量复制伶人式的嬉皮笑脸。"生命中不可承受之轻",轻佻、轻浮、轻薄、轻率、轻狂,汉语一系列的常用词汇,千百年来对轻佻之徒高度警惕。

明末思想家王夫之《宋论》:"君不似人之君,相不似人之相,垂老之童心,冶游之浪子,拥离散之人心以当大变,无一而非必亡之势。"

可敬的北宋,可怜的北宋。几双弄权手,终结了最辉煌的王朝。

韩愈:"楚,大国也,其亡也,以屈原鸣。"

北宋,大国也,其亡也,以岳飞、陆游、李清照、辛弃疾鸣。

北宋王朝的躯体日趋腐朽之时,汤阴县孝悌里的岳飞茁壮成长,朝气蓬勃。他能引发千斤重的腰弩,能制伏剽悍野马,能把一杆长枪舞得雪花不能近身。浑身如钢似铁,意志力更胜于钢铁。一手刀枪一手笔,读苏轼词,写苏体字,崇拜着忠心耿耿的诸葛亮。也读盛传于南北的李清照:"试问卷帘人,却道海棠依旧。知否?知否?应是绿肥红瘦。"文武兼修真好,一颗不足二十岁的年轻的心,日益朝着更高更强。

个体生命的饱满度啊,要的就是饱满度,毫不经意的饱满度,盖因它来自孩提时代。生命的每一刻都迸射钻石的光芒。

熊腰虎背的岳飞,目光细腻的岳飞。亿万体细胞充盈着主动性的岳飞。

青春意味着试错,岳飞有过错吗?有的。

为了养家,他十九岁做了韩氏"昼锦堂"的一名庄丁。名相韩琦是汤阴县人,他的儿子也做过宰相,孙子做高官,回家乡建了庄园。北宋后期的官员盖园子成风,城里的园子,乡村的园子。岳飞武艺出众,颇受重视,保护庄园又立了功,于是当上了小头目,和大头目一起喝上了酒,月光下表演醉拳醉棍,大头目很喜欢。喝酒渐渐上瘾。练武喝,看书喝,提笔写字也喝,叫作"浮白载笔"。岳飞沉迷杯中物了,使性子误事,挨批评还不服气,提了一双醉拳头要打人。终于未能打人,却半夜三更挥拳打梨树,打落了一树梨花,摇头晃脑念"醉诗":"忽如一夜春风来,千树万树梨花开。"

岳飞闹了一整夜,耍酒疯至天明,对庄客们的劝导置若罔闻。惹毛了就比画大拳头。

庄主警告他。他内疚一时,收敛了两三天,但是看见酒,眼睛又放光了。韩家少爷们嘻嘻哈哈,拿美酒勾他酒瘾,请他露几手绝活。习武的汉子都是好酒量,岳飞在汤阴县无敌手,豪饮也不能输给好汉。这是岳飞嗜酒的心理基础。请他喝酒的人不断,豪门子弟尊他为座上宾,乡村后生们抱着酒坛子来敲门。

因喝酒再三误事,昼锦堂辞退了岳飞。

岳飞失掉邻里羡慕的好饭碗,又丢了面子。妻子隐忍而已,不敢多劝他一句。几岁的小儿子岳云习惯了父亲身上的酒气,习惯了父亲的醉态醉眼。岳和身体不好,不善言辞。岳母默默注视着昔日的优秀儿子,如今的酒坛子。她瞅着教育的时机。这是古今好母亲的共同点。不同的是,今天的儿女逆反多,逆反五花八门,做好父母难度大。

岳飞去相州的某个镇当了一名弓箭手,吃酒闹事,复被辞退。回家走得颠三倒四,拳打古柳。邻里纷纷叹息:可惜啊,这么好的娃……不足半年,岳飞两次被辞退,打击了这位武功高手的自尊心。他喝闷酒。

花掉家中宝贵的银子买酒,酒店挂满了酒账,他还试图典当唯一值钱的官窑青花瓷瓶。岳母终于当街教训他,头一次把话说得很重,而且当着全家人的面砸了瓷瓶。岳飞大哭,八尺汉子,大白天哭得伤心。戒酒半个月,当妻子满心喜欢要去告知婆婆时,却发现丈夫跟一个阔少进了酒家。英雄好汉正在变成酒鬼。

戒酒难。戒烟难。戒牌难。

戒网瘾更难。

瘾头是如何形成的?当初我诧异《存在与时间》这样的哲学大著,把瘾头列为专题讨论。哲学家的言下之意,是不是说现代的瘾头化生活,较之古代近代更甚?换言之,今人生存的敞开度不及古代?婴儿生下来就面对屏幕声光电,声光电类似味精刺激味觉,降低味蕾的敏感性。声光图像把世界收缩到一个又一个点上。盯屏幕盯到两三岁,瘾头形成了,此后漫长的童年时光,化解瘾头难之又难。

青少年沉迷盯手机,世界全方位收缩。

"自然缺乏症""运动缺乏症""伙伴缺乏症",愈演愈烈。

上帝拿走了儿童的乐园,又给了他一台电脑。

全能的主什么意思呢?我辈凡夫俗子,十年费猜想。

瘾头是隔绝外界的铜墙铁壁吗?钢筋水泥声光电,抵消了天地万物吗?

是的。

瘾头人是被生存的同义语。被动性生存,惰性滋生更多的惰性。坐着活。起身难。瘾头人活得异常单纯,天地间他只对瘾头刺激感兴趣,慌,总是慌,总是急于寻找下一个刺激,找不到更慌。宋代二十岁的岳飞慌乱于失掉酒杯。世界封存在瘾头之外。互联网的循环刺激把瘾头人牢牢网住,恰似巨大的蜘蛛网捕获了无数小虫子。

扑向自然敞开世界,热爱运动敞开世界,情系亲朋敞开世界,投身艺术敞开世界,然而这四个维度的生存敞开,都需要学习再学习,努力再努力,领悟再领悟。小孩子两三岁就趋于瘾头式生存,不消几年,趋于固化。

唯有抓瘾头主动,其他都是被动。

时间是用来做什么的?时间用来向瘾头集中的。这是所有瘾头人不二的生存法则。慌的心理模式一旦形成,世界将显现为刺激的同义词。

为什么慌?乃因智力、情力有双重的盈余,智与情满足不了自身,人就百无聊赖,活得浑身没劲。吃得越饱越没劲。狗的智力与其投射的对象大抵相等,狗不能扑腾野外时,狗就趴在窗前朝着窗外,享受睡眠,享受恰到好处的懒洋洋。而人有双重盈余,人要慌。慌张的人难以逆转地活向瘾头,抓瘾头。瘾头化使世界欲望化。而欲望的悬空就是无聊。悬空总是常态。欲望的满足迅速指向无聊:他积聚不起下一次释放所需的能量,所需的敏感。且不谈形形色色的欲望者所需要的经济能力。

天天吃土鸡,味如老棉絮。

一万次重复《道德经》吧:"五味浊口。五色盲目。五音乱耳。"我的家乡眉山,有句颠扑不破的老话:少好吃。越过温饱线以后,吃的精神附加值永远大于食物本身。法国人吃一顿大餐常常七八个钟头,吃什么?吃话题,吃兴奋,吃表情,吃气氛。迄今一百多年了,法国人周末生活的三大板块不变:户外运动,家庭聚会,各式沙龙。1929年经济大萧条、2008年金融危机,三大周末板块也不能中断。

法兰西民族的生活智慧,国人当细思焉。

少年岳飞是生存敞开的万年模范,平日里一连串的关切点,均衡分布,相得益彰。尽孝,劳作,习武,读书,生活的四重奏衍生无限多的细节。关切点不会互相吃掉,兴奋点不会轻易推高。决不会。单是习武一项,几乎要穷尽身体的可能性,一辈子学不完。

青年岳飞走了一点弯路,有过一段青春迷茫期,嗜酒,耍酒疯,不听劝。岳母像孟母断机一般棒喝他,把他的酒虫子的活跃度降低了。孝子岳飞闭门思过。后来他带兵打仗,皇帝要他戒酒,他彻底告别了杯中物。将士们每每痛饮壮行酒,庆功酒,他滴酒不沾,宴席上微笑着,状如高僧入定。超强的意志力把铁瘾头消灭掉,看上去轻描淡写。

时下数字庞大的网瘾患者,通常是意志薄弱者,戒网瘾之难,仅次于戒毒瘾。

2018年5月17日,世界卫生组织发布最新版的《国际疾病分类》,把"游戏成瘾"列为精神疾病。

太迟了。不过,亡羊补牢未为晚矣。人类智慧,有能力洞察技术这一把双刃剑。

世界卫生组织的权威发布,是二十一世纪的一件大事。

网瘾拒绝活生生的生活世界,封杀生存的主动性,消解个体的创造性,挑战源自人类祖先数百万年来的生命本质。"生命的阴暗麇集。"哦,阴暗麇集已经太多。

正在成型的网瘾将要上演新一轮的阴暗麇集。

着眼于未来吧。互联网是新生事物,人类正在努力驾驭它,而不是被它驾驭。

岳飞按下酒瘾去从军,做了一名"敢战士",类似敢死队的一员。有记载说他到契丹的国都燕京打过仗,邓广铭先生表示不相信。岳飞是神话般的人物,难免被神话。爱戴他的人们忍不住要神话他,包括写《鄂王行实编年》的岳珂。岳飞从军未久,父亡,他回汤阴居丧三年,其间读兵书,揣摩武艺,点拨一些后生的枪棒功夫。1126年发生了靖康耻,岳飞整日徘徊村头树,不发一言。练武更勤,半夜要长啸。怒火在燃烧。"目能穿帐",练武二十年的眼睛精光直射。转侍母亲又柔和,所谓刚柔相济,岳飞造极也。

除服(除素服)后的岳飞再从军,却因"上书言事",大约冒犯了宋高宗赵构,解甲回乡。不知道他上书说了什么。赵构是个善于打自家算盘的人,整天目不停转。赵构的恐金症不亚于他的尿裤子皇兄赵桓。金兵撤离开封后,担任开封留守兼副帅的宗泽,屡请赵构还都汴京,其时,宋军和民兵已逾百万之众,奋起反击的民间抗金武装,号为忠义军,战力不弱。

岳飞投奔宗泽的部属、河北安抚使张所,受张所赏识。

七十岁的老帅宗泽,血请高宗还都,他在第二十一封奏折中写道:"京师城壁已增固矣,楼橹已修饰矣,龙濠已开浚矣,器械已足备矣,寨栅已罗列矣,战阵已阅习矣,人气已勇锐矣,汴河、蔡河、五丈河皆已通流、泛应纲运。陕西、京东、滑台、京洛北敌,皆已掩杀溃遁矣……但望陛下千乘万骑,归御九重,为四海九州作主耳。"

宋高宗开始还敷衍宗泽,当奏折从开封雪片般飞来行在(皇帝所在之处),高宗干脆不理睬。宗泽忧患成疾,病榻上犹疾书。元帅空有百万兵。

张所把岳飞安排在军营中作效用,类似侍卫官或参谋,继而升为统领,旋又升统制,可见他对岳飞的器重。他是岳飞的贵人,然而另一个受到张所赏识的抗金名将王彦,差一点杀岳飞。宋高宗建炎元年(公元1127年)九月,王彦带七千兵马渡过黄河,进攻金军,岳飞一马当先,当天就夺回了卫州的新乡县城。王彦传檄四方,和地方的人民武装取得联系,一时声势浩大。金军急调数万精锐骑兵包围了新乡城。王彦指挥保卫战,同时准备突围,保存实力。在具体的突围方案上,岳飞和王彦产生了分歧。

岳飞性子倔,不听王彦的命令,自带一部分人马突围了。这是严重违反军纪。

王彦将军率部杀出重围,转入共城县(河南辉县)的山区,建立根据地,未久,河北、河东的民间武装营寨,有十九路人马听从王将军调度。十几万宋军纵横千里,打出了"赤心报国,誓杀金贼"的口号,官兵面部都刻上这八个字,百姓呼为"八字军"。金兵屡与八字军战,败多胜少。留守开封的宗泽元帅大呼八字军。

王彦带八字军渡黄河,赴开封,协助宗元帅保卫城池,吁请皇帝还都。

岳飞单枪匹马到开封请罪。王彦视岳飞良久,下不了杀岳飞的决心。左右劝他严明军纪,他茫然。换成一般将领他就杀了,可是在他面前的是岳飞,浑身武艺的岳飞,至忠至孝的岳飞。王彦说:交给元帅吧。王彦请岳飞吃了一顿酒。岳飞饮酒,面色如常,尽管他喝的可能是"催命酒"。

宗泽与岳飞谈话,语未尽,笑容已露。老元帅让岳飞直接听他指挥。这一年岳飞二十四岁。宗泽把珍藏的《阵图》传给岳飞,不料岳飞说:"阵而后战,兵之常法,然势有不可拘者。且运用之妙,存乎一心,尚乞留守熟思。"大元帅沉吟说:"卿言是也。"

灵活机动的战略战术。在战争中学习战争。运动战。毛泽东说过:一上战场,所有的兵法都忘光了。《论持久战》阐释灵活和运用之妙:"灵活不是妄动,妄动是应该拒绝的。灵活,是聪明的指挥员基于客观情况'审时度势'(这个势包括敌势、我势、地势等项),而采取及时的和恰当的处置方法的一种才能,即是所谓'运用之妙'。"

岳飞的灵活来自何处呢？肯定要追溯到他的小时候,然而,回望几乎无路。写历史人物,是不可能精确还原的,越深入越迷茫。即使占据充足的史料,也难以抵达生存之内核。作一些猜想是可以的,比如岳飞习武早,童子功扎实,十六岁称汤阴县第一,同时勤劳作,勤读书,会友多多,身心的灵动超过一般人。这伏下战场上妙用兵法的可能性。战场瞬息多变,考验指挥员的应变能力。少年曹操是个机灵鬼,后来打仗很厉害。由此可见,早年的释放天性有多么重要,天性释放了,身心灵动才不是一句空话。社会各领域的佼佼者,几乎无一例外是身心灵动者。创造性的人物更是如此。这一点,当下的西方人比我们懂得多。身心灵动,也是尽可能享受生命的前提。

小孩子驮大书包,如何灵动？如何孕育奇思妙想？如何享受身心自由？

1127年冬十月,宋高宗赵构把政权从归德南迁扬州,打算迁都于建康(南京),弃北中国的人民于不顾。宗泽的一部分军队受命南移。而女真并无南犯的迹象。赵构一跑,军心动摇,女真抓住了这个时机,大规模南犯。金兵进至黄河北岸,兵分两路,一路西犯汜水。宗泽任命岳飞为"踏白使"(突击队长),带五百精骑打击汜水的敌人,杀敌近千人,又闪电般撤退,伤亡很少。宗泽升他为统领。随着战功的增多,宗泽又提升他为统制,带数千精兵作战,屡战屡胜,金兵听到岳飞二字就想撤退。皇帝在逃跑,元帅、将军在战斗,士兵在浴血。

建炎二年七月初一,已连上二十四道奏折的宗泽,因皇帝不听,不答复,忧愤而亡(背生疽),死前大呼,"渡河！渡河！"宗泽元帅的弥留时光,没有一句话说到私事。这令人联想宰相司马光临终前,神志不清了,说的全是国事。

忧入骨髓。忧到九泉下。

建炎二年(公元1128年)的秋天,金国军事首脑粘罕,率大军长驱南下,包围了重镇澶州,三十三天破城,将包括婴儿在内的居民全部屠杀。粘罕又攻濮州,三十多天破城,对城中居民不分"少、长、良、贱",

一概杀光。兽性大发的金兵纵火烧毁了城市。

建炎三年正月,金兵攻下古九州之一的徐州,再次大肆屠杀,黄河昼夜流血水。

二月初,赵构半夜逃出扬州城,随行人员只有十来个,拼命打马狂逃。这一幕,酷似唐玄宗仓皇逃出长安奔四川。扬州十万户一夜醒来,惊闻高宗皇帝跑了,全城顿时一片混乱。车马人潮涌向城门,践踏而死者不计其数。树木、墙壁贴满了寻人的帖子。哭声喊声凄厉。在长江的北岸,十几万人拥挤着,踩死的、江中淹死的,又不计其数。因水量小,高官富商们的装满金银宝物的几千只船舶搁浅,未能顺江下瓜州,全部成为女真军的战利品。

靖康耻。建炎耻。

身在开封城的岳飞仰天长啸。

赵构选用的开封留守杜充,是个既骄横又怯懦的坏蛋加软蛋。软蛋却有媚上的功夫,受软蛋皇帝的高度器重。杜充治军窝囊,与宗泽元帅不可同日而语,他又切断了和中原很多民间武装的联系。一些部将不听他指挥,密谋哗变。驻扎开封城西的岳飞所部倒是可靠。杜充的心思是冲着皇帝的,巴望早日南下。这使开封城的防御力量在短短数月内急剧下降。赵构从扬州逃跑,杜充以勤王为理由,把开封抛给其他官员,于1129年的5月,自带军队渡淮河、渡长江了。

建炎四年二月,开封再一次沦陷。杀气腾腾的女真军再次疯狂屠杀。

赵构从扬州逃常州,逃苏州,逃秀州(浙江嘉兴),气喘吁吁到了杭州。惊魂甫定,他的一帮宠臣还到钱塘江观潮,江边的豪华帐篷绵延十里,还向杭州市民施淫威,敲诈勒索。自宋徽宗以来的官场风气可见一斑。生死关头还要娱乐。赵构不断给金主粘罕写"乞哀书",要主动取消国号,自废帝号,纳贡称臣,以换取江南小朝廷的偏安,赵构称:"是天地之间皆大金之国,而无有二上,亦何必以劳师远涉然后为快哉!"

乞哀是不管用的,粘罕反而大举南侵,以四太子兀术为统帅。《说岳》一书称金粘罕,金兀术。此二人,把血淋淋的屠刀从中原挥到江南。

金军渡江,杜充指挥的宋军全线溃退。杜充从建康(南京)逃跑,后又投敌,还带走了三千人马。建康知府陈邦光投降,建康落入敌手。

金军马不停蹄向杭州进发。苟安杭州的赵构再写乞哀书,一封接一封地写,然而金兀术像他父皇金粘罕一样毫不理会,只管进军,要荡平江南,摧毁赵宋政权。

赵构再逃,逃越州(绍兴)。越州也不安,再奔明州(宁波)。他下令凑了二十只大船,其中一只叫御船,浮于海上达半年之久,这是飘在台州、温州之间的南宋政权。

金军入杭州,屠杭州城。

岳飞的部队驻扎在常州的宜兴,听候命令。他将失散多年的老母和儿女们接到军中,每日向母亲请安,叩问起居,服侍饮食汤药。新婚的李夫人十分孝顺婆婆。岳飞却从不把军营的事带回家中讲,尽管李夫人知书史,儿女们想听军旅故事。家规很严的。

女真军盘踞建康、杭州,不断受到民间抗金力量的打击。南宋官军集结刘光世、韩世忠、张俊这三大主力,部署在长江下游。金兀术攻势虽猛而兵力有限,要一口吃掉江南是不可能的。中原的人民武装也是金军的大患,金兀术作了两手准备,加强建康防务的同时,又布置撤退。建炎四年五月,金兵在古老而繁华的建康城,杀、抢、奸,把建康城烧毁,全城浓烟滚滚半月之久。山林中的虎豹豺狼痴痴眺望,怎么也看不懂……

此间,岳飞所部从宜兴向建康迅速移动。

金军带走了大量物资金银和他们需要的人员,士夫、工匠、妇女、伶人等,到静安(南京市西北)渡江。岳飞神兵天降,打得未及渡江的金军尸横二十里,救回了人员财物。五月中旬,岳飞收复建康。所到之处,一片凄凉。

下旬,他班师回宜兴,发生了一件意想不到的事。驻扎宜兴的另一支刘经的部队,密谋害岳飞,吞并岳飞所部。这种事在当时的宋军中并不罕见。岳飞用计把刘经杀掉,收编了刘经的人马。此间的岳家军已有数万,是一支包括民间武装在内的劲旅。

宜兴县的小镇上有个庄园叫桃蹊园,岳飞常去游赏。屯军宜兴无战事,英雄闲步花柳间。常州宜兴是苏东坡后人的聚居地之一,随处可见苏氏的题匾、诗壁,岳飞景仰苏轼的为人,酷爱苏体字,岳珂说:"先王夙景仰苏氏,笔法纵逸,大概祖其遗意。"

酒酣耳热之际,岳飞把卷东坡乐府,哼它几首,唱它几句。岳飞有很好的文学素养,可惜传下来的诗词少。豪杰的回肠荡气乃是常态,动笔非凡笔。岳飞的书信和奏折很值得一读。宋人尺牍,一流文字颇不少。

岳飞在桃蹊园的墙壁上写下一篇《题记》:"近中原版荡,金贼长驱,如入无人之境。将帅无能,不及长城之壮。余发愤河朔,起自相台,总发从军,大小历二百余战,虽未及远涉夷荒,讨荡巢穴,亦且快国仇之万一。今又提一垒孤军,振起宜兴,建康之城,一举而复,贼拥入江,仓皇宵遁,所恨不能匹马不回耳!今且修兵养卒,蓄锐待敌。如或朝廷见念,赐予器甲,使之完备,颁降功赏,使人蒙恩,即当深入虏庭,缚贼主,喋血马前,尽屠夷种,迎二圣复还京师,取故地再上版籍。他时过此,勒功金石,岂不快哉!此心一发,天地知之,知我者知之。建炎四年六月望日,河朔岳飞书。"

这短文,可与《满江红·怒发冲冠》并读。

岳飞升通泰镇抚使,兼泰州知州。他写了一封《申状》给朝廷,表示想去前线打仗:"若蒙朝廷允飞今来所乞,乞将飞母、妻并二子为质,免充通泰州镇抚使,止除一淮南东路重难任使,令飞召集兵马,掩杀金贼,收复本路州郡,伺便迤逦收复山东、河北、河东、京畿等路故地,庶使飞平生之志得以少快,且以尽臣子报君之节。"

时在1130年,岳飞二十七岁。

朝廷没有答应。岳飞赴泰州任。岳家军军容整肃,对当地百姓秋毫无犯。他的舅舅姚某日后犯了军纪,他下令军法处置。母亲赶至军营来求他,说只有这个弟弟了。姚某免死罪,但必须戴罪立功,可是这个姚某骄纵惯了,竟然在演兵场搭箭偷袭岳飞,岳飞听得强弩的破空之声,头一偏,飞箭贴着耳边过,飞出三十步射断了树枝。姚某心黑如此,哪里还是舅舅?岳飞纵马二百步生擒他,下令即刻斩首。母亲姚氏赶来时,姚某人已是刀下鬼。另有一员骁将傅庆,能在一百七十步之外射中箭靶,他没钱花的时候便向岳飞讨银子,军中皆知。但此人恃宠闹事,屡教不改,甚至生贰心,岳飞将其除掉。

一支铁军,容不得一匹害群之马。

岳飞不能容忍任何一个亲戚在任何地方乱来。儿子岳云生得跟豆芽菜似的,却在虎父的催逼下勤练武艺,苦练体力,日后使一双八十斤铜锤,杀金贼大展雄风。他弟弟岳翻也是一员战将。杀金贼,荡流寇,父子兄弟皆上阵。

岳家军驻扎泰州,金兀术集结二十万大军来围剿,兵力十倍于岳家军。岳飞避其锋芒,星夜渡江,移师江阴军。金兀术想要消灭这一支最有战斗力的宋军,结果扑了空。

强大的岳家军不恃强,打不过就走,这是在战争中学会的保存实力的关键一招。武人的一大软肋就是恃强,争锋,争霸。项羽如此,韩信如此,关羽如此。韩信还是一位出色的战略指挥家,封齐王,却造刘邦的反,看不起猛将樊哙,不懂得向功成身退的张良先生看齐,结果夷三族。武人的生存遮蔽,韩信是个典型。

强大而不恃强,强而示弱,乃是老庄哲学的妙处。这很难。强者恃强乃是常态,水里淹死的通常是水中好手。自恃身强力壮,往往强过头而走向反面。凡此种种,生活中非常多。老子庄子不是这样活的,他们在乱世长寿,逍遥,与其不示强有关。柔克刚,水穿石,阴负阳,抱朴素,守虚静,致玄远,知无为,参天地,这一类华夏族的哲人智慧,惠及为政、军事、建筑、艺术、医学诸领域,惠及普通人的生活方式。惠及生活方式是说:减少遮蔽。"充满劳绩,但人诗意地栖居在大地上。"

岳飞高大威猛,遇事果断,却有一般武人少有的自知之明,知强,知弱,所以他在七八年间,历大小二百余战,未尝有刻骨之败。自知之明从何而来?善于反观自身吗?得益于文武双修吗?读兵书又忘掉兵书吗?孝敬老母亲的心细,与运筹帷幄的胆大心细有内在联系吗?我们一旦进入传主的生存内核,问题就来得比较多。

绍兴元年(公元1131年),女真军对南宋的攻势放缓了,长江中下游,大抵无战事,宋廷得以用兵于江南淮南,诸将征讨流寇,镇压农民起义军。流寇是指在对金战争中被打散的若干支宋军部队,又结合起来成为大小势力,流窜于州县,占山为王,对抗朝廷。

以李成为首的一支,从山东窜扰至淮水流域,拥众数万,占据了六七个州郡。朝廷派张俊作江淮路招讨使,讨伐李成。岳飞驻扎在江阴的部队归张俊统一指挥。

岳家军初战告捷,继而引兵渡江攻击李成的贼众,战于黄梅县,贼众大败,李成率残余投降了伪齐的傀儡皇帝刘豫。这个伪政权建立于1130年。

绍兴元年七月,岳飞升为神武右副军统制,驻军于江西洪州。他招安了流寇张用,征讨流窜到湖南浏阳、道州(湖南道县)的曹成。从江西移师湖南,百姓箪食壶浆以迎岳家军。离开洪州时,他并不告知城里的官员和市民,部队连夜开拔,早晨已走得干干净净,借用的各种物资全部归还,包括廉价的日用品,损毁的东西照价赔偿。人们蜂拥出城门,却只远远看见岳飞骑在马上的背影。

部队过庐陵,郡守在城外安排了酒食,却找不到鼎鼎大名的岳飞将军。部队走了很长时间,庐陵太守问将领,问士兵,一直见不到他渴望一睹风采的人。有个裨将告诉他,岳飞将军早就远去了。诸如此类的细节数不胜数。一心只为杀敌,不图半点虚名。这让我想起二战结束后的德国哲学家雅斯贝尔斯,当人们四处找寻这位抵抗纳粹的英雄时,英雄已悄然离开德国,拒绝成为公众人物。他对公众的欢呼声和媒体追捧毫无兴趣。

岳家军追击曹成贼众,从湖南追到广西,追到岭南贺州。贼将杨再兴武艺高超,勇猛过人,面对岳飞麾下大将张宪,浑无惧色。岳飞的弟弟岳翻出战,被杨再兴神出鬼没的长枪刺死。因寡不敌众,曹成、杨再兴屡战屡败。单枪匹马的杨再兴被逼向山中悬崖,忽然大叫:勿杀我,带我见岳飞吧!

岳飞见了杨再兴,亲自为他松绑,要他为国家效忠,痛杀金兵。

身长八尺的杨再兴倒身下拜,从此铁心跟随岳飞征战。

岳家军在追剿流寇的一二年间,收编了许多人马,军力军威有增无减。绍兴二年(公元1132年),岳飞的部队过境湖南永州,在官厅墙壁写下《题记》:"权湖南帅岳飞,被旨讨贼曹成,自桂岭平荡巢穴,二广、湖湘悉皆安妥。痛念二圣远狩沙漠,天下靡宁,誓竭忠孝。赖社稷威灵,君相贤圣,他日扫清胡虏,复归故国,迎两宫还朝,宽天子宵旰之忧,此所志也。顾蜂蚁之群,岂足为功。过此,因留于壁。绍兴二年七月初七日。"这一年的岳帅三十岁。

区区流寇无非是蜂蚁之群,不足挂齿。岳帅志在收复中原。

次年二月,宋高宗赵构派人送岳飞金蕉酒器。九月,赵构在杭州召见岳飞、岳云父子。不难想象岳飞的感激涕零。其时岳云才十五六岁,却受到如此大的恩宠。

赵构把更多的人马调拨给岳飞指挥,赐岳飞父子衣甲、马铠、弓箭、战袍、金带、手刀、银缠枪、海皮鞍。送军旗一面,旗上绣"精忠岳飞"四个大字。绍兴四年(公元1134年),岳家军已达六万,战力高于韩世忠、刘光世指挥的部队。

铁军计划从鄂州(湖北武昌)渡江北指,先攻郢州(湖北钟祥县)。岳飞亲自领军攻城,士兵们"累肩而升",叠人墙登上城头,杀伪军七千。绰号"万人敌"的伪齐名将荆超,死在岳飞的银缠枪下。"精忠岳飞"的旗帜插上城头。破城第二天,岳家军连夜疾进,挥师襄阳,一举拿下。牛皋自告奋勇,只带三天口粮去攻随州,众将哂笑,因为随州城池坚固不好打。然而牛皋两天就把随州打下来了,活捉了伪知州。岳飞给牛皋记功,牛皋却把战功推给张宪,张宪又不受,说岳云打前阵功高……庆功宴上,岳飞像苏轼一般"把盏为乐",玩玩酒杯而已。他望着帐下的将士们,未沾酒而乐陶陶。

牛皋一饮三百杯,大笑恰似猛张飞。

有什么样的统帅,就有什么样的军队。

岳飞驻军襄阳,上书赵构:"臣窃观金贼、刘豫,皆有可取之理:金贼累年之间,贪婪横逆,无所不至,今所爱惟金帛子女,志已骄堕;刘豫僭臣贼子,虽以俭约结民,而人心终不忘宋德,攻讨之谋正不宜缓。苟岁月迁延,使得修治城壁,添兵聚粮,而后取之,必倍费力……以臣自料,如及此时,以精兵二十万直捣中原,恢复故疆,民心效顺,诚易为力。此则国家长久之策也,在陛下睿断耳!"

公元1134年的七八月,岳飞的军队攻克邓州、唐州、信阳军。

每战必胜,每攻必克。

这一年九月,金兀术带金兵主力与伪齐精锐合力南犯,骑兵步兵渡过了淮水,远远避开岳飞的防区。赵构怕金兀术,金兀术怕岳飞。赵构急召岳飞率军护驾,《御札》曰:"近来淮上探报紧急,朕甚忧之。已降指挥,督卿全军东下。卿夙有忧国爱君之心,可即日引道,兼程前来。朕非卿到,终不安心。卿宜悉之。"

岳飞的全部人马驰援淮西,在庐州境内与金兵接战,大败金兵。金兀术颓丧班师。年底,金兵与伪齐的这次合力南犯以失败告终。兀术叹曰:"撼山易,撼岳家军难!"

赵构在行朝(行进中的朝廷)唱歌,百官弹冠。

绍兴五年(公元1135年)二月,岳飞受诏赴杭州见皇帝。此后数月,他受命去打起义军。

绍兴六年秋,已升至检校少保的岳飞,把他的大本营从襄阳迁回鄂州,忽一日,行军途中大雨滂沱,岳少保骑马淋雨,凭它山林呼啸狂风,他只一动不动,很享受的模样。战场上愈战愈勇,暴雨中越淋越舒服。这个勇士的日常姿态感染了身边所有人,随行文书落笔快,记下了这一细节。密集的雨点扑打英俊的面孔,近乎窒息的感觉真是有点爽啊。鄂州淋暴雨的形象,带出岳飞元帅的少年英姿,一年三百六十五日,勤练刀枪与棍箭。风霜雨雪不废,大毒日头照常,新婚燕尔不赖床,健步出洞房。

"自信人生二百年,会当水击三千里。"

好个岳鹏举,岳将军,岳元帅,岳少保。

报仇雪恨。还我河山。直捣幽燕。

伟大的《满江红》诞生于岳飞淋雨之后,在一座寺庙里:"怒发冲冠,凭栏处潇潇雨歇,抬望眼,仰天长啸,壮怀激烈。三十功名尘与土,八千里路云和月。莫等闲,白了少年头,空悲切。 靖康耻,犹未雪,臣子恨,何时灭?驾长车,踏破贺兰山缺。壮志饥餐胡虏肉,笑谈渴饮匈奴血!待从头,收拾旧山河,朝天阙。"岳飞的恨,多么有力。

从戎十几年来,仇恨燃烧着岳飞的每一天。这是情绪的铀矿,恨与爱共属一体。大恨,大爱,此之谓也。炽热情感化作日常之所为,大度,冷静,坚韧,谨慎,仔细。这些都是统帅气质的组成部分。带兵带出了一支神兵,所向无敌的神兵。

李广的军队。岳飞的军队。

毛泽东的人民军队。

"革命军人个个要牢记,三大纪律八项注意……"熟悉的旋律永远激昂。

岳飞屯军鄂州,发生了一件意想不到的事,军官贺舍人的妻子与和尚私通。一查,发现类似的秘事不少。军官们长期在外征战,后院起火了。家眷到寺庙烧香拜佛,和尚趁机勾引。一个和尚得手,大和尚小沙弥就不甘落后。妇人烧香也画眉,和尚笃笃敲木鱼,也敲出风流节奏来。事发,军官们一个个怒不可遏。岳帅如何处置?

真是伤脑筋,比打仗还麻烦。

岳飞与参谋反复商量,决定只处置贺舍人的老婆与那花和尚,以儆效尤。其他跟和尚有染的军官老婆从轻处理,花和尚一律脸上刺字,乱棍赶出寺庙,令其还俗种田,一辈子为下等户。而鄂州习俗,偷汉子的女人是要沉江的。岳飞不忍心多杀。一些军官不理解,但尊重岳帅的决定。

岳飞律己严,像诸葛亮一样不近声色,这使他麾下的将士们谨守军纪,只知杀敌。部队驻扎过的许多地方,没有一个官兵在军营之外闲逛。骚扰当地的事件有二,一是他的舅舅姚某,二是他的老朋友傅庆,皆以死罪论处。傅庆高超的武艺并不能救自己一命。于是,全军上下皆知统帅之心。岳云犯了军纪照样重惩,一百军棍不留情。

杨再兴在战场上杀死岳翻,旋又投降,岳飞为杨再兴松绑。

岳飞做的每一件事都是为了北伐金贼。

帅蜀的吴玠花二千贯买来一个"士族女子"送岳飞,岳飞将她送回去。官员家的女儿有才有貌,虽因家道中落沦为侍儿舞姬,身价却高。高官纳妾是普遍现象。岳飞矢志坚,戒酒,不置二房。平时家里的饭菜非常简单,食仅一肉,严禁二肉,做寿过节,决不允许七盘八碗的。长期这样。夫子李氏穿布衣,节庆日才穿一回帛衣。范仲淹的风范,司马光的风范。岳飞爱吃牛肉,次为猪肉,每餐素菜多肉食少,八尺大汉狼吞虎咽,日食斗米。牛肉长肌肉,猪肉有补充大脑之功效,不过,宋代大户人家是不吃猪肉的。岳飞酷爱苏词,苏体字,爱屋及乌,爱上了肥而不腻的东坡肉,东坡肘子。杭州是苏东坡做过知州的地方,杭人敬爱东坡几十年不变。岳飞去杭州,总是在苏堤上饱餐东坡肉。

岳飞对儿女们说:吃素的高僧们不是大都长寿么?

次子岳雷八九岁,已经习武几年了。家里的书卷,兵书几占一半。

兵书看了就忘了,忘了就记住了。岳飞从来不需要死记硬背。看军事地图,往往从日出看到日落。吃饭停箸遐想,脑子里正有千军万马。

生活中的每一个细节都透露了五个字:时刻准备着。

岳飞与宋高宗的往来信札多达百封,岳飞的上书,绝大部分是请战、请兵,没有一封是为自己请功的。手握重兵的刘光世在前线怯战,一退再退,把淮右一带断送伪齐。这个大帅沉迷于酒色,导致他的帐下诸将享乐成风。朝廷舆论沸腾,赵构想撤掉刘光世。这是岳飞扩充武装的好时机。赵构和张俊商议后,决定把刘光世的近六万军队交给岳飞。

岳飞兴奋极了,上书云:

"臣自国家变故以来,起于白屋,从陛下于戎武,实有致身报国、复仇雪耻之心。陛下录臣微劳,擢自布衣,曾未十年,官至太尉,品秩比三公,恩数视二府……臣一介微贱,宠荣超躐,有逾涯分,今者又蒙益臣军马,使济恢图。臣实何能,误荷神圣之知如此,敢不昼度夜思以图报称!臣窃揣贼情,所以立刘豫于河南、而付之齐秦之地,盖欲荼毒中原生灵,以中国攻中国,粘罕因得休兵养马,观衅乘隙,包藏不浅……"

接下来的千余字,讲渡江北伐的具体步骤。由岳飞这封奏折可知,皇帝已打定主意把刘光世所部并入岳家军。然而没过几天皇帝变了,《御札》称:"淮西合军,颇有曲折。"岳飞去找张俊,张俊支支吾吾。岳飞飞马赴建康,请见赵构,君臣谈不拢。

岳飞失望之极。自回庐山东林寺旁的居所,写信给朝廷,请求罢军职,持余服(接着为母守孝)。赵构急了,派专使到庐山劝岳飞返回鄂州军营。岳飞不从,写了第三道奏札,说只为收复河山、两京(开封洛阳),绝无半点私心杂念。

赵构封还奏折,称:"今再封还来奏,勿复有请。"

岳飞连日黯然神伤。二十万大军渡江成泡影。

七月,岳飞回大本营。

赵构这个人太复杂,主要的意志是坐稳他的龙椅,偏安于江南。他忽而是投降派,忽而是主战派,其时叫"和戎"与"恢复"。宋军的主动北伐,事实上是为了保住江淮以南。宋高宗打着恢复赵宋宗庙、迎回徽钦二帝的旗号,获得民心军心,却暗藏私心:两个老皇帝真的回来了,他的龙椅就坐不稳。后来的学者渐渐看清这一点,当时却云遮雾罩,九重(皇宫)之内的心思讳莫如深。更有一个绰号秦长脚的秦桧。

初,这个秦长脚被金兵带走,在金国待了几年,频繁接触包括挞懒、粘罕在内的女真高层,生活挺滋润。忽一日,秦长脚带了妻妾及大量珠宝到杭州,宣称是砍倒金兵逃回来的,并且,在三个月之内当上宰相。这一套鬼都不信的谎言,宋高宗赵构很相信。他重用秦桧有玄机。学者们认为:秦桧肯定是金国派到南宋的间谍。邓广铭先生亦持此说。赵构可能心知肚明,但出于他自己的盘算不予道破。什么盘算呢?割地求和的盘算,丧权辱国的盘算。

赵秦二人闭门密商,赵构总是怀揣匕首以防不测。秦桧这厮太阴险,连鬼都怕他。后来他让岳家军孤军深入,阻止其他的北伐军队合围开封,这是借金人的刀杀岳飞。

秦桧到处宣称:"中国人但当着衣啖饭,徐图中兴。"赵构表示赞赏。

赵构念念不忘的是皇位:有限的北伐,无限的皇权。

秦桧得势,进一步宣称:"南人归南,北人归北。"八个字使朝野震动。北方人打仗历来强于南方人,让北人归北,不是要瓦解南宋的武装力量吗?而北方受金人奴役的人民,谁还敢跑到江南来?在舆论的强烈谴责下,赵构罢免了秦桧。但没过几年,秦桧又做了宰相。

赵构玩尽花招,秦桧阴险之极。军营中的岳飞,哪知这些政治猫腻。南宋朝廷复杂万端。若干年后的虞允文、辛弃疾遭遇相似。战士陆游叹曰:"岐山渭水不出兵,却携琴剑锦官城。"彼时宋孝宗在位,指手画脚的是太上皇赵构。辛弃疾:"却将万字平戎策,换得东家种树书。"

游牧草原的女真族,立国十余年,能够单纯发力,二三百万人的小国,打败一亿人口的、经济实力雄厚的大宋。岳飞清晰地看见这一点。而赵宋朝廷近一百八十年,利益交错,矛盾重重,欲望持续嚣张,恰似一团乱麻,剪不断,理还乱,形成合力不可能。

汉,唐,宋,因利益长期纠缠,而导致国运衰败,而上演华夏族的大悲剧。

孔孟,老庄,于此告诫多多。为什么告诫?他们看乱世看得太多了:利含刀,利嗜血。

绍兴八年(公元1138年)至九年,宋与金贼在一大片反对声中签订了所谓和约。金兀术大军压境,一面遣使讲和,答应送还赵佶的棺木,"割让"河南、陕西。而宋高宗见金国使者,则必须换臣子的服饰,行跪拜礼,取消帝号,以藩属国的口吻称颂大金,年年向金国纳贡。和议的条款一出,南宋举国愤怒。南宋百万军队,能征善战、屡败金兵的岳家军韩家军就有几十万,却不能与金贼一战,就要拱手让出大好河山,承认野蛮至极的占领者。

赵构公然说:"若使百姓免于兵革之苦,得安其生,朕亦何爱一己之屈。"秦桧对赵构进言:"若陛下决欲讲和,乞陛下英断,独与臣议其事,不许群臣干与,则其事乃可成。不然,无益也。"

赵构答:"朕独与卿议。"

明代学者胡寅《读史管见》,画出秦桧嘴脸:挟虏以自重,劫主以盗权。

宰相赵鼎、枢密院副使王庶等一大批朝廷重臣力斥和议。女真议和是有大阴谋的,大将韩世忠上书赵构,一针见血地指出:"今国家避地东南,目前军势,贼尚提防,虽谋吞并,未敢轻易深入,故用此谋,诈许交还陕西,意望移兵就据,分我兵势。其贼必别有谋画,志在一举,决要倾危……况陕西诸路,出兵产马,用武根本之地,岂肯真实交割,资助我用?显是巧伪甘言,以相诳赚!"

赵构不理睬韩世忠,秦桧撤销了王庶的职务。

大臣们或独奏,或联名上书,乞斩卖国贼秦桧。赵构一笑置之。

女真的代理人秦桧声称:"我欲济国事,死且不避,宁避怨谤?"

秦桧作为赵构的全权代表,以"江南国"臣子之礼,接受"大金"的国书,把金国"诏谕江南使"恭送到宰相府下榻。那一天,临安(杭州)十万户一片死寂,"军民见者,往往流涕。"街头巷尾贴满了标语:"秦长脚是细作。"士兵连夜撕去标语,次日又贴出来。如是者累月。苏州湖州绍兴等地皆然。

民心,军心,官员之心,挡不住赵构的卖国心。

和议达成了。岳飞愤怒上表,申北伐之志:"臣愿定谋于全胜,期收地于两河!唾手燕云,终欲复仇而报国!"秦桧读此表,恨得大喊大叫。赵构提升岳飞为从一品,开府仪同三司,在《制词》中把岳飞比作西汉的卫青、霍去病,想要封住岳飞的口与笔。

然而,岳飞不受。上札子曰:"所有告命,臣不敢受!"

赵构不允。岳飞再上札子:"臣近者累犯天威,力辞恩宠……伏望陛下怜臣拙直,察臣愚衷,早赐俞音,收还成命!"赵构不许。成命不收回。岳飞上《乞解军务札子》,决计不与卖国贼同流合污,札子有云:"盖自从事军旅,疲耗精神,旧患目昏,新加脚弱……恐有误于使令。愿乞身躯,遂于退休……他日未填沟壑,复效犬马之报!"旷古之英雄称病辞军职,亦旷古之奇事!

赵构不答复。岳飞奏进《乞解军务第二札子》。朱批下来了:"所请宜不允。"岳飞自回鄂州去了,一路上屡屡望青天。札子上的句子回流脑际:"他日未填沟壑,复效犬马之报!"只要活着,就要报国。

笔者行文至此,万千感慨。此间知道了,什么是中国勇士的心。

恨与爱,一万年不能消。

"待从头,收拾旧山河……"

和约签订的第二年,金人撕毁条约,再度马踏河南。绍兴十年(公元1140年)夏,金兀术率二十万精骑,分四路南下,攻洛阳,围开封,打归德,袭击顺昌府(安徽阜阳)。所过中原州县,万千屠刀挥向城乡的男女老幼。民间武装奋起反抗,官兵多溃败。

开封、洛阳、郑州等地再次沦陷。百万百姓逃亡。

赵构慌了,连下数道《御札》,六月六日,十一日,十二日,十九日,赵构犹豫徘徊又十万火急,命岳飞渡江,复下密旨另作图谋。驻扎于战略要地鄂州的岳家军,早已枕戈待旦,一接诏,连夜开拔。这种速度,其他将领是做不到的。

"兵贵神速"的前提是时刻准备着。时刻准备着的前提是万众一心。万众一心的前提是统帅之志。六月十三日,牛皋的先锋部队已渡江,与金兵接战,首战告捷。六月二十三日,岳家军的统领官孙显,大破金兵于陈、蔡州界。

"壮志饥餐胡虏肉,笑谈渴饮匈奴血。"

岳飞曾经把一个全身盔甲的金兵将领从头劈成两半,如此神力,连他自己都吃惊。飞将军李广曾以为一块巨石是猛虎,一刀断为两截。《史记·李将军列传》有记载。

建炎四年(公元1130年),岳飞收复建康。

绍兴四年(公元1134年),岳飞收复郢州、随州、襄阳等六州郡。

绍兴六年,岳飞挥师北指,直抵伊、洛、商、虢、陈、蔡等地。

绍兴七年,岳飞渴望合并刘光世的数万大军,以二十万雄兵渡江北伐。

绍兴十年仲夏,阵容强大的岳家军挺进河朔。

然而,一个叫李若虚的人把皇帝的密旨带给岳飞:"面得上旨:兵不可轻动,宜且班师。"相似的密旨又给了正在顺昌府与金兵激战的刘锜。

岳飞不管密旨。将在外君命有所不受。六月中旬,他的主力部队已全部开抵河南的心腹地带。沿途数十万民众,箪食壶浆迎岳家军。

闰六月十九日,张宪所部克复顺昌府。贼众退向颍昌,岳飞亲率大军攻城,只半天,拿下颍昌府。贼众再退陈州(河南淮阳),牛皋、徐庆所部与张宪会师,在陈州城外与贼兵接战,把金兵打得丢盔弃甲。岳家军收复陈州。

二十五日,岳家军收复郑州。

七月十二日晨,岳飞的大军进入西京洛阳。金兵、伪军四散逃命。

此间,岳飞派人联络的河朔忠义民兵,在各个战场上打击侵略者,"渡越黄河,剿杀金贼,占夺州县。"部将赵云、梁兴、董荣等,以正规军汇合民兵,阵地战配合游击战,屡战屡胜,士气大振。岳飞叹曰:赵云真虎将也,直似蜀汉国的赵子龙!

岳飞的司令部设在顺昌府的郾城县,重兵驻扎顺昌府城。金兀术探知郾城守兵不多,便集结了一万五千多精骑突袭岳飞,想打掉岳飞本人和岳家军的司令部。金兀术带龙虎大王、盖天大王,突袭岳飞的大本营,自恃"铁浮图"、"拐子马"横扫中原无敌手。金兵到了离郾城二十多里路的地方,岳飞的数千亲卫军(背嵬军)前来迎战。这支亲卫军由岳云率领,战力极强,锐不可当,类似西楚霸王项羽的八千子弟兵。岳飞命令将士们每人持三种利器:麻扎刀,大提刀,大砍斧。上砍金兵,下砍马足。三种兵器的重量合起来达百斤,提刀、砍斧又长,却还要舞得顺手,挥得猛烈,砍个正着。可见平日的沙场训练极严,岳帅常常亲自示范。

当年的"赢官人"岳云,挥舞一双大铜锤,每战,一马当先,创下一次战斗杀死金兵百余人的纪录。岳云披挂上阵时,岳飞说:"必胜而后返,如不用命,吾先斩汝矣!"

岳帅本人不顾部将的劝阻,跃马挥枪。部将死拽元帅马头,岳飞把马鞭子抽到他手上,几乎抽断指骨。岳飞飞马十余丈,一枪刺死金军贵族大头目,穿紫袍的尸身有个红漆牌,写有"阿李朵孛堇"字样。亲卫军统领岳云,双铜锤砸死金兀术的女婿、上将军夏金吾。

金兵溃退,岳飞挥师追杀三十里。

杨再兴的长枪,赵云的长枪,牛皋的板斧,杀得金贼魂飞魄散,哭爹喊娘。郾城外的血战打得天昏地暗,几十次排山倒海般的短兵相接,你扑过来,我扑过去,夏日炎炎赤膊厮杀,血与汗交流,断肢也作了武器,仇恨的牙齿咬断金兵的脖子。"人为血人,马为血马。"这是战后的描述。从1125年到1140年,金军血洗中国,中原,山东,淮南,江南,反复蹂躏,连婴儿和老人都不放过。杀戮的数字无法统计。

血债要用血来偿。

岳飞的创造性战术,将士们用三种利器,破了金兀术的铁浮图拐子马。

金兀术悲号:"自海上起兵,未有今之败也!"

金兀术又悲叹:"自海上起兵,皆以此(铁浮图、拐子马)胜,今已矣!"

狂妄十几年的金兵,仓皇相顾曰:"撼山易,撼岳家军难!"

公元1140年的七月八日到十八日,郾城-颍昌大决战。五万岳家军打败十二万金兵,让金兵抛下了两万多具尸体。杨再兴及其三百壮士全部战死,杨将军浑身中箭,重达两升之多。

朝廷枢密院奏书曰:"勘会岳飞一军于郾城县,独与番寇全军接战,大获胜捷。"

岳家军独战女真全军,大获全胜。

金兀术退守开封,惶惶不可终日。

岳飞乘胜进军,打到了离开封四十里的朱仙镇,枪挑小梁王,直取金兀术。金兵龟缩于开封。岳飞的大军兵临城下,从六个方向团团围困,破城只是时间问题。金兵不敢迎战。金兀术与岳飞硬碰硬的较量,从未打赢过。

不断有敌军将领逃出开封城,投降岳飞,包括龙虎大王的部将。金军的大将韩常也派人潜出城门,要投降。金兀术本人几番想放弃开封,逃回燕京老巢。然而问题出来了,问题出在南宋的都城临安(杭州)。宋高宗在盘算,宰相秦桧搞阴谋,昏君奸相终于合谋(平时常常各怀鬼胎),连下十二道金牌,"过如飞电",一日五百里,强令岳飞班师。此系战争史上最为荒诞的事件。

赵构不想收复北方,不想迎钦宗回朝,不让岳家军更强大。秦桧一心要置岳飞于死地。

秦桧唆使贪官杨沂中上奏:"兵微将少,民困国乏,若岳某深入,岂不危也!愿陛下降诏,且令班师。"赵构当日批复。他把朱笔一扔,转身步入酒池肉林。

岳飞接到班师诏,又惊又怒,连夜疾书呈送皇帝的《乞止班师诏奏略》:"契勘金虏重兵尽聚东京,屡经败衂。锐气沮丧,内外震骇。闻之谍者,虏欲弃其辎重,疾走渡河。况今豪杰响风,士卒用命,天时人事,强弱已见,功及垂成,时不再来,机难轻失!臣日夜料之熟矣,唯陛下图之。"

未久,岳飞命笔再奏:"金贼近累败衂,其虏酋四太子(金兀术)等令老小渡河……此正是陛下中兴之机,乃金贼必亡之日,若不乘势殄灭,恐贻后患。"

岳飞不肯班师。这两封奏札是铁证。

当时沦陷区的抗金力量,汇聚了四十万人马,奔向开封。岳飞打下开封,聚歼金军主力是最佳时机。"功及垂成……机难轻失!"然而宋高宗看札子咆哮庙堂,竟然连下十二道金牌,强令岳飞班师。如果岳飞再抗旨,朝廷将切断岳飞六万大军的粮草补给,并加以严罚。

从杭州凤凰山的皇宫到开封两千里,快马驰送十二道金牌,上面是皇帝的朱砂御笔:"卿孤军不可久留,令班师赴阙奏事。"驻扎亳州的张俊的十万多大军,不仅不声援岳家军,反而渡淮水后撤到寿春,证实了岳飞此前不安的猜想。三大将之一的刘锜手握数万"八字军",同样不能牵制敌人,史料记载:"锜方欲进兵乘敌虚,而桧召锜还。"

事实上,朝廷要岳飞孤军深入。有人想借金兵除掉他。

孤军深入的岳飞打败了金军主力,赵构强命他班师。皇帝的小算盘葬送大好河山。

岳飞仰天长叹,泪如雨下,徐徐道:"十年之功,废于一旦!所得州郡,一朝全休!社稷江山,难以中兴,乾坤世界,无由再复!"

六万铁军,四十万河北忠义军,与中原百姓抱头痛哭,哭成泪军。百姓拥戴岳飞,岳飞一走,金兵反扑,更将疯狂屠戮中原。凡是愿意跟随岳飞南渡的百姓,岳飞均予以收留。军民南迁,迤逦向淮河。岳飞在途中醉书诸葛亮的《出师表》,大泪滂沱。左右将士泣不成声。

"靖康耻,犹未雪,臣子恨,何时灭?驾长车,踏破贺兰山缺。壮志饥餐胡虏肉,笑谈渴饮匈奴血!待从头,收拾旧山河,朝天阙。"

然而天阙(朝廷)等着岳飞的,是巨大的阴谋和极卑劣的手段。先是以明升暗降的方式削去岳帅兵权,然后精心罗织罪名。秦桧要岳飞死,《宋史》记得明白。宋高宗也要岳飞死。

三大抗金名将,岳飞、韩世忠、刘锜被解除了军职,离开了自己的部队。整个过程是个迷雾重重的连环套,赵构秦桧精心谋划,张俊两面三刀,下边有一批爪牙。

公元1141年10月,闲居庐山的岳飞被骗至杭州,旋即下狱。全国为之震动,韩世忠怒气冲冲去找秦桧,质问:岳飞究竟犯了何罪?秦桧答以"莫须有"(也许有)。

民族英雄岳飞,在杭州大理寺的狱中备受折磨,连狱吏都来吼他:

"叉手正立!"英雄叹曰:"吾尝统十万军,今日乃知狱吏之贵也!"

岳飞面对诬告,凛然驳斥审判官:"对天明誓,吾无负于国家!汝等既掌正法,且不可损陷忠臣。(否则)吾到冥府,与汝等面对不休!"

11月7日,南宋政权提交的和约,金国皇帝完颜亮批准。主要有两条,1.宋金疆界,东以淮水中流,西以大散关为界,宋割让唐、邓二州和商、秦二州之半归金;2.宋向金称臣。每年向金纳贡银子二十五万两,绢二十五万匹。宋廷官方文件统称"大金",不得使用"虏寇""夷狄""仇敌"等字眼。

韩世忠等上书,大呼"秦桧误国"!旋遭弹劾。从此,韩世忠"绝口不言兵"。

南宋朝野关注着临安大理寺(今杭州湖滨小车桥附近)。

岳云、张宪先已被打入大牢,每日遭殴打,辱弄。岳飞次子、十五岁的岳雷亦未能免。

岳飞绝食,铁窗边伫立到天黑,凝望斜对面岳云张宪的牢房,心疼爱子和爱将,牵挂监狱外的李夫人,思念儿子岳霖、岳震、岳霆和女儿安娘。狱卒送肉饭,岳飞视而不见。岳雷扑通跪倒,一声声呼唤亲娘,希望娘来劝爹。

神勇无敌的伟男儿,面对失声痛哭的岳雷,不禁潸然泪下,答应儿子进食。

纵横沙场的岳云被打得血肉模糊。张宪受酷刑神志不清。

杜撰罪名的文书递入皇宫,宋高宗赵构即日"朱批"(朱砂御批)。毒杀岳飞于狱中,斩岳云、张宪于街市。判官原把岳云判徒刑十三年,赵构改判为死刑。——二十多岁的岳云武艺太高,名气太大,不杀留后患。另一猛将牛皋被毒死。岳飞的部将多被残酷清洗。

十五年南征北战、所向无敌的岳家军散了。其他的将帅寒了心,韩世忠再也不问北伐事,每日饮酒,垂钓于西湖烟波……南宋军队的士气从此一蹶不振。沦陷的北中国一片荒芜,民间的抗金武装支撑艰难,各地的人口和生产力骤降。汉民族陷入了水深火热。

陆游:"遗民泪尽胡尘里,南望王师又一年。"

南宋向金国俯首称臣:割地赔款,每年贡金帛巨万。官方文件一律称金国为"大金"。投降派弹冠相庆,金国人奔走相告。

二十年以后,金人还说:岳飞不死,大金必亡也!

绍兴十一年岁除之日(1142年1月28日),岳飞死于狱中,时年三十九岁。临刑前,我们的英雄在墙壁上写下八个大字:"天日昭昭!天日昭昭!"

少年岳雷,死死抱着父亲的腿……

杭州的街市上,行刑的刽子手狞笑着,手起刀落,二十三岁的岳云身首异处,愤怒的血溅到了三丈外,仇恨的牙齿咬紧石头。杭州城关门闭户,鹅毛大雪纷纷扬扬,像上苍撒下的纸钱。湖州越州皆大雪,太湖鉴湖白茫茫。

赵构沉迷于后宫的脂粉堆,一脸嬉皮相,状如宋徽宗。秦桧品茶于凤凰山,架二郎腿论"功"行赏。参与岳飞案的大小官员皆受提拔,恶人与恶人觥筹交错。

南中国北中国,炎黄子孙吞声哭。

此后二十年,抗金的文臣武将均遭清洗。投降派占据要津。

此后六十年间,金人在中原大搞"刷地",掠夺汉人土地,汉人逃亡。汉人逃亡以河南为最,三分之二的耕地变成荒地。山河破碎。汉民族苦难深重。

公元1163年,岳飞的冤案才得到昭雪。宋孝宗下旨,谥岳飞武穆。后来,皇帝追封岳飞为鄂王。鄂州是岳家军驻扎时间最长的地方。

岳飞是历史上堪用伟大来形容的民族英雄之一。亿万民众崇拜他,形成历史大潮,岳王庙南北多有。不喜欢他的封建统治者也要利用他。

当中华民族面临外敌入侵之时,岳飞二字势同千军万马,鼓舞战士奋勇向前。爱祖国,恨敌人。爱与恨铸就岳飞,铸就抵抗侵略的钢铁长城。

岳飞这个符号的另一个意义是成长的坚实,童年,少年,青年。这对今天的启示不言而喻。岳飞是生存敞开的万年楷模,是灵与肉完美结合的人类典范。

每一秒钟都活得昂扬,这是什么样的生存姿态?

他官至从一品,家里的饭菜总是和范仲淹、司马光一样简单。李夫人总是穿布衣。皇帝要在杭州西湖边上为岳飞建豪华官邸,岳飞婉拒。军中经常与士兵同食,像他崇拜的飞将军李广;为国家呕心沥血,像他崇拜的诸葛亮;以一己之身担当天下,像他仰慕的苏东坡。

生活简朴而抵达生存的极致。

这话说的是什么?简朴方能抵达极致。

2018 年 7 月 8 日　于四川眉山之忘言斋

后　记

当年我读罗素的《西方哲学史》，惊叹这位英国哲学家写人类大事，下笔轻松，娓娓道来，如叙家常。我惊叹了不止二十年，朝着这个诱人的方向缓缓前行。今年想到三个打通：打通古今，打通雅俗，打通中西。我再写一百年，也做不到三个打通，但努力获得了更明确的方向感。上路了，是的，探索者已经在路上。终点在探索者的眺望中显现为终点。一路好风光。爬山永远到不了绝顶，但攀登者回望山下，对高度是有感觉的。

哦，享受写作。太阳每天都是新太阳。前行者以回思的方式踏向未来。写人物，因人物的不同，文章的风格自然而然产生变化。这个太难了。难才有意思。

对于创造性的历史人物，唯有创造性的思维方能与之对接。也许我长期拜读西方大哲，获得了一些异质性干扰素，避免了单纯进入中国历史文化的同质性尴尬。

慢慢写吧，不着急。每日早起干活，中午收工，五六个钟头写下千余字。享受着香烟与思绪的互相缠绕，享受着书房里的蹦蹦跳跳，仿佛阳台上也安装了思维弹射器，情绪加热器。哦，情绪与思绪的双重饱满。自然科学家们思绪饱满，而情绪未必。艺术创造真好。艺术提供了激活感觉的无限可能，而感觉的丰富性乃是一切生活质量的前提。

审美引领的生活，也不大消耗越来越有限的地球资源。

窗外的雨，连月下个不停。八十七岁高龄的父亲说，他也没见过。

这种情形两三年要来一次，强对流频繁，气候诡异。这令人隐隐约约有些不安。气候模式因西部冰川的持续退缩而改变了吗？但愿我们是杞人忧天。

人在书房，想着长江源头的冰川。想着几年前中科院发布的科考数据。

喝茶吧，美妙的本地香茶。干完上午的活，又有午后的读书，音乐中小憩，有素心人相约靠拢，有远足和乒乓球。"闲暇辄相思，相思则披衣。"朴素的欣悦无处不在,低沸点的兴奋能够持久。还是引用德国大师的话吧:"人类不可失掉与简单事物打交道的能力。"

《品中国文人》第一、第二卷动笔于2006年,问世十年,加上2013年出版的第三、第四卷,累计重印近八十次了。到现在这本书,总共写了从孔子到鲁迅的五十来位标志性人物。我尝试着提取他们的生命精华,描绘他们的命运曲线,标示他们的历史坐标。

强行军与慢功夫都是日常的写作状态。哦,这就是我的生活。读、写、思三十年,未尝一日懈怠。方块字带给我的恒久欣悦,殊难向人道说矣。苏轼讲过类似的话:"觉天风海雨逼人……自谓世间乐事无逾此者。"笔者多年来孜孜以求的,乃是纯正的汉语表达。

牢记德国大师的叮嘱:"少一些文学,多一些文字的保养。"

我在去年的一篇文章中写道:"欧洲、南美、俄罗斯的普通百姓,以其悠久的文化为骄傲,那可是实实在在的骄傲,不走样的骄傲。而汉字门槛高(参见鲁迅《门外文谈》),汉语经典浩如烟海,回行之路上岔道迷离,稍有不慎就泥古,就钻进了迷宫般的故纸堆。国内的人物传记尚欠火候,铺天盖地的网络信息又来搅局。慢慢走吧,点点滴滴地做。中国历代文人写得精彩是由于他们活得精彩,瞄准他们的生存吧,揭示他们的内心吧,逼近他们的灵魂吧。古人近人的生命饱满,正好对应今日常见之干瘪,古代近代优秀者,尚有引领大多数现代人的广阔空间。"

传统文化的精髓进入课堂乃是国家意志。这将是永久性的国家意志。华夏族文化先贤,永载教科书。

我又写道:"历史进程中的优秀者,对自然取审美态度,对生活取质朴态度,在今天看来,无疑是最高形态的普世价值之一。自由平等博爱,早已被西方的强势集团滥用了,用作欺世盗名、掠夺他国的幌子了。空前的财富累积却带来空前的不平等,带来空前的军备竞赛。更为糟糕的是加速消耗自然资源,把自然视为'存货'(海德格尔常用术语)。近现代的西方大哲、文学艺术大师们,几乎都是批判西方的。批判,乃是否定性的批判。海德格尔对美国主义的厌恶一生不变。

"当代德国头号哲学家哈贝马斯近年指出:美国让世界失掉了安全感。

"哈贝马斯的话分量有多重,国内知识界的某些所谓精英掂量去吧。

"古典作品为什么吸引我们呢？只因汉语巨大的生命力。语言的无限细化对应着几千年的人事与物事。古人的许多话,听上去像昨天讲的,像昨天写的。这无疑在全世界独一无二。如此独特的文字和语言,创造了浩如烟海的经典文献,它所承载的价值却难以流布到国外去。越是独特的东西越具有本土性,或者,反过来说,越具有本土性就越独特。汉语艺术的西译,向来是一件费力不讨好的事。唐诗宋词,几乎不可译。那些海量的、只可意会的审美意象,恐怕只与本土性的生活意蕴息息相关,不足为外人道也。

"华夏族百代不衰的诗意栖居,栖居于风俗、道德、审美的宏大布局。单看南北方城镇、山水和器物的命名,足以证明文之化人化到了何种程度。

"而文化的不自信,盖由于近现代的中国饱受西方列强的欺凌。打不赢,于是觉得自己这也不行那也不行,这股自轻自贱的思潮,波及面与辐射力殊难测量。"

现在,弘扬优秀传统文化乃是国家意志。文化自信乃是最为根本的自信。

楼上装修房子,弄得惊天动地,我还舍不得放下手中的笔。当年我写道:"有时候上个厕所好句子就丢了,半天找不回来,这倒佐证了人在状态中,思在气流中。"

《品中国文人》这个系列,尝试运用现象学生存论阐释人物,生存的敞开与遮蔽、生命的灵动与固化,是我始终需要瞄准的对象。持续的生存敞开乃是先贤们的显著特征,以此反观形形色色的生存遮蔽。孔子七十岁、庄子八十岁尚能灵动自如,迈上新台阶,获得新能量,保持生命的迷人的新鲜感。他们的生存范式,显然有助于克服千人一面的生存固化之态势。

打住吧。妈妈生前从不唠叨。
谨以此书献给妈妈的在天之灵。

感谢吧,感谢上海文艺出版社的谢锦副总编,感谢责任编辑江晔女士,感谢身边的亲人和远近的素心朋友。卜居南村的陶渊明说:"闻多素心人,乐与数晨夕。"

2018年7月9日　于四川眉山之忘言斋

主要参考文献

1. 李泽厚. 论语今读(M). 北京:北京三联书店,2004
2. 钱穆. 孔子传(M). 北京:北京三联书店,2005
3. 马丁·海德格尔. 存在与时间(M). 陈嘉映,王庆节,译. 北京:北京三联书店,2000
4. 张汝伦.《存在与时间》释义(M). 上海:上海人民出版社,2012
5. 伯特兰·罗素. 西方哲学史(M). 何兆武,李约瑟,译. 北京:商务印书馆,1963
6. 老子. 道德经(M). 陕西:陕西人民出版社,1999
7. 庄子. 庄子(M). 北京:中国社会科学出版社,2004
8. 邢兆良. 墨子评传(M). 南京:南京大学出版社,1993
9. 吕迪格尔·萨弗兰斯基. 海德格尔传(M). 靳希平,译. 北京:商务印书馆,1999
10. 罗根泽. 孟子传论(M). 上海:东方出版社,2011
11. 夏松凉,李敏主编. 史记今注(M). 南京:南京大学出版社,1994
12. 刘义庆. 世说新语译注(M). 张㧑之,撰. 上海:上海古籍出版社,2012
13. 陈秀宏. 唐宋科举制度研究(M). 北京:北京师范大学出版社,2012
14. 司马光. 资治通鉴(M). 北京:中华书局,2009
15. 丁传靖. 宋人轶事汇编(M). 北京:中华书局,2003
16. 陈寿. 三国志(M). 北京:中华书局,2011
17. 余明侠. 诸葛亮评传(M). 南京:南京大学出版社,1996
18. 方健. 范仲淹评传(M). 南京:南京大学出版社,2001
19. 邓广铭. 岳飞传(M). 北京:北京三联书店,2007

图书在版编目（CIP）数据

品中国文人·圣贤传/刘小川著.-上海：上海文艺出版社.2018.10（2024.9重印）
ISBN 978-7-5321-6876-7
Ⅰ.①品… Ⅱ.①刘… Ⅲ.①散文集－中国－当代
Ⅳ.①I267
中国版本图书馆CIP数据核字(2018)第217569号

发 行 人：毕　胜
策　　划：谢　锦
责任编辑：江　晔
封面设计：周志武

书　　名：品中国文人·圣贤传
作　　者：刘小川
出　　版：上海世纪出版集团　上海文艺出版社
地　　址：上海市闵行区号景路159弄A座2楼 201101
发　　行：上海文艺出版社发行中心
　　　　　上海市闵行区号景路159弄A座2楼206室 201101 www.ewen.co
印　　刷：上海中华印刷有限公司
开　　本：650×958　1/16
印　　张：18.75
插　　页：2
字　　数：288,000
印　　次：2018年10月第1版 2024年9月第14次印刷
ＩＳＢＮ：978-7-5321-6876-7/I·5485
定　　价：42.00元
告 读 者：如发现本书有质量问题请与印刷厂质量科联系　T: 021-69213456